90年代ディスクガイド　邦楽編

contents

Introduction 4

Chapter 1 DJ Culture

from Downtempo to Leftfield 10
ダウンテンポ、DJ カルチャーのレフトフィールド

Club Jazz 19
ダンスミュージックとしての“ジャズ”
アシッド・ジャズからクロスオーヴァーへ

Crue-L Records 28
クルーエル・レコーズ
90 年代を体現するインディペンデント・レーベル

Japanese Rap / Hip Hop 33
ジャパニーズ・ラップ、ヒップホップ

House 55
90 年代ジャパニーズ・ハウス

Techno 74
90 年代のテクノとその周辺

Roots Dub, Ska, Rocksteady...... 95
ルーツ、ダブ、スカ、ロックステディ、レゲエとその周辺

Chapter 2 **Alternative**

Boredoms and more 108
オルタナティヴの発火点、ボアダムスとその周辺

Alternative, Indie 117
渋谷系、ギター・ポップ、インディ&オルタナティヴ

Lounge, Mood, Mond and Avant Pop 135
ラウンジ、ムード、モンド・ミュージックとアヴァン・ポップ

Avant Alternative 141
サイケデリック、ヘヴィ・ロック、ハードコア、ノイズ、エクスペリメンタル

Sokkyo & Onkkyo, Others 157
即興、音響、ビッグバンド、フォーク・ミュージック、97年組

Chapter 3 **J-Pop**

Female Singers 164
ディーヴァ〜女性シンガー

Icons 169
ビッグヒット、アイドル、プロデューサー

J Rock, Pop, Funk and more 172
Jロック&ポップ

90'S Music & Culture History Chronology 179
平成からはじまる90年代音楽文化史年表

Index 184
著者略歴 191

現在への起点としての90年代

いかにも90年代らしい音楽を特徴付けるのは、当時もっとも大きな文化勢力となったクラブ・カルチャーからの影響だろう。そのディケイドの初頭における東京ではUK発のアシッド・ジャズ（ジャズ、ファンク、ラテン、ヒップホップなどのハイブリッド）、そしてUK発のレイヴ・カルチャーに触発されたテクノのふたつがとくに多くのオーディエンスを動員した。本書ではその後の展開を考慮して分けているが、DJクラッシュのようなヒップホップDJや竹村延和のようなその後実験派として知られるアーティストもアシッド・ジャズ・シーンの一部だった。いっぽうのテクノは、最初は小さなシーンだったが、1992年頃には500人以上は集めるほどのアンダーグラウンドの脅威となった。DIYのレーベルもいくつか生まれ、やがてロックやオルタナティヴ、実験派とも接続しつつ、多くのオタクも巻き込んでの活況を見せることになる。その他方では、瀧見憲司の〈The Love Parade〉人気を契機とし、多くのギターポップ系のクラブ・パーティが始動。瀧見本人は早々とそこから離れるが、彼に端を発した日本独自のギターポップ・シーンも90年代特有の場面のひとつである。さらにもうひとつこの時代で特筆すべきはレゲエからの影響だが、それについては本文中のコラムで触れている。また、インディ・ロック、レゲエ、ジャズ・ファンクやヒップホップなどが混在した下北沢ZOOが多くの作り手やDJを輩出したことは周知の通り。いずれにせよ、本書の多くはこうしたクラブ／インディ・シーンの側からのセレクションになっている。

手法的なことを言えば、90年代とはサンプリング・ミュージック拡大の季節だった。欧米でサンプリングの著作権法が定まったのは1991年だが、同時代の日本ではまだそれを法的に取り締まることがなかった。よっていまではあり得ない大胆なサンプリング・ミュージックがリリースされているが、そのなかにはフリッパーズ・ギター、コーネリアス、電気グルーヴ、TOKYO No.1 SOULSET、ピチカート・ファイヴなどの初期の名盤が紛れ込んでいたりする。

この手のサンプリング・ミュージックの背後にあるのは、音楽をどれだけ知っているかという知識だ。もともと90年代に活躍した世代は、10代〜20代で80年代の日本で急速にその市場を拡大した輸入盤を買いあさっていたような連中で、よく言われたようにヘタな音楽ライターよりも知識があった。若者たちによる古きブラック・ミュージックの中古盤探しが盛んになったのもこの頃で、山下達郎や初期のユーミンなどのシティポップ再評価もこの時代のクラブ耳が時代のコンテキストからそれらを解除し、ただそのサウンドにおいて評価しはじめたのが発端である。60年代サイケデリックやクラウトロック、シュトックハウゼンがそうであったように。

また、90年代は欧米の音楽シーンも毎年のように更新され、毎月のように「新しい」サウンドが日本に届けられていたので、音楽ファンであれば最低週に二回以上は何軒ものレコード店に足を運んだ。新譜も中古も重要だったし、ジャンルにおいても広範囲に関心が及んだ。女性がレコード店の店頭に立っていることが珍しくなくなり、女性がひとりでレコードを買うことが日常になったのもこの時代からだった。

懐古的なブリットポップが良い例だが、90年代の後半になると古きスタイルへの郷愁も目立ってくる。当時それはそのときのトレンドぐらいにしか思っていなかったが、いまにして思えば、「新しい」とされるものが尽きた合図だったのかもしれない。たとえばいまでも若者文化においてDJやラップ、ドラムマシンがクールに見えるとしたら、90年代の美学はまだ生きているということではあるのだけれど……。

そう考えると、90年代の音楽は現在への起点だ。いまでも「新しい」音楽の宝庫というわけで、じっさい今回あらためていろいろ聴いて懐かしいとは思わなかった。もちろんそのなかには、フィッシュマンズや横田進のようにその後どんどん評価を上げていったものもあれば、当時は人気だったがいま聴くとなんにも面白くない音楽もある。また、インディペンデント・レーベルの活躍がトレンドを生んだ時代でもあるので、これからさらに評価を高めそうな音源もまだまだあると思う。むしろ、90年代に便乗しなかった音楽のほうが古くならないというのは興味深い事実だったりする。そう、まだ価値の定まっていない音源があるのだろうし、本書を機としてひとりでも多くの人が90年代という音楽の沼のなかに沈んで自分なりの再発見をしてもらえたら幸いだ。

なお、本書は多くの人たちの協力なくしてあり得なかった。なかでも、この時代の若者文化の発信地として機能したZOO／SLITS店長だった山下直樹氏とそのスタッフだったEL-QUANGO氏、BellissimaやIdyllicでA&Rを務めた高山康志氏、インディ・ポップの拠点だったTrattoriaの主要スタッフだった櫻木景氏にはこの場を借りてお礼を申し上げておきたい。ありがとうございました。

野田努（ele-king）

1,792,000枚の夢の波間

経済学的な側面からみたバブル崩壊と、そこに暮らすひとびとの実感はぴったり一致するとはかぎらない——どころか、ダブなみにディレイがかかるものらしい。このことを端的にあらわすのが1990年代の音楽産業ではないか。一般的に、バブル崩壊は91年にはじまり93年には後退局面は数値的にもあきらだった。にもかかわらず、政府も企業も手をこまねいたのは根拠のない楽観に終始しがちな国民性のあらわれでないとだれがいいきれよう。とはいえこのときの私たちもいまよりはずっとのんびりしたものだった。でなければ30年なんていう時間が失われるわけはない。私は国の経済政策を批判したいわけでも儲け話をお耳に入れたいのでもない。阪神淡路大震災、地下鉄サリンというふたつの巨大な裂け目でまっぷたつになった90年代という十年期の後半にいたってもなぜ人々は音楽に興じていたかを考えたいのである。

事実バブル崩壊から数年たってもCDは売れつづけた。98年にはレコード会社は総計で457,000,000枚のCDを刷っている、パッとみわかりづらいので漢字に直すと四億五千七百万枚となる。国民の頭数で割るとひとりあたり年の4枚のCDを買う計算である。わが身にひきつければ少ないものだが、私の実家の島の一族郎党がことごとく年に4枚も買うかといえばムリである。美空ひばりと田端義夫と石川さゆりと喜納昌吉がそろいぶみで大ヒットを飛ばしてくれたらありえなくもないが、当時すでに鬼籍に入られていた方もいるからその願いはこの世では叶いそうもない。というのはさておき、この数字が今後とも国内市場の出荷枚数のピークでありつづけるのは、人口減少社会もさることながら、いまでいうフィジカルが経済合理性や環境保護の観点からも忌避の対象となりかねないからでもある。

つまるところ音楽は物理量の計測対象の座が退いた。かわりに玉座についたのは配信というシステムだが、そのことの是非を問うこともまた本稿の任ではない。主題は音楽産業が最盛期を迎えた98年の私たち音楽ファンをとりまく状況である。

98年に4億5千万枚のCDの出荷があったことはすでに述べた。その最初の集積場所としてここではレコード店のことを考えてみたい。なんとなればインターネットが普及する前の時代、音楽に最初に接する場所はここをおいてほかになった。なかでも渋谷は、この街で手に入らないものはないとまでいわれたレコードの街で、ひとやまいくらのエサ箱を必死になって掘り返す若者の傍らに著名なDJやミュージシャンの姿をみとめることもすくなくなかった。98年当時、渋谷には55店ものレコード店が軒を連ね、覇を競い合っている。「55」という具体的な数字をあげたのは、学陽書房が刊行した『レコードマップ98』の「東京　渋谷」の項の記載による。本書は全国津々浦々のレコード店の情報を掲載する愛好家必携の書として80年代なかばの創刊以降、存在感を高めてきた（98年版の刊行年は正しくは前年末だが、指数関数的に98年を反映するものとして話をすすめる）。それによれば、渋谷には大小問わず55店のレコード店があり、テクノ、ハウス、ヒップホップ、クラブ系12インチ、ソウル、ファンク、ユーロビート、Jポップ……と幾多の分野の無数のレコードが店頭に並んでいた。私はつい無数と書いたがむろん有限である。『レコードマップ』にはお店ごとの在庫枚数が掲載してあるので、試しに数えてみよう。ただし店舗ごとの分類は定義も千差万別でLPとEPと12インチをわけているところもあれば、レコードとCDの二分法をとっているお店もある。したがって以下はかなり乱暴な概算だが、書面掲載のレコード店の在庫枚数を合算すると98年の渋谷には727,500枚のLPと435,300枚の12インチと629,200枚のCD、総計1,792,000枚の音盤が存在していたことになる。むろんお店ごとの自己申告で、雑誌などの公称部数と同じく大きくみせるのがあたりまえだったろうから、割り引いて考えなければならないとはいえ、音楽のすぐそばで生きるひとたちの98年代末の体感が「1,792,000」の数字には篭もってはいまいか。これを多いとみるか、少ないととるかはひとそれぞれだが、定額配信サービス大手が500〜700万曲聴き放題を謳っているところからするとかならずしもすくなくはない。くりかえすが、これは数字遊びにすぎず、実態を反映するものではない、とはいえ世界（現実）にはいかなシステムも包括できない外部（混沌）があらかじめ備わっていることも示している。

90年代の渋谷ともなればなおさらである。宇田川は裏側のみならず表側にもさまざまレコード店が蝟集しハンズの向かいの集合住宅ノア渋谷には路面だけでなく中もレコードでいっぱいだった。1階は現在HMV record shopだが、90年代のHMVといえば、文化村通り沿いの、いまは巨大ディスカウントショップが占めている場所にあった。巻末の年表にもあるように開店は90年10月で、98年代の10月にはセンター街に移転していることからも98年が歴史の小さな曲がり角なのがわかる。むろんそれ以上に、HMV渋谷が90年代において重要な意味をもつのはこの店の1階の太田浩氏のコーナーから「渋谷系」の語が誕生したことだろう。本書を手にされる方にはいまさらもうしあげるまでもないが、HMV渋谷が1階の一角にもうけたバイヤーのセレクト感覚こそ「渋谷系」の原義だったものの、90年代もなかばをすぎたあたりから曖昧で観念的な側面が独り歩きするうちに拡大解釈を招き、いつしか非日本語圏でも「Shibuya-Kei」として流通する文化用語になった。とはいえ「情報過多のインディ・ポップ」をさして「Shibuya-Kei」と呼びならわす欧米の感覚と本来の意味には明確な齟齬がある。ことばは生き物であり、ときとともに意味も定義も変わると知ってはいても、90年代の音楽を繙くにあたって「渋谷系」の語のもつ横断性と雑食性、誇りよりも含羞が先立つニュアンスにいまいちど立ち帰っておきたい。

本書にも渋谷系の作品はいくつも載っている。なかにはHMV渋谷で購入したレコードやCDもあり、久方ぶりに手にしたというのに、その途端あの日あのときあの場所にフラッシュバックしたのはパッケージに積もる時間の力なのかもしれなかった。そのようなことを考えながら、私たちは90年代の音楽文化を考えるにあたり、もっとも象徴的な潮流としての「DJカルチャー」を筆頭に、実験ないし拡張的志向としての「オルタナティヴ／インディ」を対極に置く構成をとっている。また4億5千万の同時代性を考察するにあたって、こぶりではあるが第3章では「J-POP」も概観する。作品の選定と執筆は各分野に精通したライター諸氏に依頼した。発注にあたっては、主旨は説明したものの、いま聴くべき作品か否かという基準のほかは特段の選定基準は明示していない。とまれ1,792,000枚の在庫の波間をともに漂ってきたみなさんである。多くを語る必要もなかった。媒体についても、レコード、CD、12インチ、CDシングル、MDをあげる方はいなかったが、カセットなどもまざっている。なかでも90年代は12インチの時代であり、DJ文化と不可分ともなれば、アルバムだけでは本来画竜点睛を欠くはずである。

個々のレヴューの脇に天地方向にながれる語句は分類にあたってつけた付箋（タグ）とお考えいただきたい。それらはたとえば〈Nobukazu Takemura〉などの人名をもちいることもあれば〈Dub Restaurant〉などのレーベル名、〈Japanese Psychedelia〉などの現象を名状した場合もある。作品評とともに、対象がどのような傾向をもち他の作品とどのような位置関係をとるか、立体的なご理解の一助となればさいわいである。

松村正人

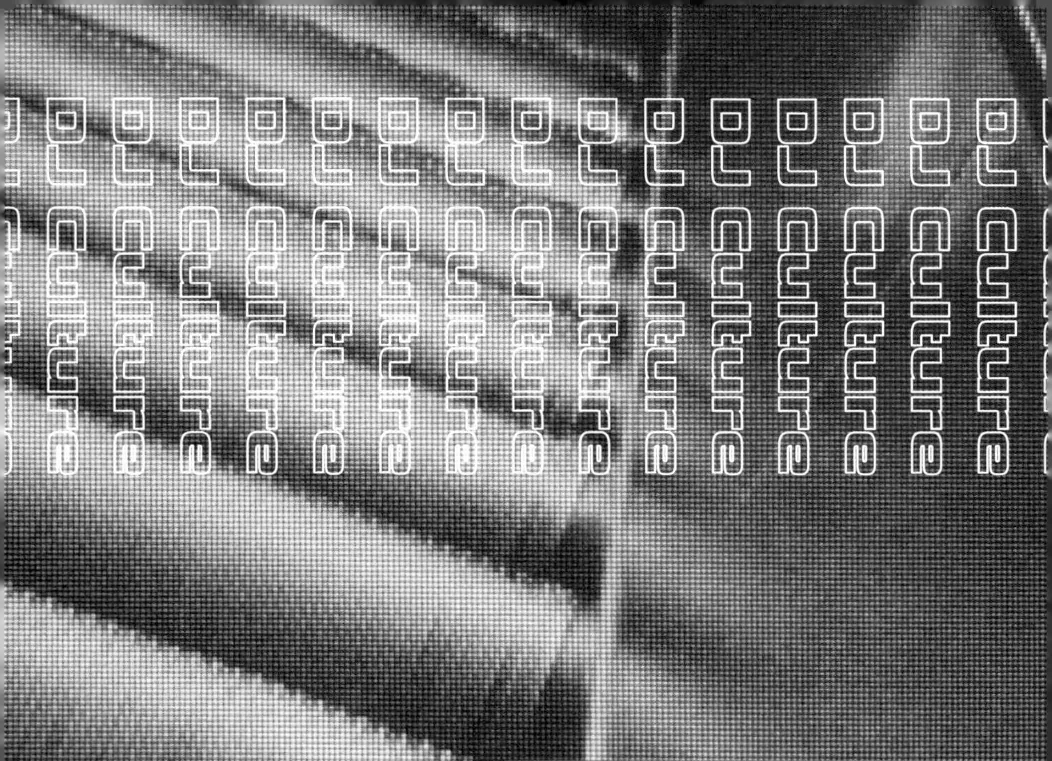

DJカルチャーそれ自体は90年代以前からあったが、音楽制作にも影響を与える文化的な勢力して機能したのはこの時代ならではのことだった。欧米に比べて日本でのDJの社会的地位はいまだに低いが、それでも90年代はその向上にひと役買っている。だいたいすべてのジャンルにおいてDJは重要なポジションだったのだ。DIY型ヴェニューが主役だったのもこの時代の特徴で、クラブで働くスタッフもオーディエンスの仲間みたいなものだった。ゼロ年代以降には喪失された感覚だが、クラブにいることは自分がそのシーンの一部であることを誇りに思うことでもあった。アンダーグラウンドにおけるこうした文化状況がシーンを前向きにさせたことは言うまでもないが、それがジャズ系であれテクノ系であれオルタナティヴ系であれ、この時代の関西からはじつに多くの才能が登場した。ゆえに本書は、90年代の日本におけるマンチェスターだった大坂からはじまる。

from Downtempo to Leftfield
from Downtempo to Leftfield
from Downtempo to Leftfield

ダウンテンポ、DJカルチャーのレフトフィールド

選・文=小川充、渡辺克己、野田努

▽ Nobukazu Takemura

DJ Takemura & Kool Jazz Productions
Hoping For The Sun
Global Dept（1992）12inch

オーディオ・スポーツでの活動など、最初は大阪でヒップホップDJからスタートした竹村延和。次第に元ネタであるジャズに魅かれ、DJチームのクール・ジャズ・プロダクションズを結成。本作はトリップ・ホップの走りとなるディープな作品で、後にUKの〈モー・ワックス〉にライセンスされる。川崎燎など和ジャズの大胆なネタ使いが斬新だった。（小川）

Kool Jazz Productions
Path Of Puppy
Lollop（1993）12inch

竹村設立の〈ラロップ〉の第一弾作品。竹村のプログラミング以外はバンド形態の生演奏で、さらにジャズへ接近。ジャズ・ボッサの演奏に野中紀公子のスキャット・ヴォーカルがフィーチャーされ、その後のスピリチュアル・ヴァイヴズの原型となった楽曲である。当時の竹村は特にスピリチュアル・ジャズとブラジリアン・ジャズに影響を受けていた。（小川）

Nobukazu Takemura
Child's View
Bellissima Records（1994）

即興演奏のスピリチュアル・ヴァイヴズに対し、プログラミングと生演奏の融合から作った竹村延和名義での初ソロ・アルバム。フォーキーなボサノヴァやワルツ・ジャズなどオーガニックな質感を重視し、スピリチュアル・ヴァイヴズで育んだ牧歌的な味わいを引き継ぐ。無国籍な作りの中にも端々に和のテイストを感じさせ、海外でも高く評価された。（小川）

Nobukazu Takemura
For Tomorrow

Bellissima Records (1994)

スピリチュアル・ジャズのムードのなかを走るアフロ・キューバンのリズムにそよ風のようなメロディが重なる。竹村延和で1曲選べと言われたらこれだろう。ロバート・ワイアットが歌ってもおかしくない高音階の旋律は、崇高にすら感じる。ほかにダウンテンポの人気曲「Crescent」や表題曲のサイレント・ポエツのリミックスも収録。(野田)

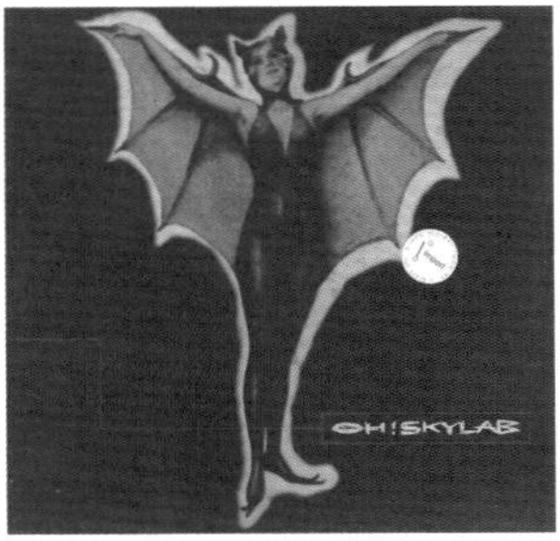

Skylab
Oh!

L'Attitude Records (1995)

「Seashell」のリミックスが特筆すべきなので取り上げておきたい。スティーヴ・ライヒの『18人の音楽家のための音楽』へのオマージュと言えるだろう冒頭のミニマル・サウンドから唐突に入るブレイクビーツはいつ聴いても震える。竹村においては60年代NYのミニマルと80年代NYヒップホップは等価であり、リンクしている。(野田)

Child's View
The Scenery of S.H.

Lollop (1995)

大坂で最初のスクラッチDJだった竹村の作品には、ヒップホップのビートメイカーからの影響も詰まっている。が、それにしても彼のアンビエント・フィーリングをもったダウンテンポは実に独特で魅力的だ。水の音にはじまり、唐突に壮麗なビートおよびストリングスが入る表題曲は名曲といっていい。SHとはストーンヘンジのこと。(野田)

Nobukazu Takemura
Unreleased Remixes

Toy's Factory (1996)

この非売品にはジョン・ハッセルのリミックスが収録されている。ジャズと現代音楽を繋げた御大に竹村が共感するのはよくわかる。しかも90年代半ばというハッセルに追い風が吹いていたとは思えないときにオファーしているところが竹村らしい。そのリミックスはドローン&ビートを活かした若々しいサウンドで、クラブで踊ることもできる。(野田)

Spiritual Vibes
Spiritual Vibes
Bellissima Records（1993）

竹村のクラブ・セッションが生んだスピリチュアル・ヴァイヴズは、DJ的なサンプリングに頼らず、シンガーの野中紀公子を含む10名のバンド。竹村も鍵盤やリード楽器を演奏する。ほぼアマチュアのバンドだが、素人感覚が逆に自由で瑞々しい音楽を生む。ワルツや変拍子ジャズ、ボサノヴァの演奏で、透明感や幻想性、日本独特の郷愁を生む作品集。（小川）

Spiritual Vibes
Tender Blue
Bellissima Records（1995）

スピリチュアル・ヴァイブズ流のハード・バップ「Albiero」が素晴らしい。演奏もKIKUの汗をかかないヴォーカルも。同じようにハードで勢いのある「(Asterisk)」ではHONZIのヴァイオリンも冴える。１曲目のボッサ「Midori No Umi」は、ウィークエンドが童謡を歌ったかのよう。ZAKがミックスを担当。（野田）

Spiritual Vibes
Yawaraka Na Kaze
Idyllic Records（1995）

表題曲はこの時期のスピリチュアル・ヴァイブズの十八番と言えるボサノヴァだが、収録された３つのリミックスが彼の〈Lollop〉レーベルでの実験――極上のダウンテンポ、ダブ、そしてジャズへの情熱とリンクしている。当時まだUFOのひとりだった松浦俊夫はこの曲のダウンテンポ・ヴァージョンをパーティの終わりにかけていた。（野田）

Spiritual Vibes
Kotoba No Mae
Idyllic Records（1996）

表向きにはボサノヴァのスタイル、その清潔感と繊細さをフィーチャーした２枚目のフル・アルバム。「みどりの想い」は竹村の音楽でもっともポップスに接近した瞬間だが、童謡がひとつのテーマになったのも本作だった。「みずうみ」のようなクラシカルな響き、ミニマル音楽への接近もあり、じつは実験的。いつ再評価されてもおかしくない。（野田）

Liberal Music
Undercurrent
Lollop (1994)

スピリチュアル・ヴァイブズのピアノ奏者、後のア・ハンドレッド・バードのメンバーで、おそらくはゲーム音楽の作曲家として広く知られる戸高一生のソロ・ユニット。ダウンテンポものだが、ジョン・ケージ的な偶然性とカットアップを駆使しながら、ジャズ、ヒップホップ、アンビエントを行き来する。できればアルバムを残して欲しかった。(野田)

Liberal Music
In The Valley, In The Cosmos
Lollop (1995)

リベラル・ミュージックのもう1枚のシングルで、10インチのカラーヴァイナルとしてリリース。前作よりもさらに実験的で、断片化したダブのベースがダーク・アンビエントの広漠とした空間に共鳴し、あまり聴いたことがない叙情的なミニマリズムを創出する。同名曲の別ヴァージョンをそれぞれの面に収録。これもまた傑出したEPだ。(野田)

Tuttle & Dynamo Laboratory
Mood 95' / Electronic Listening
Lollop (1995)

同年に『大日本昆虫記』を発表、独自のブレイクビーツ路線を展開したタトル&ダイナモラボラトリーの12インチ。削ぎ落とされたリズム、タフなベースはいまでも充分に強力。A面の別ヴァージョンにはテクノからの影響も注入。B面のダブのベースが地を這うスペース・トリップ・ホップからは、10年後のダブステップの背中が見える。(野田)

Various
Lollop Sampler
Lollop (1995)

この時代の欧州におけるダウンテンポのシーンと日本で深くリンクしたのはこのレーベルだが、〈Lollop〉がすごいのはまったく独自の創造力で魅力的な音源を残していったことだ。ジャズ、ラテン、現代音楽、ヒップホップ、すべては等価に融和する。また、これはこの時代の関西が明らかに抜きんでていたことを証明する記録でもある。(野田)

Silent Poets
6 Pieces "Sense At This Moment"
File Records（1992）

下田法晴を中心に始動したサイレント・ポエツ（初期にはリトル・テンポの土生剛も参加）のデビュー作で、90年代に更新されたミュート・ビートといった趣の演奏を展開。マッシヴ・アタックへのリアクションもさることながら、下田のメランコリックな感性もすでに具現化。まだ荒削りだが、それが瑞々しく、ダブへの愛情がこもった名作。（野田）

Silent Poets
Potential Meeting
Bellissima Records（1993）

ダウンテンポの音楽におけるリズムのヴァリエーションを拡張しつつ、春野高広や青柳拓次らの生演奏も活かし、ジャズとレゲエをミックス。初期の代表作で、サイレント・ポエツの詩的なダブ宇宙がここに完成したと言える。陶酔的な「Moment Scale」はとくに人気曲で、イビサの名物コンピ『カフェ・デル・マー』にも選曲された。（野田）

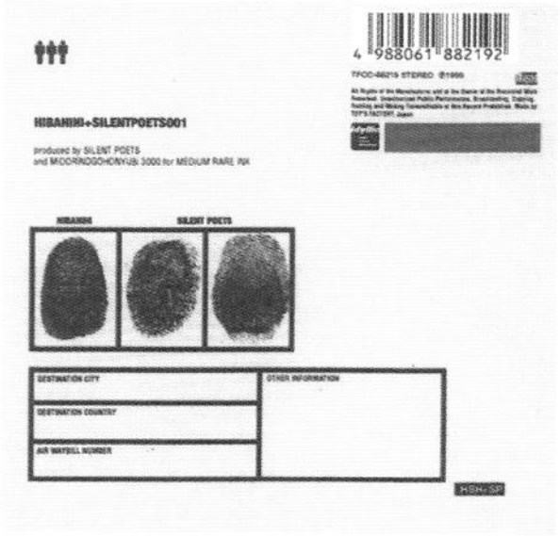

Hibahihi + Silent Poets
001
Idyllic Records（1999）

飛葉飛火＝N.I.P.P.S.をフィーチャーしたEPで、「KAWAMATASTEE(LO)」と「NINE 9」。アトモスフェリックな前者、そしてインダストリアル・テイストな後者に才気溢れるMCのライムが絡む。UKのベテランMCルーツ・マヌーヴァはそのリミックスで自分の声も挿入するという、これがまたすごい展開だったりする。（野田）

Silent Poets Featuring Terry Hall
Sugar Man EP
Idyllic Records（1999）

テリー・ホール（ザ・スペシャルズ、ファン・ボーイ・スリー）をvoに招いてのEP。いかにもホールらしい暗めのポップ・ソングだが、ミュージアム・オブ・プレイトとインドープサイキックスのリミックスも一聴の価値あり。ピアノを活かした前者はよりメランコリックな光沢を増し、そして後者は催眠的なエレクトロニック・ビートを披露。（野田）

Natural Calamity
Down In The Valley (The Field Music Vol.1)
Down 2 Earth Recordings (1991)

森俊二によるナチュラル・カラミティーのデビュー・アルバム。プロデュースは中西俊夫で、サウンド・エフェクトも担当。心地良いダウンテンポにさりげなくギターの音色が重なる。メロウ&チルな音楽で、ナチュカラのスタイルはほとんどここで完成されている。リリース当時も話題になり、コム・デ・ギャルソンのショーに使われたほど。(野田)

Natural Calamity
Sun Dance
Down 2 Earth Recordings (1994)

ギターの演奏がより前面に出て、のちのシカゴのポスト・ロック勢とリンクするかのような音響が具現化されているものの、やはりチルでメロウなダウンテンポによる幸せなトリップが展開されている。ときおり激しいロック・サウンドも混ぜつつも、最後はフリップ&イーノめいたアンビエントで締めると。ナチュラル・カラミティーの3枚目。(野田)

Natural Calamity
Peach Head
Idyllic Records (1996)

ペダル・スティールギターの催眠的な響きは、まるで星空を滑り落ちていくかのよう。心地良い気怠さがあたりを包む。voのステファニーの声は優しく、まどろみの宇宙に順応しながら草原に寝そべっている……。リラックスしたムードのなか、遊び心ある音響に特徴を持つ通算5枚目のアルバム、後期ナチュカラの名作と言えばこれでしょう。(野田)

Kool Keith With Natural Calamity
In The Wee Wee Time
Idyllic Records (1997)

ナチュカラによる未来的なヒップホップ作品で、ある意味もっともぶっ飛んだ天才肌のMC、クール・キース(=ドクター・オクタゴン)をフィーチャーしての12インチ。タイトなリズムを基調にしたダビーな空間にイル極まりないライムが炸裂するという。異色の組み合わせではあるが、当時彼らはダスト・ブラザースのお気に入りでもあった。(野田)

Hiroshi Fujiwara
Nothing Much Better To Do
Victor（1994）

海外のシンガーを招いたデビュー作。当時はDJのイメージが強かったため、ほぼバンド編成の楽曲だったのは意外だった。キャシー・スレッジがソウルフルに歌い上げる「The Faintest Sign」は、歌謡バラード「かすかなしるし」のセルフカヴァー。R＆Bブームより一足先にソウル≒歌謡曲というバラードの図式を構築している。（渡辺）

Hiroshi Fujiwara
Yuri (Original Soundtrack)
Victor（1996）

ソロ３作目はサウンドトラック。ジャニス・イアンやフィービー・スノウ、そして盟友の中西俊夫「Long Time Ago」といったヴォーカルトラック。ブレイクビーツ＋オーケストラの耽美な「Hermitage Of Romance」や、エリック・セラ風「Suspension Mind」など、サントラならではのインストも聴ける。（渡辺）

Hiroshi II Hiroshi
Hiroshi II Hiroshi Vol. 1
File Records（1993）

TOKYO No. 1 SOULSETの川辺ヒロシと結成した“ヒロシたち”のミニアルバム。午後のプールの脱力感を、チチ松村が見事にギターで奏でた「H2O」。和製「サマーマッドネス」の「Pulse Of Calm」、西部劇な「Eastwood Rides Again」を含め、チルアウト感満点。ちなみにジャケのイラストも永井博。（渡辺）

Hiroshi Fujiwara
The A.P.C. Experience
APC（1997）

ビル・ラズウェルが作品を発表する通称〈A.P.C.Tracks〉から、ブランド創設者のジャン・トゥイトゥも共同プロデュースに名を連ねた作品。『Dub Conference』で築いたピアノ＋ブレイクビーツ・ダブという図式を発展。映画『ディアハンター』で知られる「Cavatina」をカヴァー。ピアノは朝本浩文が演奏。（渡辺）

Reflection
Spiral Beats
Lollop（1994）

谷口一郎・賢治兄弟によるリフレクションはまさにこの時代の〈Lollop〉の申し子だった。アンビエント・フィーリングをもったブレイクビーツ・サイエンスとジャズとの融和。本作はそのデビュー12インチで、「Another Sun」はロンドンのブロークンビーツより2年は先をいっていた。というか、全4曲とも出色と言える。（野田）

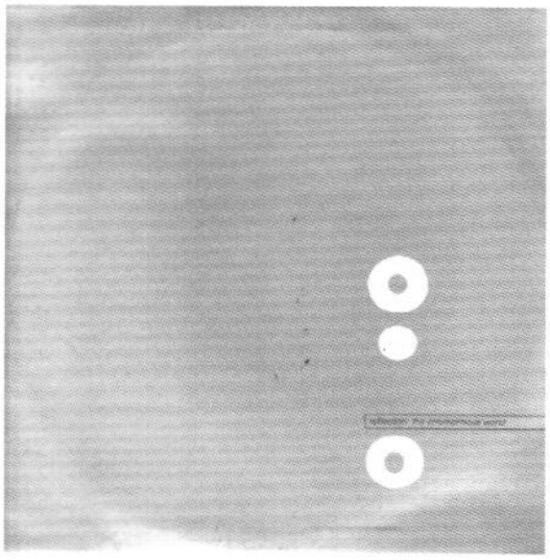

Reflection
The Errornormous World
Lollop（1996）

故谷口一郎と弟賢治のリフレクションは、竹村延和の〈Lollop〉から94年にデビュー。ジャズとテクノやアンビエント、ドラムンベースを融合したスタイルは、当時のUKのカーク･ディジョージオやミックスマスター･モリスに通じ、日本では早過ぎる存在だった。1stアルバムの本作もUKの〈Clear〉にライセンスされ、海外での評価が高かった。（小川）

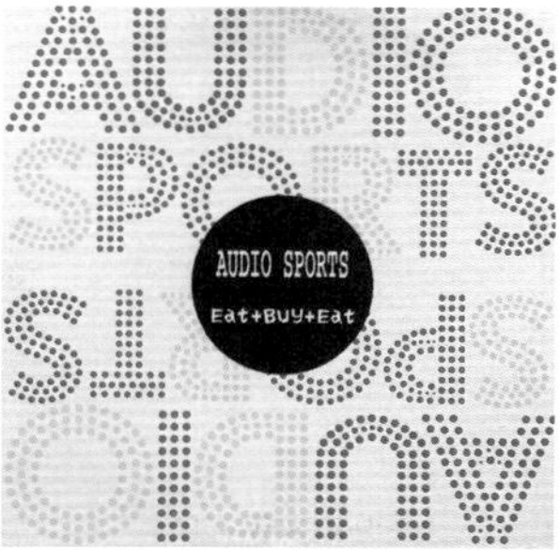

Audio Sports
Eat & Buy & Eat
All Access（1992）

恩田晃を中心に竹村延和、山塚EYヨ、そしてエンジニアにはZAKと、当時の関西の才能が集結して生まれた名盤。ゲストMCとしてツイギーもフィーチャー。曲の良さもさることながら、山塚EYヨのみごとな日本語ラップが聴けるという、しかもそれが2ヴァージョンとも良かったりする。裏面のもう1曲、「We've Got You」も素晴らしいです。（野田）

Audio Sports
Ooh I Feel Horny
All Access（1994）

オーディオ・スポーツは最初から規格外だったが、ジャジーでインダストリアルなビートを擁するこのEPも素晴らしい光沢を見せている。ノイバウテンがヒップホップをやったかのような大友良英ミックスによる表題曲も格好いい。ノイズの稲妻が走り、電子空間に裂け目を与えるべくリズムが打ち鳴らされると、最後はジャズ･ピアノが盛り上げる。（野田）

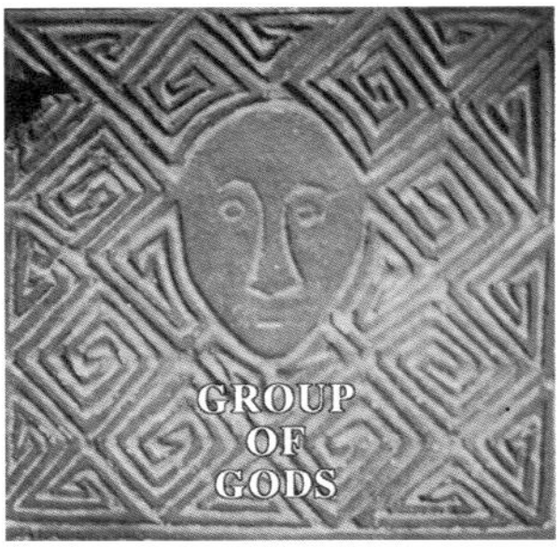

Group Of Gods
Group Of Gods
Down 2 Earth Recordings（1992）

バリ島で録音されたメロウでサイケデリックなチルアウト作品。ペダル・スティールギター奏者の田村玄一、中西俊夫、工藤昌之、森俊二らによるセッション。ニューエイジではない。言うなればラウンジ／イージーリスニングで、ビートもあるし、スペイシーな音響には遊び心もある。メジャー・フォース傘下に中西俊夫が設けたレーベルから。（野田）

Ego-Wrappin'
Calling Me Remix
Metro Crew Records（1997）

やがてこのデュオの人気曲となる「Calling Me」の初期リミックス集。クボタタケシの情熱的なパーカッションによるダンス・ヴァージョンがA面で、裏面には笹沼位吉＆黒倉健治による実験的とも言える壊れたジャズ・ヴァージョンを収録。当時のアコースティックなオリジナル・ヴァージョンも魅力的だったりするので、いまだ人気盤。（野田）

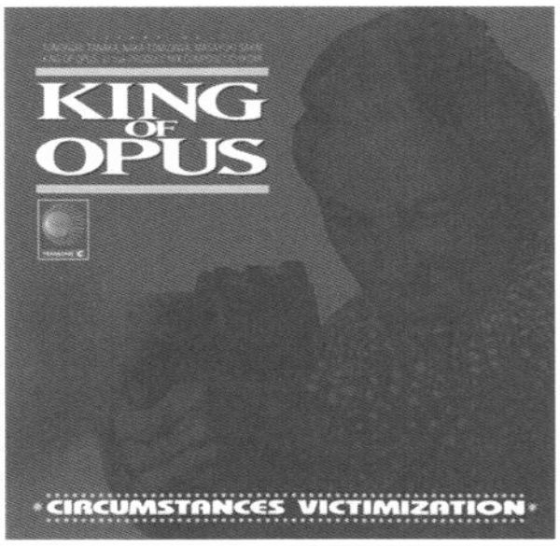

King Of Opus
Circumstances Victimization
Transonic Records（1995）

ON-Uの影響を受けながら、独自の発展を見せたダブ・エキゾティカの名盤。Baby Tokioのテクノ・シーンと下北ZOOとの合流から生まれた渋谷系レネゲイド・サウンドウェイヴというか、ラウンジ音楽に見せかけながら、じつはドープだったりする。人を食ったサンプリングにはユーモアがあり、微笑ましいトリップを約束します。（野田）

El-Malo
Starship In Worship
Bellissima（1993）

柚木隆一郎と元ACROBAT BUNCHの會田茂一によるエル・マロの1stは、スライ・ストーンがキング・タビーと出会ったかのような遊び心のある奇妙なダブ・ファンク、サイケデリックなエキゾティカないしはシュールなラウンジ・ミュージックの様相を呈している。型にはまったロック・バンドになる前の、たった1枚のみの異色のアルバム。（野田）

Club Jazz Club Jazz Club Jazz

ダンスミュージックとしての“ジャズ”
アシッド・ジャズからクロスオーヴァーへ

選・文＝小川充（無記名）、野田努

United Future Organization
Jazzin'
Zero Corporation（1992）EP

矢部直、松浦俊夫、ラファエル・セバーグのユナイテッド・フューチャー・オーガニゼーションは、日本のクラブ・ジャズの礎を築き、世界へ発信した。本コンピはデビュー作「I Love My Baby (My Baby Loves Jazz)」など91～92年の初期シングルを集めたもの。UFO最大の代表曲「Loud Minority」は、ジャズの時代を告げる声明文的な記念碑。

United Future Organization
United Future Organization
Brownswood（1993）

〈トーキン・ラウド〉のジャイルス・ピーターソンを通じ、世界的なネットワークを手に入れたUFO。処女アルバムにはUKのガリアーノやマンデイ満ちるはじめ、ヴェテラン・ジャズ・シンガーのジョン・ヘンドリックスも参加。彼の「I'll Bet You Thought I'd Never Find You」をリメイクするほか、「Upa Neguinho」で当時最先端のブラジリアンにも挑戦。

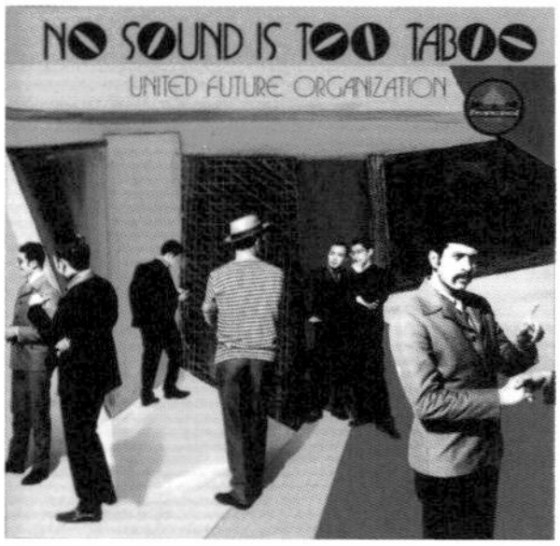

United Future Organization
No Sound Is Too Taboo
Brownswood（1994）

音楽による世界旅行を標榜する第2作。DJクラッシュ、スノーボーイ、クリーヴランド・ワトキスらゲストも豪華で、ケリー・パターソンの「Magic Wand Of Love」、マーク・マーフィーで有名な「Stolen Moments」（後に本人を起用してリミックス）のカヴァーも抜群。エルメート・パスコアルの再解釈の「Mistress Of Dance」では奥深い詩的な表現も見せる。

United Future Organization
3rd Perspective
Brownswood（1996）

UFOは世界観を作るのが巧みで、3作目は『ミッション・インポッシブル』のような架空のスパイ映画のサントラ仕立て（実際の映画に使われるという話も出たらしい）。オーケストラを交えたロンドン録音の「The Planet Plan」ほか、全てにスケールアップした作品集。ハープシコードを用いた変拍子ジャズの「Friends」など、他の追随を許さない独自性を持つ。

United Future Organization
Bon Voyage
Brownswood（1999）

大規模な世界ツアー後に発表した4作目。初期のアシッド・ジャズ的スタイルから進化し、クロスオーヴァーで洗練された音楽性を持つ。大御所のディー・ディー・ブリッジウォーターを起用した「Flying Saucer」、初の日本語詞作品「Niji」、ラテンやタンゴとさまざまなワールド・ミュージックを取り入れた楽曲群と、彼らの創造性はひとつの頂点に達した。

Little Creatures
No Vote, No Voice
Midi（1992）

青柳拓次、鈴木正人、栗原務のリトル・クリーチャーズ。インディ・ロックにテクノから民族音楽に至るミクスチャーなサウンドが特徴で、ロンドン録音のサード・アルバムを発表した頃はジャズ方面でも評価を高めた。ケルト音楽がモチーフとなる「Rummy’ s Silly Talk」、アフロ、ラテン、フォルクローレ、スカと多彩な要素が融合した表題曲と民族色豊か。

Mondo Grosso & Others
Mondo Grosso
For Life（1993）

大沢伸一を中心とするモンド・グロッソは、キョウト・ジャズ・マッシヴの沖野修也と共に京都のクラブ・シーンから登場。吉澤はじめ、中村雅人ら擁するジャズ・ファンク・バンドに、B・バンジのラップが絡むスタイルだった。本作はモンド・グロッソを中心に大沢の関連ユニット作品を集めたオムニバスで、モンド・グロッソにとって実質的デビュー録音。

Mondo Grosso
Marble
For Life（1993）EP

「Anger」「Souffles H」など前作のリミックスを収録。ヤング・ディサイプルズのマルコ、ジェイムズ・ラヴェル、ノーマン・クックらUKの旬なリミキサー起用は、共同プロデューサー沖野修也のアイデア。「Tree, Air, And Rain On The Earth」のサンバ風味も特徴で、「Spirit Of Voyage」の吉澤の美しいピアノは後のスリープ・ウォーカーに受け継がれる。

Mondo Grosso
Invisible Man
For Life（1994）EP

「Vibe・P・M」のマスターズ・アット・ワークのリミックスで、ジャズだけでなくハウス・シーンにもコミットしたモンド・グロッソ。一方、ガリアーノのヴァレリー・エティエンヌを迎えた「Invisible Man」は、ブラン・ニュー・ヘヴィーズに対する日本からの返答と言える。「Espirito, Alleglia, Emosau」などブラジリアン・テイストも最高潮に達した。

Mondo Grosso
Born Free
For Life（1995）

マンデイ満ちるとのヨーロッパ・ツアー及びそのライヴ盤リリース後のアルバムで、結成時からのバンド・スタイルでは本作が最終となる。ヒューバート・ロウズの「Family」のカヴァーに示されるように、当時のインコグニートやブラン・ニュー・ヘヴィーズに通じるR&B路線が顕著となった。本作リリース後、モンド・グロッソは大沢の個人ユニットとなる。

Cool Spoon
Assembler
File（1993）

UFOのパーティ「Jazzin'」の初回アクトで、コンピ『Multidirection』への参加でも知られるクール・スプーン。ファンク主体の大型編成バンドだが、メンバーは不定で笹沼位吉、ムードマン、ラヴ・タンバリンズのEllieが参加したこともある。デビュー作ではミーターズ調の表題曲や「No Smoke」など、ラフでルーズなファンク・サウンドを披露。

Various
Brownswood Workshop: Multidirection
Brownswood（1993）

UFO主宰の〈ブラウンズウッド〉から発表されたオムニバス。UFOほかキョウト・ジャズ・マッシヴ、竹村延和、ジャズブラザーズ、クール・スプーン、ソウル・ボッサ・トリオなど東西クラブ・ジャズ・シーンの主要メンバーが参加。興味深いところはマイクロフォン・ペイジャーのムロの参加で、当時のジャズとヒップホップ・シーンの結びつきを伺わせる。

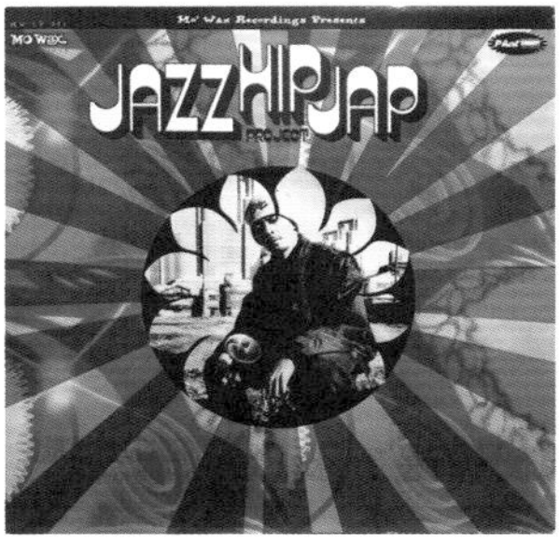

Various
Jazz Hip Jap Project
Mo Wax（1993）

S-Kenがプロデュースした日本のアシッド・ジャズのコンピレーションでジャケットにいるのはDJクラッシュ。彼は当時このシーンの1人だった。1曲目はDJ Takemuraだが、ほかにエル・マロが2曲、マンデイ満ちるが2曲＋クラッシュとの共作1曲、DJ Matsuokaなど。決して素晴らしいスリーヴデザインとは言いがたいが、貴重な記録ではある。（野田）

Monday Michiru
Meiden Japan
Kitty（1994）

ジャズ・ピアニスト秋吉敏子、サックス奏者チャーリー・マリアーノが両親のマンデイ満ちる。既にジャズ歌手としてデビューしていた彼女は、本作でアシッド・ジャズのディーヴァとして再出発。久保田麻琴、ラヴTKO、DJクラッシュ、レイ・ヘイデンら国内外の制作陣も豪華で、UFO作の「What Is Jazz?」ではマンデイ流の「ジャズ宣言」をクールに綴る。

Monday Michiru
Jazz Brat
Kitty（1995）

制作でモンド・グロッソと沖野修也が関わるほか、DJクラッシュとUKからIGカルチャーも参加。マンデイはもちろんクラッシュは当時のジャズ・シーンでもアイコンな的存在で、「Given’ It」のマンデイのクールなラップ、クラッシュのスリリングなスクラッチによりジャズとヒップホップの交配を見せる。海外でも発売され、マンデイの名は世界に広まった。

Monday Michiru feat. The Paradox Band
Delicious Poison
Kitty（1996）

モンド・グロッソの実質的な変名グループのパラドックス・バンドとの共演。サウンド的にはジャズ・ファンク色が強く、バンド・サウンドと一体化したマンデイのパフォーマンスが楽しめる一方、「Ain' t It The Truth」のようなインスト曲も収録する。ブラジリアン・ソウル調の「Will You Love Me Tomorrow」でのスキャットはフローラ・プリムを連想させる。

Monday Michiru
Double Image
Kitty（1998）

初の全面セルフ・プロデュース。父のチャーリー・マリアーノ、UKの伝説的オルガン奏者のブライアン・オーガー、ブライアン・リンチら著名アーティストの参加、デイヴ・ダーリントンやディーマスら海外勢の録音もあって数段スケールアップ。ジャズやR&Bだけでなくドラムンベースに挑んだ「Yellow Bird」や表題曲と、彼女の中で最も攻めたアルバム。

Cosa Nostra
Mind Songs
Bellissima（1994）

桜井鉄太郎、長田定男、佐々木潤ら西麻布のDJやミュージシャンが集まったコーザ・ノストラ。橋本徹プロデュースでUFOも参加した91年のコンピ発表後、鈴木桃子と小田玲子のツイン・ヴォーカルを立てたグループへ変化。ダビーなダウンテンポとクールなスポークンワードの「Hip Talk」は、当時のアシッド・ジャズが持つスタイリッシュさを体現する。

Routine
Routine
Victor（1994）

レア・グルーヴ黎明期から活躍するDJの小林径が、渋谷のインクスティック・バーで開催していたパーティのルーティン。DJラインナップは荏開津広、鄭秀和、ジェイムズ・ヴァイナー、スカパラの故青木達之で、アルバム・プロジェクトへ発展した。ファラオ・サンダースの「The Creator Has A Master Plan」のチルでフォーキーなカヴァーが秀逸だ。

Soul Bossa Trio
A Taste Of Soul Bossa
Victor（1994）

元パノラママンボボーイズのパーカッション奏者のゴンザレス鈴木、キーボード奏者の松本俊行、DJユニットのハウス・ファウンデーションを結成する松本浩一によるソウル・ボッサ・トリオ。60年代調のソウル・ジャズ、ラテン、ブラジリアンとプログラミングによるクラブ・サウンドを融合し、レトロでノスタルジックなラウンジ・スタイルが持ち味。

Towa Tei
Future Listening!
Columbia（1994）

ディー・ライトでの活動後、日本に戻ったテイ・トウワは独自のポップ路線を進む。テクノやハウス、ジャズやボサノヴァに電子音楽を融合した未来の音楽が本作のコンセプトで、その名も「Technova」を収録。「Batucada」のカヴァーやシタール使いの「Son Of Bambi」、ジョイ・カードウェルが歌うヒットR&B「Luv Connection」とヴァラエティーに富む。

Various
Kyoto Jazz Massive
For Life（1994）

沖野修也・好洋兄弟のDJユニットのキョウト・ジャズ・マッシヴが、周辺アーティストをまとめたオムニバス。モンド・グロッソのリミックスほか、吉澤はじめのボッサ・フリー、大沢伸一とマンデイ満ちるによるバイーア・サンセッツなど本作でしか聴けない音源も収録。ビッグ・ロングの「Sleep Walker」は後のスリープ・ウォーカーのもととなる演奏だ。

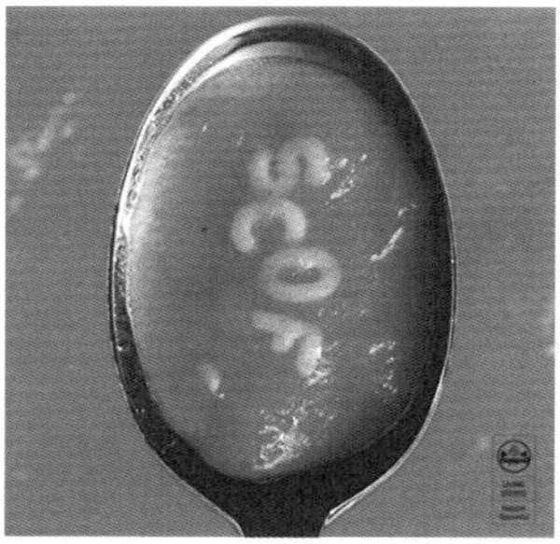

Small Circle Of Friends
Wonder
Brownswood（1996）

シンガー／DJの武藤サツキとラッパー／DJの東里起は、福岡でのパーティーからスモール・サークル・オブ・フレンズを結成し、UFOの後押しにより94年にデビュー。ジャズとフォークとヒップホップの中間にある本作は、ゲンズブール・ネタの「海を越え、山を越え」や「帰ろうよ」と、一般的なヒップホップとはまた別の形の日本語ラップを披露している。

Cosmic Village
Trinkets & Things
Videoarts Music（1997）12inch

沖野修也が元モンド・グロッソの黒羽康司、吉澤はじめ、中村雅人と組むコズミック・ヴィレッジ。モンド・グロッソとは方向性の異なるエレクトリック・ジャズで、デビュー作では川崎燎をスクエアプッシャー風のドラムンベースでカヴァー。その後YMOカヴァー集『Nice Age』を経て、00年の『Cosmic Village』で日本発のフューチャー・ジャズを完成。

Izuru Utsumi
Finding A New World EP
Disorient（1997）EP

古くから活躍する内海イズルは、ジャズDJの中でもラテンやブラジリアンが得意で、ハウスやドラムンベースも貪欲に取り入れた。UKから逆輸入リリースされた本作は、ラテン×ドラムンベースの「Montuno」を収録。アフロ・キューバン調の「Echoes Of The Deep Forest」は、インナーゾーン・オーケストラを意識したような怒涛のフューチャー・ジャズ。

Calm feat. Spiritual African Nova
Shadow Of The Earth
Raft Music（1998）

深川清隆のカームはUFOらの次世代として97年にデビューするが、当時はアシッド・ジャズが収束し、エレクトリックなニュー・ジャズやフューチャー・ジャズが台頭した頃。1stアルバムでも竹村延和のテイストを発展させたスピリチュアル・ジャズやダウンテンポに、アンビエントやテクノ／ハウスの感覚、アフリカなど民族音楽の要素を取り入れている。

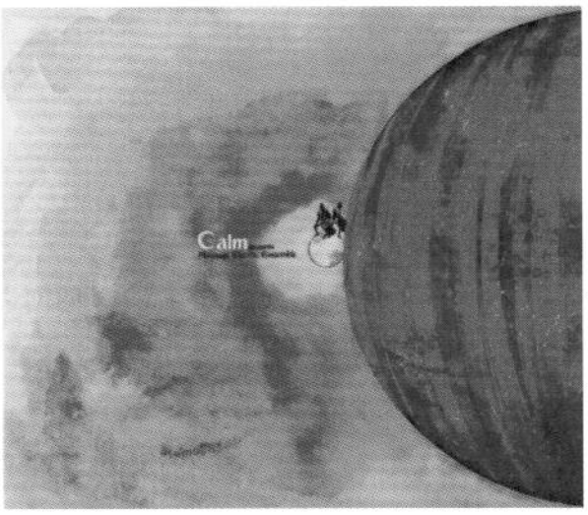

Calm
Moonage Electric Ensemble
Raft Music, Lastrum（1999

漫画家の星野之宣の『2001夜物語』にインスパイアされた第2作により、アコースティックでオーガニックなテイストとエレクトリックなアプローチを結ぶカームの音楽性は確立した。リトル・クリーチャーズの青柳拓次や中島ノブユキなどミュージシャンを交え、ジョン・コルトレーンやファラオ・サンダースに通じるスピリチュアルな世界を作り上げている。

Bayaka

Bayaka E.P.

Flower（1998）EP

ハウス出身のDJミツルとテルオによるバヤカ。MTやRASAなど複数の名義で作品リリースがある彼らだが、本作は97年のデビュー12インチに次ぐEP。ジョー・クラウゼル的なアフロ・ディープ・ハウスを起点とする彼らだが、「Spanish Storm」はギター、フルート、パーカッションの生演奏を交えたオーガニックなアプローチで、ジャズへ大きく傾いている。

Yasushi Ide Presents Lonesome Echo Strings

Purple Moon

WEA（1998）

オリジナル・ラブ、小沢健二、ボニー・ピンク、クレモンティーヌらのマネージメント、プロデュースに関わった井出靖のプロジェクト。95年のソロ作『Lonesome Echo』から発展し、全編にストリングス・オーケストラをフィーチャーした作品。耽美的なダウンテンポの「Tatiana No Namida」など、同時期のDJカムやサイレント・ポエツあたりにも繋がる。

Chari Chari

Spring To Summer

File（1999）

DJ井上薫のユニットのチャリ・チャリ。クラブ・ジャズとハウス・シーンをまたにかけて活躍するが、アフリカ、中南米、東南アジアなどの民族音楽を取り入れた点が活動初期の彼の特徴だった。デビュー・アルバムの本作でも、エスニックなディープ・ハウス、牧歌的なブラジリアン・ジャズ、アブストラクトなフューチャー・ジャズとそのテイストは満開。

DJ Matsuoka

Excellent Bird EP

JCR（1999）EP

大阪のDJ松岡成久はモダン・コンセプションなどのユニットで活動し、フューチャー・ジャズ、ドラムンベース、ブレイクビーツと手法も幅広い。ジャザノヴァが運営する〈JCR〉から発表された本作は、90年代後半の作品をまとめたもの。『Lollop Sampler』（95年）が初出となる変拍子ジャズの「The Will Of Life」は、日本初のフューチャー・ジャズと言える。

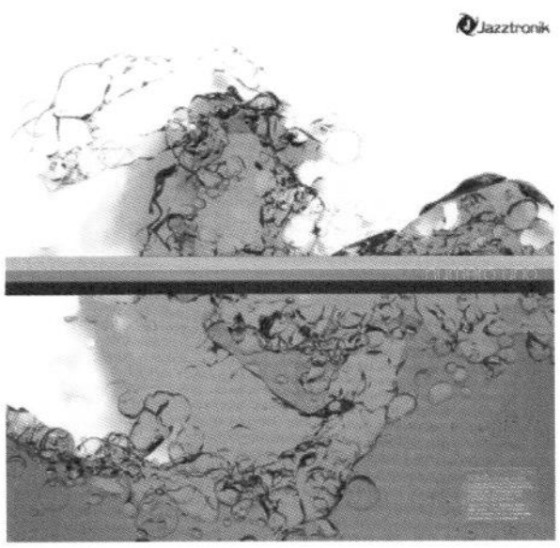

Jazztronik
Numero Uno
Flower（1999）

野崎良太のジャズトロニックは、その名のとおりジャズとエレクトロニック・サウンドを融合した音楽性を持つ。『Bossa Tres …Jazz』（99年）収録曲の「Ms Loneliness」でデビューし、続いて本ファースト・アルバムをリリース。シンガーのベベをフィーチャーした「Brisa」「Song Of Bebe」「Suki」に見られるように、ブラジリアンも音楽的な軸のひとつだった。

Yukihiro Fukutomi
Brasillia / 2000 EP
Emigration Japan（1999）EP

ハウスDJとしてキャリアをスタートした福富幸宏だが、ピチカート・ファイヴの制作に関わるようになってからジャズとの接点が増えていく。そうした過渡期の本作はジャズ・サンバをモチーフとした作品で、小西康陽のリミックスも収録。ハウス・ビートに高度なブロークンビーツを取り入れており、翌00年の『On A Trip』でさらに進化した姿を見せる。

Various
Bossa Tres …Jazz
Yellow Productions（1999）

フランスの〈イエロー・プロダクションズ〉の企画で、日欧のニュー・ジャズ系アーティストをコンパイル。日本からキョウト・ジャズ・マッシヴ、カーム、チャリ・チャリ、ジャズトロニック、内海イズルが参加し、〈フラワー〉やアレックス・フロム・トーキョーも協力。テーマとして当時人気のブラジリアン・テイストを盛り込んだ作品集となっている。

Kyoto Jazz Massive
Eclipse
Compost（2000）12inch

沖野修也・好洋のキョウト・ジャズ・マッシヴは90年頃よりDJユニットとして活躍し、その後制作にも取り組んで初シングルとなる本作を発表。当時ジャズ系を多くリリースしていたドイツの〈コンポスト〉からで、世界的な活動を視野に入れた彼ららしい。この頃のウェスト・ロンドンに呼応するジャズ、ハウス、ブロークンビーツのハイブリッド・サウンド。

Crue-L Records
Crue-L Records
Crue-L Records

クルーエル・レコーズ
90年代を体現するインディペンデント・レーベル

選・文＝渡辺克己、梶本聡、松村正人、アレックス・フロム・トーキョー・プラット

▽コンピレーション

Various
Blow-Up 6 Singles And 6 Jingles
(1991)

フェイヴァリット・マリンやカヒミ・カリィをはじめ、ブリッジ、ヴィーナス・ペーターなど６組が参加したレーベル第一弾コンピレーション。ギターポップにフレンチ、マンチェスターが混在し、日本になかった組み合わせで並ぶ。既に渋谷系の空気感が形成されていたことはわかるが、まだビジネスからは程遠いインディスピリットに溢れた作品。（渡辺）

Various
Hello Young Lovers
(1993)

カヒミとEllieによる宣言から始まるソウル・ミュージック・カヴァー集。フェイヴァリット・マリンによるノーザン名曲「It's A Lonsome Road」、ミュージアム・オブ・プレイトによるダグ・ギブソン作「Love」。そして、フリーダム・スイートによる「Why Can't We Be Lovers」のカヴァーがやはり最高！（渡辺）

Various
Crue-L Records: This Is A Label
(1997)

ポート・オブ・ノーツ、元ラヴ・タンバリンズのEllieといった新たな才能に加え、ブリストルのムーンフラワーズ、レインボヘミアンズを迎えた２枚組コンピレーション。エモいギターロックのArchと、クルーエル・グランド・オーケストラのシャイニーなディスコ「Family」が並んでいるところが、いかにもクルーエル！（渡辺）

Love Tambourines

Cherish Our Love

(1993)

ピースフルなホーンセクション、乾いたコンガとスネアドラムの響き。そして、幼少期のMJに影響を受けながらもナスティ（艶々）な発音のEllieのヴォーカル。全４曲完璧で、初めて聴いた時は発掘されたばかりのレアグルーヴのレコードだと確信して疑わなかったが、これが日本のソウル・ミュージック／Ｒ＆Ｂが生まれた瞬間だった。（渡辺）

Love Tambourines

Love Space (Drink Or Love Takimix)

(1993) Promo 12inch

瀧見憲司の最初期リミックス仕事では、当初ヒップホップ・ソウルと呼ばれた90年代R&Bのサンプリング主体による制作手法を、斬新なうちに実践。蜂蜜のごとき原曲の甘やかさを、70年代シカゴ・ソウルの柔和なメロウネスに重ね、驚きの好相性をみせた成功例となる。プロモ盤のみで発表、後年のレーベル音源編集CDにも収録。（梶本）

Love Tambourines

Alive !

(1995)

じっくり作り込まれたデビュー・アルバム。冒頭の穏やかな「Love Alive」、走るビートにEllieが乗る「Free Your Mind」、日本最高峰のラヴァーズ・ロック「Call Me」など。いまだオリジナリティの強い楽曲が耳に残る。最後はバンドが生きた証のような「I'm Alive」。発表直後にバンドは解散する。（渡辺）

Ellie

Bitch In Zion

(1997)

ソロ初アルバムは聖と俗を、清と濁を、どこまでも主体的に選択することを謳いあげるマニフェストの趣き。これまで培った黒人音楽のフィーリングをまとい、ここが日本で当時が90年代だったことを忘れさせる歌が響きわたる。サウンドは黒子役に徹するが、聖女から悪女、ソウルからダンスホールまで奔放に歌いわけるEllieを的確に支えている。（松村）

Kahimi Karie
Mike Alway's Diary
(1992)

〈él Records〉のマイク・オールウェイへの敬意と親愛を示すカヒミのデビュー7インチ。フリューゲルホーンと口笛のハーモニーに、吐息まじりのウィスパーボイス。リズムマシーンのビートは軽やかで、瀧見がニセ・ジャズと呼んだビーツ・インターナショナル「Inch By Inch」の影響か。今聴いても唯一無二。(渡辺)

Kahimi Karie
I Am A Kitten
(1995)

トラットリアの『My First Karie』を補完する同年のEPでその後もコラボレーションを重ねるモーマスがプロデュース。「私は子猫」の意の表題どおり、こぢんまりとコケティッシュなフレンチ・ポップだが、そこはかとなく60年代なバンド・サウンドはラウンジ・ムード。趣味性を徹底することでポップに突き抜ける90年代の流儀を体現した一枚。(松村)

Kahimi Karie
Larme De Crocodile
(1997)

「ハミングが聞こえる」(96年)で、一躍お茶の間の人気ものになった後、クルーエルへ戻って制作された10曲入り。小西康陽もピチカート・ファイヴでセルフカヴァーした「私の人生、人生の夏」、モーマス&cobaの妖艶な「Tiny King Kong」、日暮愛葉とI♡R&Rな「Paris,Texas」など。ウィスパーボイスで、どんな曲でも自身のものに。(渡辺)

Kahimi Karie
K.K.K.K.K.
Crue-L, Polydor (1998)

軽快なギター・ポップから「Harder They Come」のウィスパー・カヴァーまで、めくるめく90年代の表層を瀧見憲司やモーマスらと駆け抜けるアルバム2作目。すでに時代を象徴するポップ・アイコンだったが、偶像を演ずることへの自己言及を散りばめたことで、作品はカヒミ・カリィというペルソナをめぐるミステリのような仕上がりになっている。(松村)

Freedom Suite

Freedom Suite EP

(1994) CDS

ゴロワーズの歌詞を地でいく粋人にして酔人、山下洋率いるロック・バンドの初登場作。マザー・アースら英国勢との同時代性にも痺れた代表曲「Daydream Of The Past」のポジティヴな決意表明は、四半世紀をへたコロナ禍にも響く。モータウン裏名曲や、アシッド・ジャズなジャム演奏も渋い、若き魂の反逆児による粒ぞろいEP。(梶本)

Favourite Marine

Flowers Bloom

(1992) 7inch

のちにクルーエル・サウンドの鍵を握る音職人、神田朋樹の出発点は、高校の上級生でもある小山田圭吾への憧れと共鳴を、着実にドライヴする加地秀基と荒川康伸のリズム隊と開花させた、初期フリッパーズ・ギターに比肩する超正統ネオ・アコースティック。渚を滑るようなとびきりの爽快感は、より深く広く高い再評価に見合うものだ。(梶本)

Museum Of Plate

Offer

(1996)

ピアニスト・塚本サイコを中心にしたバンドのファースト・アルバム。93年のデビューEPの後、シングルやライヴごとに音楽性がファンキー路線に変貌。ジャンルやフォーマットを横断した結果、ディミトリ・フロム・パリスからブラックサイエンス・オーケストラまで、多くのDJたちが嬉々としてリミックス&プレイされるレーベルの財産に。(渡辺)

Port of Notes

Port of Notes

(1997)

Double Famousのシンガーだった畠山美由紀と、ギタリストの小島大介によるユニットのデビューEP。アコースティックギターの穏やかな響きと、畠山による日本語の歌詞は、これまでクルーエルにはなかったカラーだ。また、リトル・クリーチャーズの鈴木正人(Ba)や、アレンジと鍵盤には中島ノブユキなど実力派も参加している。(渡辺)

Mito Tomomi
futari/lalala
(1998)

ラヴ・タンバリンズが予想を超える人気になった理由は、DJ兼ファッションリーダーだった藤原ヒロシのプッシュもあったのではないだろうか。そんな縁からか、藤原自身がメジャーでプロデュースした女性シンガーのリミックスを、クルーエルから発表。ブレイクビーツを下敷きにしたダブ、そしてアンビエントのミックスは今向きかも。（渡辺）

▽ Crue-L Grand Orchestra

Crue-l Grand Orchestra
family
(1999)

コンピレーションに収録されていたディスコを、コーネリアスがリミックス。波音で幕を明け、スリップダウンさせたビートと爪弾かれるアコースティックギターのサウンドは夢のよう。そこに炸裂するかのようなEllieのヴォーカル。BPM65ゆえ、倍のBPM130前後のダンスミュージックとミックスできるため、DJたちがかけまくった。（渡辺）

Column

Cruel-Lのピークタイム

Crue-L Grand Orchestra
The Remixes
(1996) 12inch
incl. Dancing All Night Long (Sound Of Gold Mix), Got to be real (Northern Birth Takimiix), Time moves on (Harvey remixes)

はじめて宇田川町のCrue-Lの事務所でタキミさんからもらったとても大切にしている96年リリースの4枚組アナログプロモ盤リミックス企画では特に以下の3曲を。「Dancing All Night Long (Sound Of Gold Mix)」は長いピアノのイントロにギター＆シンセが続く12分にもわたるトラック。DJエンマがレジデントをつとめていたころのゴールドのピークタイムで爆音でプレイしていたことを思い出します！ 「Got To Be Real (Northern Birth Takimiix)」は瀧見憲司本人によるスペース・ディスコ・ダブ・ヴァージョン、そして「Time Moves On (Harvey Remixes)」はDJハーヴィによる生演奏のミッドテンポの「Time Moves On」の五つのクラシカルなバレアリック・ギター・ディスコ・ロック・バージョン！（アレックス）

Japanese Rap / Hip Hop
Japanese Rap / Hip Hop
Japanese Rap / Hip Hop

ジャパニーズ・ラップ、ヒップホップ

選・文＝大前至

B-Fresh
She Said... (Boy I Wanna Be Your No. 1)

B Fresh Productions（1990）シングル

原宿ホコ天を拠点にて誕生し、一時はDJ KRUSHやMUROも参加していた伝説的なグループが自主制作にてリリースした12インチシングル。本作リリース時はすでにMC BELL、CAKE-K、DJ BEATの３人での活動であったが、USのヒップホップを巧みに自分達のスタイルへと変換しながら、日本の歌謡曲をサンプリングするなどの試みも行なっている。

Mazz+PMX
We Got Power

Trystar（1990）ミニアルバム

80年代の日本のヒップホップ・シーンでは英語でラップする人も少なくなかったが、MAZZもその一人で、のちのDS455として活躍するDJ PMXとのグループとしてリリースしたのが本作。Public Enemyなど当時のUSヒップホップからの影響を強く感じるサウンドが全開で、MUROとBOY-KENがゲスト参加して日本語で絡む「Go Yellow Go」は圧巻だ。

Various
Yellow Rap Culture In Your House

Wax Plate（1990）アルバム

80年代から日本のヒップホップ・シーンで活動するGUTCH GEE、HOME BOYSらが参加した４曲入りのコンピレーションで、アナログオンリーのレア盤だが、注目はDJ KRUSH POSSE（＝KRUSH POSSE）の貴重な音源「K.P.」だ。彼らにとってもデビュー曲でもあるわけだが、シンプルなブレイクの上でラップするMUROの完成度の高さに驚く。

▽ MAJOR FORCE

高木完
Fruit of the Rhythm
Epic/Sony / Major Force（1991）アルバム

TINY PANXとして日本のヒップホップ・シーン黎明期から活躍し、90年代には裏方として様々なアーティストの作品にも関わった高木完の1stソロ。日本語ラップが大きく進化するタイミングで本作のオールドスクール感は否めないが、ヤン富田がトラックを手がけた「ミート・ザ・リズム」などヒップホップ的なレベルは高い。Q-Tipなどゲスト勢も豪華。

▽ RHYTHM

DJ Doc. Holiday
The Rhythm. The Rebel
Rhythm（1992）アルバム

現在もDJとして活躍する須永辰緒氏がヒップホップDJとして活動していた時期に自ら立ち上げたレーベル、RHYTHMよりリリースした1stアルバム。元々のバックグラウンドがパンク・ロックということもあり、ミュージシャンも数多く参加したミクスチャー的な作品でもある。ECD、MC JOE、YOU THE ROCKが参加した「For The Boys」は必聴だ。

ガスボーイズ
バカ&シロート
Triad Z（1993）アルバム

RHYTHMから鮮烈なデビューを飾った名曲「公衆便所」収録のミニ・アルバム『キョーレツ オゲレツ レッツ ゲット イル!!』を経てリリースされた、ウエスギ、イマイ、DJバリK〜んによるグループ、ガスボーイズの1stフルアルバム。ビースティ・ボーイズに強く影響を受けた彼らが、本格的にバンドスタイルで挑んだ本作はまさに早すぎるミクスチャー名盤だ。

Various
Rhythm CD I
Raw Soul-P / Triad Z（1992）アルバム

YOU THE ROCK+DJ BEN、MAZZ+PMX、ガスボーイズなど、RHYTHMの所属アーティストの楽曲を集めたコンピで、DJ DOC. HOLIDAY「For The Boys」のリミックスヴァージョンやカルトクラシックであるMC JOE「Premium Jungle」など貴重な音源が揃う。続編の『RHYTHM CD II / Raw Soul-F』にはキミドリのレア曲「八方美人」を収録。

ECD

ECD

Major Force（1992）アルバム

DJコンテストでの優勝からデビュー・シングル「Pico Curie」を経てリリースされた1stアルバム。リリースの時点ですでに32歳という遅咲きでのデビューではあるが、本作のメイン曲とも言える「漫画で爆笑だぁ！」における直球な漫画愛や「青い目のエイジアン」における社会風刺的な視点など、ECDならではのオリジナリティがリリックにも溢れる。

ECD

ホームシック

cutting edge（1995）アルバム

cutting edge移籍後初リリースとなった本作には、プロデューサーとしてIllicit Tsuboiやクボタタケシが参加したことで音楽的にも進化。翌年にはECD自ら主催者を務める『さんピンCAMP』が行なわれたわけだが、そこに繋がるシーンの熱い盛り上がりが本作からも感じ取れ、TWIGYとYOU THE ROCKが参加した「Mass 対 Core」はその象徴だ。

ECD

Big Youth

cutting edge（1997）アルバム

荏開津広氏によるヒップホップを定義したテキストをECD自身が読み上げるイントロで始まり、さらに全曲がDJ MASTERKEYによるDJミックスにて進行するという、構成自体が非常にヒップホップ濃度の高い本作。K-DUB SHINEをフィーチャーした「ECDのロンリーガール」を筆頭に「俺達に明日は無い」や「ECDのAFTER RAIN」など名曲が揃う。

Various

Check Your Mike

File（1992）アルバム

高木完のプロデュースによってアナログ・リリースされたコンピに、ECD主催による同名のコンテストの上位入賞者を加えて再編集したCD盤。イントロ曲「Intempo」をECDが手がけ、かせきさいだぁが初期に組んでいたTONEPAYSなど、貴重な音源が収録されている。ラップだけでなくレゲエアーティストが多数参加しているのもこの時代ならでは。

Crazy-A
Please
File（1992）ミニアルバム

日本のBボーイ（＝ブレイクダンス）のオリジネイターであり、『B-BOY PARK』主催などヒップホップ・シーンに多大な貢献を果たしたCRAZY-Aのデビュー作。自らの生き様を描いた「ストリートダンサー」を筆頭に、RHYMESTER、EAST ENDがゲスト参加した「Watch Me!」、バブルガム・ブラザーズのラップ・カヴァー版「Won't Be Long」を収録。

Zingi
Zingi
File（1991）ミニアルバム

元ダンサーのMC仁義率いるREVOLT SUFFRAGEが、ECD主催の『CHECK YOUR MIKE CONTEST』での優勝後にZINGIへと改名しリリースしたデビュー作。ロック/パンク色の強いハードコアなトラックに4MCが入り乱れ、さらに80年代の日本の不良文化の影響も強く感じさせる「暴走デンジャラス」や「暴力教室」は彼らの真骨頂と言えるだろう。

Dohzi-T & DJ Bass
蜃気楼
アルファ（1996）アルバム

ZINGIの若頭的なメンバーであった二人がユニットを結成してリリースした本作。Mummy-DとZEEBRAがゲスト参加した「流儀」や9人のMCが絡むポッセカット「Word Cup '96」などではコアなスタンスのヒップホップを打ち出しながら、タイトル曲の「蜃気楼」での哀愁溢れるメロウなトーンは、童子-Tへと改名して以降の活動にも繋がっている。

Various
The Best Of Japanese Hip Hop Vol.2
Panam（1995）アルバム

通算8作目までリリースされたコンピ・シリーズで、CRAZY-A、MC仁義もほぼ全作品にレギュラー参加している。なかでも屈指の名盤と言われているのがMUROやキングギドラも参加している本作で、目玉はSOUL SCREAMの「FREE WAY」だ。DJ BEATによるトラックとの相性が素晴らしく、のちに「自由街道」としてセルフリメイクもされた。

You The Rock & DJ Ben
Tight But Fat
Real Time / Triad Z（1993）アルバム

デビュー作となったミニアルバム『NEVER DIE』の翌年にリリースされたフルアルバム。90年前後のUSヒップホップの空気感がダイレクトに反映されたDJ BEN（BEN THE ACE）のトラックとYOU THE ROCKの熱いラップが見事に絡み合い、なかでもMURO、TWIGY、Minidon、POWER RICE CREW参加の「Made In Japan」には圧倒される。

You The Rock
The Soundtrack '96
cutting edge（1996）アルバム

YOU THE ROCKのソロ第一弾であり、90年代半ばの日本のヒップホップ・シーンを象徴する大傑作。DEV LARGE、INOVADER、DJ YAS、Mummy-D、DJ MAKIらによる最先端のサウンドとYOU THE ROCKのラップが最強のタッグを組み、TWIGYをフィーチャーした「Free」や14MCによるマイクリレー「Black Monday '96」など名曲が勢揃い。

You The Rock
The ★ Graffitti Rock '98
cutting edge（1998）アルバム

前作『THE SOUNDTRACK '96』の熱がさらに膨張しながら、ヒップホップとしての原点回帰も図った2ndソロアルバム。パーティ・チューン「Duck Rock Fever」やオールドスクールなエレクトロ全開な表題曲に加えて、President BPM（近田春夫）のカヴァー「Hoo! Ei! Ho! '98」も実に斬新であった。「Back City Blues」で見せた哀愁感も最高。

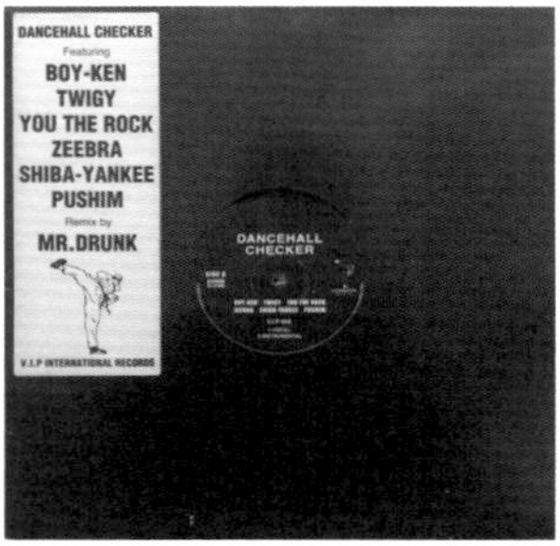

Boy-Ken, Twigy, You The Rock, Zeebra, Shiba-Yankee, Pushim
Dancehall Checker
V.I.P. international（1999）シングル

日本語ラップとレゲエのコラボ曲は現在に至るまで多数存在しているが、間違いなくその最上級。PUSHIMからBOY-KEN、ZEEBRAと絡んでいくイントロのスリリングな展開が素晴らしく、V.I.P.に所属するYOU THE ROCKの圧倒的な存在感も流石だ。RHYMESTERのMummy-D＝Mr. Drunkがトラックを手がけたリミックス・ヴァージョンも人気が高い。

スチャダラパー

スチャダラ大作戦

Major Force / File（1990）アルバム

88年に開催された『第2回DJアンダーグラウンドコンテスト』への出場をきっかけにレコード・デビューを果たした、スチャダラパーの1stアルバム。本作にも溢れている、漫画や演劇など日本のサブカルチャーを軸とした彼らスタイルは当初は異端であったが、結果的に日本独自のヒップホップ文化を生み出すことにもなり、その功績は非常に大きい。

スチャダラパー

スチャダラ外伝

Ki/oon（1994）アルバム

EAST END X YURIの「DA.YO.NE」と共に、日本語ラップをお茶の間レベルにまで浸透させた日本のヒップホップ史に残る大ヒット曲「今夜はブギー・バック」を収録した5曲入りミニアルバム。小沢健二の存在もヒットの大きな要因だが、良い意味での彼らのポップス性こそが四半世紀経った今も聞き続かれているクラシックとなった理由であろう。

スチャダラパー

5th Wheel 2 the Coach

東芝EMI（1995）アルバム

前年の「今夜はブギー・バック」の大ヒットに相反するかのように、ヒップホップ濃度を急激に高めた通算4枚目のフルアルバム。永遠の夏クラシック「サマージャム'95」がダントツの人気No.1ではあるが、「B-BOYブンガク」やシングル曲「ドゥビドゥWhat?」、「From 喜怒哀楽」など独自なリリックの世界観のままにハードに攻めた楽曲が揃う。

かせきさいだぁ≡

かせきさいだぁ≡

Natural Foundation（1996）アルバム

インディリリースされたオリジナル盤に曲目を追加した、かせきさいだぁ≡の1stメジャー・アルバム。ポエトリーにも通じるラップのスタイルで、Little Bird Nationのアーティストの中でも文系色の強いイメージだが、代表曲「じゃっ夏なんで」やはっぴいえんどを大胆にサンプリングした「苦悩の人」など、今の時代にも強くフィットする楽曲が揃う。

四街道ネイチャー

V.I.C. Tomorrow

Guntez（1998）アルバム

『さんピンCAMP』と『LBまつり』の両方に出演した稀有なグループである四街道ネイチャーの唯一のアルバムで、「惨事」やポッセカットの「四街道Ranger」など、くだらないリリックをめちゃくちゃ格好良く聞かせるという意味では最上級の作品だ。なお、メンバーのKZAとDJ KENTはFORCE OF NATUREとして現在も第一線にて活動している。

脱線3

バチルカ

Major Force / File（1994）アルバム

大阪を拠点としながらも、スチャダラパーを中心としたクルー＝Little Bird Nation（通称：LB）に所属する3人組のデビューアルバム。大阪弁と関西人ならではユーモアを全面に出しながら、音楽的には非常に正統派なヒップホップのスタイルを貫いており、単なるオモロラップとは一線を画す。本作を経て、翌年にはメジャーデビューも果たしている。

A.K.I. Productions

Japanese Pyscho

File（1993）アルバム

ラッパーのA.K.I.と現在もミックスエンジニアとして大活躍しているIllicit Tsuboiによるユニットが残した唯一のアルバム。帯に書かれた〈ハードコア過ぎて、どうもすいません〉の言葉通り、A.K.I.の過激な歌詞の世界観は当時から異端であったが、今の混沌とした世の中を予見している。ピチカート・ファイヴ「万事快調」のカヴァーも実にパンキッシュ。

キミドリ

キミドリ

File（1993）アルバム

現在もDJとしてカリスマ的な人気を誇るクボタタケシとデザイナーとして活躍するKURO-OVi（石黒景太）、DJ MAKOTOによるキミドリの唯一のフル・アルバム。ロック・ファンやスケーターからも強く支持され、東京ストリート・シーンの象徴のような存在でもあった彼らだが、「自己嫌悪」など等身大のメッセージは今の時代にも強烈に響いてくる。

キミドリ

Oh, What A Night!

cutting edge（1996）ミニアルバム

cutting edgeへの移籍後、最後のリリースとなった4曲入りのミニアルバム。小玉和文プロデュースの「なんてキミドリだ今日」も素晴らしいが、目玉はクボタタケシがトラックを手がけたタイトル曲だろう。ディスコネタのサンプリングが効いたアッパーなトラックに好対照なテンションの2MCが乗り、キミドリ流の最高のパーティ・ソングを聞かせる。

Cool Spoon

Elegant Girl's Thinking

Lovin' Circle（1995）シングル

90年代に活躍していたジャズ・ファンク・バンド、COOL SPOONのシングルだが、ここで紹介したいのはカップリングで収録の「UGLY YOUTH THINKING」と題されたリミックス・ヴァージョン。Illicit Tsuboiが手がけた狂気性の高いトラックにSHAKKAZOMBIE、四街道ネイチャー、キミドリのイシグロ（KURO-OVI）が怒涛のマイクリレーを展開。

DJ Krush

Krush

Triad / Chance（1994）アルバム

MURO、DJ GOとのKRUSH POSSEとしての活動を経て、ソロデビューを果たしたDJ KRUSHの1stアルバム。Monday満ちるや日本盤のみの収録であるがGang StarrのGuruらをゲストに迎えつつ、収録曲の大半をインストを中心に構成されている。ヒップホップにジャズの要素も盛り込みながら作り上げられたサウンドの世界観はまさに唯一無二。

DJ Krush

Strictly Turntablized

Mo' Wax（1994）アルバム

DJ KRUSHのソロ第二弾であり、「Kemuri」を筆頭にインストゥルメンタル·ヒップホップの頂点を極めた大傑作アルバム。UKのレーベル、Mo Waxを主宰するJames Lavelleからのラヴコールを受けてヨーロッパを中心に全世界へ向けてリリースされた本作は、トリップホップと呼ばれるムーヴメントの源流ともなり、数多くのフォロワーを生み出す。

DJ Krush
Meiso -迷走-
Sony（1995）アルバム

DJ Shadowとの共演曲「Duality」など、過去２作品と同様にインスト中心で構成された本作だが、主役となっているのが二つのラップ曲「Only The Strong Survive」と「Meiso」だ。特にC.L. Smoothがゲスト参加している前者は尺八のサンプリングなど、DJ KRUSHならではの強烈な個性が詰まった一曲であり、彼のラップ曲の最高峰と言えよう。

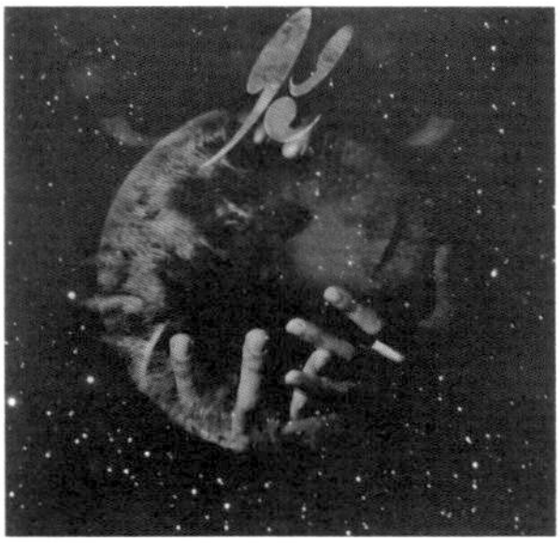

DJ Krush
MiLight -未来-
Sony（1996）アルバム

ソロ·デビュー以降、日本語ラップから離れていたDJ KRUSHであるが、本作収録の「新世界」にてRINOが参加したことはファンにとっても大きな喜びであった。他にもKemuri Productions、DJ Cam、Shawn J. Period、Finsta Bundy、Tragedyなど様々なゲストを迎えているが、なかでも「Shinjiro」でのMos Defの存在感は頭一つ抜きん出ている。

Microphone Pager
Don't Turn Off Your Light
File（1995）アルバム

聞こえ重視の日本語ラップの一つの形を極めた、MUROとTWIGYを中心とするグループ、MICROPHONE PAGERの1stアルバム。阪神淡路大震災を題材にした「病む街」やLAMP EYEをフィーチャーした「七転八倒」など、NY直送のヒップホップの空気感を残しながら自らのスタイルへと見事に置き換え、最高峰の東京ヒップホップを完成させている。

Microphone Pager
Microphone Pager
Next Level（1997）アルバム

MICROPHONE PAGERがシングルやコンピレーション・アルバムにて発表した初期音源をコンパイルした本作。オリジナルメンバーであるP.H.FRON、MASAOを含む4MCのマイクリレーが最高な「Microphone Pager」、「一方通行」、さらにMUROがソロ名義でリリースした貴重な音源も多数収録しており、若さ溢れる荒々しい魅力が詰まっている。

Muro

Dai San Danraku 97 Page

Spellbound（1997）ミニアルバム

BEN THE ACE主宰によるレーベル、Spellboundからリリースされた、MUROとBEN THE ACEとの共同プロデュースによるミニアルバムであり、MUROがソロを本格始動させた最初の作品。ヒップホップ・シーンにおける自らの歩みをリリカルに綴ったタイトル曲やDEV LARGEとGORE-TEX参加の「XXX-Large Pt.2」など、MUROクラシックが揃う。

Twigy

Al-Khadir

Spellbound（1998）アルバム

BEATKICKSやMICROPHONE PAGERを経て、多くのファンが待ち望んでいたTWIGYの1stソロアルバム。BEN THE ACEのプロデュースによる既発のシングル曲を中心に、さらにDJ YAS、DJ HAZUもプロデュースを手がける。なかでもSpellboundからの第一弾リリースとなった「Mirror Ball」でのTWIGYのラップの輝きは頭ひとつ抜き出ている。

Various

Omnibus#1〜玄人はだし

BMGビクター（1993）アルバム

LOW IQ 01らが結成していたACROBAT BUNCHと5組のラッパー（ECD、MICROPHONE PAGER、A.K.I. PRODUCTIONS、キミドリ、EAST END）のコラボレーションによるミクスチャー名盤。生のグルーヴに引っ張られてラッパー勢のテンションも非常に高く、特にMICROPHONE PAGER「Microphone Pager」とキミドリ「白いヤミ」は最高。

Various

さんピンCamp

cutting edge（1996）アルバム

サブタイトルこそ“サウンドトラック”となっているが、伝説的なヒップホップイベント『さんピンCAMP』の開催1ヶ月前にリリースされたコンピ。ECDやBUDDHA BRANDなどcutting edgeの所属アーティストを中心に構成され、さらにTWIGYとHAZUのグループ、BEATKICKSやHACなど本作でしか聴くことのできない貴重な音源も収録している。

East End

Beginning Of The END

File（1992）アルバム

大ヒットを記録した「DA.YO.NE」の印象が強い彼らであるが、初期のフュージョンネタなども駆使したROCK-TEEとYOGGYによる2DJスタイルとGAKU（のちのGAKU-MC）のラップとのコンビネーションにライヴは非常に完成度が高かった。そんな彼らの持ち味は1stアルバムである本作にもダイレクトに反映されており、90年代前期の隠れた傑作。

East End x Yuri

denim-ed soul

File（1994）ミニアルバム

東京パフォーマンスドールのメンバー、市井由里とのコラボレーションによって生まれた、日本のヒップホップ・シーンにおける初のミリオンヒット曲「DA.YO.NE」を収録した本作。本人達も予期していなかった爆発的なヒットはシーンの中で「セルアウト」と揶揄されることにもなったが、一般層をも惹きつける魅力がこの曲にあったのは間違いない。

Rhymester

Egotopia

File（1995）アルバム

1st『俺に言わせりゃ』を経て、今現在に繋がるグループの個性とスタイルを築き上げるきっかけとなったRHYMESTERの2ndアルバム。キングギドラ、SOUL SCREAMをフィーチャーした「口から出まかせ」を筆頭にBOY-KEN参加の「知らない男」やラスト曲「And You Don't Stop」に至るまで若さ溢れながらも、初期を代表する名曲が揃う。

Rhymester

リスペクト

Next Level（1999）アルバム

名盤と言われた『EGOTOPIA』をさらに上回るクオリティで、90年代末期の日本のヒップホップ・シーンを象徴する名作。RHYMESTERの代名詞とも言えるアンセム「B-Boyイズム」はもちろんのこと、シングル曲の「耳ヲ貸スベキ」、「キングオブステージ」、「Hey, DJ Jin」からラッパ我リヤの参加したラスト曲「リスペクト」まで捨て曲一切無し。

Mellow Yellow

Mellow Yellow Baby

File（1995）アルバム

EAST END、RHYMESTERらのクルー、FUNKY GRAMMAR UNITから３番目のデビューを飾ったMELLOW YELLOWの1STアルバム。KOHEI（KOHEI JAPAN）、KIN、TAMAの3MCのコンビネーションが絶妙なトライアングルを描き、KOHEIの実兄であるMummy-Dプロデュースによる「Pizza & Coke」の気取らないパーティ感は実に彼ららしい。

Kick The Can Crew

タカオニ／カンケリ

Lastrum（1997）シングル

BY PHAR THE DOPESTのKREVA、RADICAL FREAKSのMCU、ソロMCのLITTLEの３人によって結成されたKICK THE CAN CREWの1stシングル。それぞれ異なる個性と高いスキルを持った３人のコンビネーションはすでに完成しており、その後、メジャーデビューを経て、「クリスマス・イブRap」や「マルシェ」の大ヒットへと繋がっていく。

Rip Slyme

Talkin' Cheap

File（1998）アルバム

デビュー作『Lip's Rhyme』を経て、DJ Fumiya加入後の3MC+1DJ体制でリリースされた2ndアルバム。サウンド的にも前作から大きくステップアップし、Pes、Ryo-Z、Ilmariのコンビネーションもさらに磨きがかかり、特にシングル曲「白日」はこの時期の彼らを代表する一曲だ。その後、本作にゲスト参加したSuが加入し、大ブレイクを果たす。

キングギドラ

空からの力

P-Vine（1995）アルバム

90年代半ばの日本のヒップホップ・シーンにおいて、日本語のライミングの技術を飛躍的に発展させた張本人であるキングギドラの1stアルバムであり、間違いなく90年代を象徴するクラシック。「見まわそう」や「大掃除」など韻踏みまくりな名曲が勢揃いし、さらに社会的なメッセージが込められた「スタア誕生」には彼らの意識の高さを強く感じる。

Zeebra

The Rhyme Animal

Polystar（1998）アルバム

『フリースタイルダンジョン』での活躍など、今や日本のヒップホップ・シーンを裏方としても支えるZEEBRAの1stソロ。先行曲の「真っ昼間」や「Original Rhyme Animal」などで韻への飽くなき探究心を貫く一方で、「I'm Still No.1」ではZEEBRAならではのパーティ・スタイルを打ち出すなど、キングギドラ時代とも異なるアプローチで成功を収めた。

K-Dub Shine

現在時刻

cutting edge（1997）アルバム

キングギドラからソロへ移行したK-DUB SHINEの1stアルバム。日本語ラップの表現の可能性を広げた彼のライミングのスキルは本作にてさらにパワーアップし、シングル曲「ラストエンペラー」での畳み掛ける韻と数々のパンチラインに圧倒される。「理由なき犯行（中学生日記）」や「戦争を知らない子供達」といった曲で見せる視点も彼ならでは。

T.A.K. The Rhymehead

The Words

P-Vine（1996）ミニアルバム

80年代後半からラッパーとしての活動を開始し、キングギドラ『空からの力』への客演やコンピ『続・悪名』への参加を経てリリースされたT.A.K. THE RHYMEHEADのデビュー作。ZEEBRA率いるU.B.G.の中核メンバーとして、ライミングのスキルでは非常に高い評価を得ていた彼の代表曲である「銀河探検鬼」は隠れた日本語ラップ・クラシックスだ。

Uzi

ライト アイ

Future Shock / Polystar（1997）シングル

Mt. F-uzi名義でコンピ『続・悪名』に参加したことで注目を浴び、ZEEBRA、T.A.K. THE RHYMEHEADに続くU.B.G.第三の刺客として放たれたUZIの1stシングル。INOVADERが手がけるハードなトラックにU.B.G.スタイル全開な硬いライミングとフロウが見事にハマっている。シングル・リリースを重ねた後、2002年に1stアルバム『言霊』をリリース。

Lamp Eye
下克上
Vortex（1995）シングル

90年代半ばの日本のヒップホップ・シーンの中で、RINO、GAMA、DJ YASのグループ、LAMP EYEの登場は新たな世代の台頭を感じさせた。タイトル曲「下剋上」はシーンに殴り込みをかける彼らのアティチュードをストレートに表す一曲であり、カップリング曲の「一二三」、「暗夜行路」も超強烈。特にラッパーとしてのRINOの存在感は群を抜く。

Lamp Eye
証言 feat. Rino, You The Rock, G.K.Maryan, Zeebra, Twigy, Gama, Dev Large
えん突つ（1996）シングル

90年代日本のヒップホップ・シーンを象徴するクラシック中のクラシックといえばやはりこの曲だろう。名義はLAMP EYEだが、実質的にはRINO, YOU THE ROCK, G.K. MARYAN, TWIGY, GAMAによるグループ＝雷にZEEBRAとDEV LARGEがゲスト参加。DJ YASのシンプルかつ中毒性の高いビートの上で7MCの凄まじいマイクリレーが展開される。

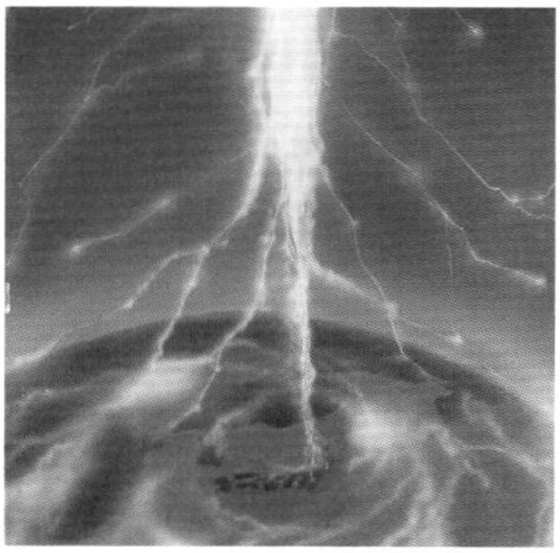

雷
カミナリ/夜ジェット
えん突つ（1997）シングル

LAMP EYE名義の「証言」の翌年にリリースされた雷名義としては初のシングル。カップリング2曲、それぞれDJ PATRICKとDJ YASによる2ヴァージョンを収録し、RINO、YOU THE ROCK、G.K.MARYAN、TWIGYが圧巻のマイクリレーを聞かせる。この曲を最後に作品リリースは一旦停止するが、2000年代に入ってから雷家族として復活を果たす。

Various
Hey! Young World
Taurus（1995）アルバム

TWIGY「煙にまけ」、NAKED ARTZ「Take It Easy」などシングルリリースも平行して行なわれた、90年代半ばのシーンの空気感が詰まった名コンピレーションアルバム。目玉はG.K.MARYANのソロ・デビュー曲となった「Free Green ～土地の中の土の記憶～」で、DEV LARGEがトラックを手がけたオリジナル／リミックスと共に中毒性が高い。

Soul Scream
The "Deep"
File（1996）アルバム

POWER RICE CREWからSOUL SCREAMへと改名し、3MC+2DJ体制でリリースされた1stアルバム。メンバーのDJ ALERGIE、DJ CELORYに加えてMummy-D、INOVADER、DJ TONKらもプロデュースを手がけ、さらにキングギドラ、RHYMESTERらがゲスト参加するなど豪華なメンツが揃う。特に「字幕」は彼らの活動初期を象徴する名曲だ。

Soul Scream
The Positive Gravity 〜案とヒント〜
Future Shock / Polystar（1999）アルバム

MCのSHIKIが脱退して４人体制となった2ndアルバム。外部プロデューサーやゲストを一切入れないことでグループとしてのカラーがより強まり、純度の高い作品に仕上がっている。また、DJ CELORYのプロデューサーとしての成長にも目を見張るものがあり、コンセプチャルなリリックとのバランスも完璧で、「蝶と蜂」はその最高峰と言えるだろう。

E.G.G. Man
Realistic Love
Mary Joy（1997）シングル

ソロ名義で複数のシングルやアルバムもリリースしているSOUL SCREAMのE.G.G. MANだが、その中でも最高傑作と言えるのが本作だ。メロディアスなDJ CELORYのトラックとのコンビネーションが実に美しく、特にリミックスヴァージョンは極上。カップリング曲「Text -地球の歩き方-」は名作コンピ『Tags Of The Times』にも収録されている。

Various
Real Time Compact Vol.1
Triad Z / Nippon Columbia（1993）アルバム

POWER RICE CREW名義での初レコーディング曲「Gat'n派 Rapper」、「Non Alcohol」が収録されたコンピレーション・アルバム。他にもSKIPS（のちのNAKED ARTZ）やMICROPHONE PAGER初期の代表曲「改正開始」など貴重な音源が多数収録されている。続編である『〜Vol.2』収録のPOWER RICE CREW「Tokyo-Chiba」も隠れた名曲だ。

Buddha Brand
黒船
cutting edge（1996）ミニアルバム

90年代半ばの日本のヒップホップ・シーンにおいて、NYで結成されたBUDDHA BRANDの存在はまさに“黒船”であった。彼らの初CDである本作には、デビューシングル曲の「Funky Methodist」や「人間発電所」のリミックス等が収録され、さらにラジオ番組でのフリースタイルを収録した「Radio Free Style Studio Live '96?」も凄まじい格好良さ。

Buddha Brand
ブッダの休日
76（1997）シングル

BUDDHA BRANDの中心的存在であり、プロデューサー的な役割も担っていた故DEV LARGEが残した数々のヒップホップクラシックの中で、メロウチューンの最高傑作と言えるのがこの曲だ。Joe Thomasなど様々なサンプリングソースが絡まるトラックの上で奏でる3MCのマイクリレー、そして〈空を駆けてくような気持ち良さ〉のフックも極上。

大神
大怪我
cutting edge（1996）シングル

『さんピンCAMP』のステージ一発目も飾ったBUDDHA BRANDとSHAKKAZOMBIEによるユニット＝大神によるスーパークラシック。DEV LARGEのプロデュースによるオールドスクールパーティ感満載なヴァージョン「ILLJOYNTSTINK BOX」の人気が高いが、DJ TSUTCHIEによる「輸血MIX」も凄まじい格好良さで、5MCの狂気性がさらに際立つ。

Lunch Time Speax
Tomatte Tamakka!!!
El Dorado（1998）シングル

BUDDHA BRANDのDEV LARGEが主宰していたレーベル、El Doradoの立ち上げ第二弾としてリリースされた、水戸を拠点とするグループ、LUNCH TIME SPEAXのデビューシングル。深みあるトラックとGUCCI、TAD'S A.C.の2MCのコンビネーションが彼らの魅力だが、DEV LARGEによるネタ感全開なリミックスヴァージョンも大きなポイントだ。

Shakkazombie

Hero The S.Z.

cutting edge（1997）アルバム

デビューEP『SHAKKATTACK』を経て、cutting edge移籍後の「手のひらを太陽に」で一躍注目を浴びることになったSHAKKAZOMBIEの1stアルバム。ハードコアー辺倒でなく「空を取り戻した日」や「虹」といった曲で見せるポジティヴな一面は彼らの新たな魅力を教えてくれた。のちのNITRO勢がゲスト参加した「共に行こう」のリミックスも最高。

Shakkazombie

Journey Of Foresight

cutting edge（1999）アルバム

タイミング的にはOsumiのソロアルバムの翌年にリリースされた2ndアルバム。先行リリースされた「Big Blue」や「Kokoro Warp」などサウンド面での進化も見せつつ、グループとしてのスタイルをより強固なものにしている。前作に引き続きNITRO勢が参加した「64 Bars Reply」やキミドリ「白いヤミの中」のカヴァーなどもめちゃくちゃ格好良い。

Osumi

Control (The Spiritual Matters)

cutting edge（1998）アルバム

2021年1月に亡くなったSHAKKAZOMBIEのメンバー、BIG-OことOsumiによるソロアルバム。巨漢で存在感ある見た目とは裏腹にセンシティブな内面を持った彼の視点がアルバム全面に広がっており、シングル曲「No Limit」を筆頭に、盟友であるDJ WATARAIやDEV LARGEによるサウンド・プロダクションが彼のラップにさらなる深みを与えている。

T.O.P. Rankaz / Indopepsychics, Osumi, Dejja

Double Impact EP

Street Flava（1996）EP

T.O.P. RANKAZ（ZEEBRA、UZI、T.A.K. THE RHYME HEAD）とINDOPEPSYCHICS（DJ KENSEI、D.O.I.、NIK-BO）によるカップリングEP。ストリート感全開なT.O.P. RANKAZ「Inner City Groove」も素晴らしいが、注目はINDOPEPSYCHICSによる「百万光年のやさしさが注がれる限り」で、Osumiの新たな一面を引き出した超重要曲だ。

Nitro Microphone Underground
Nitro Works
Reality（1999）ミニアルバム

2000年代のシーンを象徴するグループ、NITRO MICROPHONE UNDERGROUNDがリリースした最初のシングル3枚をまとめた本作。初期代表曲である「Bambu」や「Requiem」、さらにS-WORDの1stソロ曲である「Smokin' Blaff」など、エッジの効いたビートの上で繰り広げられる独自な言語感覚のラップは新たな時代の幕開けを感じさせる。

Gore-Tex
Water Proof
Guntez（1997）シングル

MURO率いるクルー＝K.O.D.P.の一員であり、MUROの「三者凡退」と「XXX-Large Pt.2」への客演でも存在感を示していたGORE-TEXのデビュー作。DJ WATARAIによるヘヴィーなドラムが響くトラックに独特のダミ声が完璧にハマっており、カップリング曲の「握手で始まり拍手で終わり」と共に翌年にはリミックスヴァージョンもリリースされた。

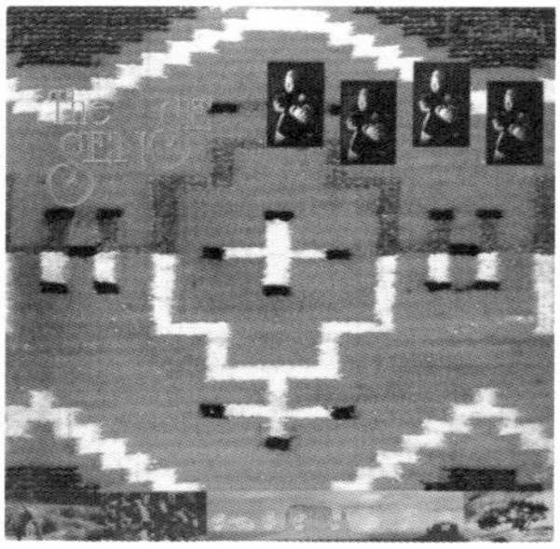

Suiken
The Sense
El Dorado（1998）シングル

90年代半ばにはK-BOMB、DABO、DJ HAZIMEらとCHANNEL 5として活動し、のちにNITRO MICROPHONE UNDERGROUNDの一員としてもデビューを果たすSUIKENの1stソロシングル。DEV LARGE主宰のレーベル、El Doradoの第一弾リリースでもあり、タイトル曲ではDJ WATARAIのトラックで荒々しくも若さ溢れるラップを聞かせる。

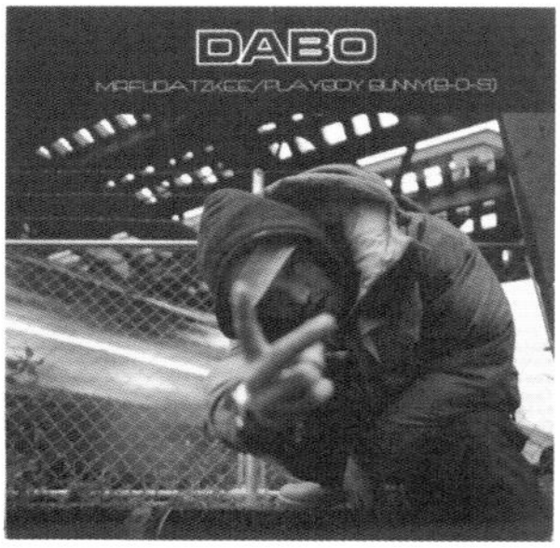

Dabo
Mr.Fudatzkee
Reality（1999）シングル

NITRO MICROPHONE UNDERGROUNDの本格始動以降、既にデビューを果たしていたGORE-TEX、SUIKENに続き、他のメンバーも次々とソロ作を発表していくわけだが、その先鞭をつけたのが本作だ。表題曲をDJ HAZIME、カップリング曲をSHAKKAZOMBIEのTSUTCHIEがプロデュースし、アンダーグラウンドな仕上がりは時代の空気が溢れる。

Dj Kensaw featuring Owl Nite Foundation'z

Owl Nite

Pure Sand（1997）シングル

16年に亡くなった大阪のヒップホップ・シーンを代表するベテラン、DJ KENSAWが残した、関西版「証言」とも呼ばれるクラシック。OWL NITE FOUNDATION'Z名義でWORD SWINGAZのO.K.I.とRYW、DESPERADOの茂千代、MAGMA MC'SのRYUZOといった若き先鋭たちが参加し、関西シーンのポテンシャルの高さを全国へとアピールした。

Illmariachi

Tha Masta Blusta

P-Vine（1997）アルバム

東京以外のグループとして唯一『さんピンCAMP』に出演したDJ HAZU（刃頭）とTOKONA-Xによる唯一のアルバム。のちにKEMURI PRODUCTIONSの一員としても活躍するDJ HAZUのドープなビートとTOKONA-Xの名古屋弁全開なラップの組み合わせの高い個性は実に衝撃的だ。その後、TOKONA-Xはソロデビューを果たすが、2004年に急逝。

Tha Blue Herb

Stilling, Still Dreaming

Tha Blue Herb Recordings（1998）アルバム

東京を中心に回っていた90年代後半の日本のヒップホップ・シーンの中で、札幌を拠点とするBOSS THE MC、O.N.O.、DJ DYEによるTHA BLUE HERBの登場は実に衝撃的であった。2枚のシングルを経てリリースされた本作は、東京のシーンに対する強い憤りと彼ら自身の高い誇りが溢れており、ヒリヒリするほどの熱がサウンドとして伝わってくる。

Shing02

緑黄色人種

Mary Joy（1999）アルバム

アメリカを拠点としながらも、Mary Joyからソロや三木道三とのユニットである真鮮組名義でシングルをリリースし、すでに日本のシーンでも存在を知られていたSHING02の1stアルバム。ド直球なアンダーグラウンド・サウンドの上で放たれる彼のラップは当時の日本の標準的なスタイルとは全く異なるものであったが、結果的に多大な影響を与えた。

DJ Honda

DJ Honda

Sony（1995）アルバム

DJ KRUSHと並び、90年代に海外進出して大きな成功を収めた数少ない日本人アーティストであるdj hondaの1stアルバム。USヒップホップ・シーンの最前線で活躍するラッパーが10名以上参加し、ワールドクラスのサウンドを展開する。翌年には全米リリースもされ、97年に発表された2ndアルバムもBillboardチャートに入るほどのヒットを記録した。

DJ Hasebe

Ice Pick featuring Zeebra, Mummy-D

Main Dish（1996）シングル

ヒップホップDJとしてトップクラスの人気を誇っていたDJ HASEBEがZEEBRA（キングギドラ）とMummy-D（RHYMESTER）の2人と組むというのは、当時のシーンの中で大きなニュースで、緊張感あるトラックの上での2MCのコンビネーションは今聞いても素晴らしい格好良さ。この3人は2000年に再び結集して「Mastermind」を生み出す。

Maki & Taiki

On The 1+2

Mercury（1996）EP

アンダーグランドなクラブ・シーンで活躍していた2人のDJ、MAKIとTAIKIがプロデューサーとなり、Mummy-D、ZEEBRA、TWIGY、GAMA、MUROというトップMCが参加したEP。ヒップホップをウイルスに例えたリリックが秀逸なMummy-D & ZEEBRA「末期症状」は本作を象徴する1曲で、「ICE PICK」と並ぶこの2人の代表曲にもなった。

キエるマキュウ

Nanjai

第三の忍者（1998）シングル

DJ MAKI＝MAKI THE MAGICがラッパーとしてマイクを握り、BUDDHA BRANDのCQ、さらにIllicit Tsuboiと組んだ、文字通りの奇才／鬼才3人組グループ、キエるマキュウのデビュー・シングル。「直球勝負 投げる球カーブ」など規格外のパンチラインは圧巻で、その勢いは翌年リリースの1stアルバム『トリック・アート』へと引き継がれていく。

Various
悪名

People's（1995）アルバム

90年代の日本のヒップホップ・シーンの中で最も有名かつシーンに対して大きな影響を与えたコンピが本作とその続編『続・悪名』だろう。RINOの初ソロ曲となった「もうひとつの世界」を筆頭に、RAPPAGARIYA（ラッパ我リヤ）、NAKED ARTZ、RADICAL FREAKSなどいずれもレベルが高く、本作をきっかけに彼らは大きく羽ばたいていった。

Naked Artz
浸透〜Penetration

P-Vine（1997）アルバム

名古屋にて誕生したSKIPSを母体に結成された４人組グループ、NAKED ARTZの唯一のフル·アルバム。プロデューサーとしてのちにソロデビューも果たすDJ TONKのタイトなトラックにMILI、K-ON、さらにDJ TONK自身もマイクを握る「浸透」には彼らの魅力が全て詰まっている。RHYMESTERがゲスト参加した「未知なる種」も人気の高い１曲。

ラッパ我リヤ
Super Hard

走馬党 Entertainment（1998）アルバム

コンピアルバム『悪名』への参加で注目を集めたラッパ我リヤが、シングルを重ねながらついにリリースした1stアルバム。男臭さ全開のＱと山田マンのスタイルはこの時点ですでに完成しており、唯一無二の強烈な存在感を放つ。ちなみに本作にも収録されている彼らの代名詞とも言える「ヤバスギルスキル」シリーズは現在まで第10弾まで続いている。

餓鬼レンジャー
リップ・サービス

P-Vine（1998）ミニアルバム

熊本からシーンに殴り込みをかけた餓鬼レンジャーのデビュー・ミニアルバム。DJ CELORYのプロデュースによる「リップ・サービス・モンスター」を筆頭に、東京勢に引けを取らない個性と存在感を放つポチョムキンとYOSHIのラップは大いに注目を集めた。熊本弁も炸裂した2001年リリースの1stフル・アルバム『UPPER JAM』も高い評価を得る。

Ozrosaurus

Bay Blues

Future Shock / Polystar（1998）ミニアルバム

80年代から続いてきた横浜のヒップホップ・シーンの中で、最初に全国的な人気を得たのがOZROSAURUSであろう。デビュー作となるミニアルバム「ライム・ダーツ」を経て、翌年リリースされた本作に収録されたタイトル曲は初期の彼らを代表する1曲で、当時まだ二十歳前後だったとは思えないほどMACCHOが綴るリリックはドラマティックに響く。

Libro

胎動

P-Vine（1998）アルバム

DJ TONKのプロデュースによるデビュー・シングル「軌跡」の翌年にリリースされたLIBROの1stアルバム。様々なアーティストが日本人としてのヒップホップの表現方法を模索する中で、本作での彼の自然体そのものなスタイルは間違いなく時代の先を行っていた。特に「雨降りの月曜日」は20年以上前に作られたとは思えないほどの永遠の輝きを放つ。

妄走族

Stupid Fuckin' Times

New School（1999）ミニアルバム

人のイベントに乱入してマイクジャックするという、これまでのラッパーにはいなかったやり方で知名度を広げた妄走族のデビュー作。GASCRACKERZ（DEN、ZORRO）が手がけるトラックに7人のMCが絡み合う彼らの集団スタイルは新たな時代の始まりをも感じさせた。彼らのイベント名にもなった「核Mix」における般若の勢いにも圧倒される。

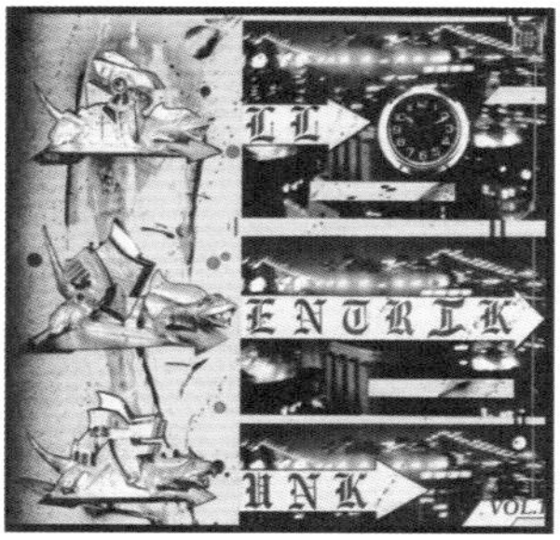

Various

Ill-Centrik Funk Vol.1

File（1998）アルバム

80年代に流行したエレクトロヒップホップの再評価の流れで企画されたコンピ。脱線3、四街道ネイチャーのKZA、RHYMESTERのMummy-D、DJ BEATといった日本語ラップシーンの面々に加えて、福富幸宏、スマーフ男組、LATIN RASKAZ、L?K?Oなど幅広いメンツが参加している。なお、ジャケット・デザインは故Rammellzeeが手がけている。

House
House
House

90年代ジャパニーズ・ハウス

選・文=アレックス・フロム・トーキョー・プラット

Satoshi Tomiie featuring Arnold Jarvis
And I Loved You

FFRR（1990）12inch

フランキー・ナックルズと89年に手掛けた共同傑作「Tears」に続く初ソロ作。ガラージ・ハウスの代表的なシンガー、アーノルド・ジャーヴィスを迎え、Def Mixサウンドを象徴する「The Classic Club Mix」など、ジャジーなピアノ・アレンジメントと上品なグルーヴをフィーチャした美しく魂のこもった歌モノを展開。B2のインストもすばらしい！

Loop 7
The Theme

Strictly Rhythm（1994）

フランキー・ナックルズが常々プレイしていた、MFSB「Mysteries Of The World」のベースラインを弾き直してハードなビート、優しいメロディ、心地よいピアノのリフ、ハードドライヴでリズミカルなグルーヴに。フロアでも効果的なブレイクダウンまで、宇宙に浮かぶかのようなトミイエが手掛けたマジカルなNYCディープ・ハウス最高傑作。

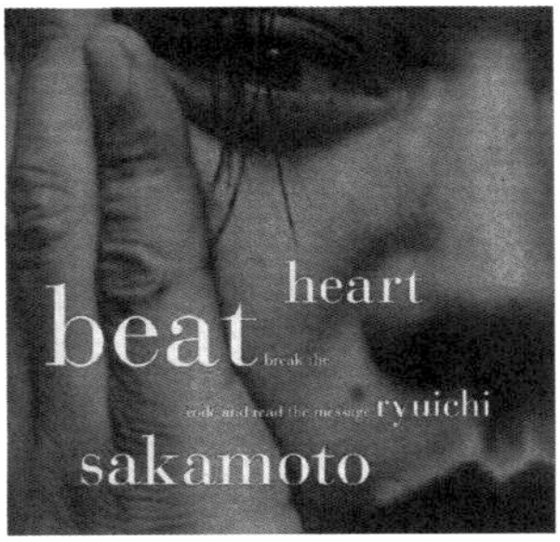

Ryuichi Sakamoto
Heartbeat

Virgin records（1992）

坂本龍一の91年『Heartbeat』から世界的に大ヒットしたサトシ・トミイエとの夢のような共同傑作。92年にUSプロモ・オンリー12インチとしてリリース。カラージ・シンガー、ディー・ディー・ブレイヴをフィーチャし、クラブ・プレイには欠かせないダンス・ミックスも良いですが、ピアノではじまるアンビエント・ミックスが特にオススメ。

▽ Yukihiro Fukutomi

Yukihiro Fukutomi
Feel My Love Vibes
Watertone records（1992）

90年のコンピ『Tokyo Discjockey's Only』に収録されていたエコのセクシー・ウィスパー・ヴォイスと優しいヴァイブスをフィーチャしたピュアーなディープ・ハウス・トラック「Love Vibes」を愛を込めて四つのクラブ・ヴァージョンに解題した、日本のダンス・ミュージック界のレジェンド福富幸宏 の92年のデビュー・シングル。

Yukihiro Fukutomi
Post
Zaza（1993）

2ndアルバム。なかでも、当時のUSハウスやイタリアン・アンビエント・ハウスにも通じる手法と福富独自の柔らかいコード、軽やかなシンセやフルートを綺麗に融合したクラシックスをサンプリングし、「E2-E4」を彷彿させるパーカッシヴなリズムに組み上げたM6、エコーするフルートがバレアリック・ハウスよりなM1は特筆すべき出来。

Yukihiro Fukutomi
Third
Wildjumbo（1995）

3枚目ジャズ・テイストのミニアルバム。ブレイズ・フィールのジャズネタ「4 Colored Girls」、B・タッカーをフィーチャしたスティーリー・ダン「Peg」のハウス・カヴァーもおもしろいですが、目玉はウェザー・リポートっぽい上物シンセを入れたパーカッシヴなアシッド・フュージョン・エレクトリック・ハウス・トラック「Come 2 Home」。

▽ Ecstasy Boys

Ecstasy Boys
Love & Dream
X Records（1990）

関西、大阪の初期クラブ・シーンでカリスマ的な人気を誇ったパイオニア、天宮志狼が小滝満、天宮達朗と結成したユニットEcstasy Boys、これは1990年にリリースした自主制作EP。グランド・ピアノの長いイントロからはじまるB1「千手千眼観音」は和レアリックなピアノ・ハウス。

Ecstasy Boys
Seven Steps To Heaven
Quark（1992）

Ecstasy BoysがNYCの名門〈Quark〉から92年にリリースした海外デビュー作。尺八的なフルートが響くニューエイジ・オーガニック和レアリック・ディープ・ハウス「Seven Steps to Heaven」、パーティ「Giant Step」に捧げるナッピー・Gのサックスをフィーチャしたサイケでトリッピーな「Heaven Lake」がエクスタシーに導く。

Ecstasy Boys
Moon Dance
Cutting Edge（1994）

94年のベスト。M10のダブ、〈BPM〉からの「Spiritual World」にも収録されたNYCの長年の友人マーク・カミンスの「Tsukino Oshie」リミックス、チルアウト・アンビエントからトランスまで、ピュアで自由なアンダーグランド・シーンを象徴する1枚。早すぎた死が悔やまれる天宮志狼のオーラが感じられる神秘的な世界へようこそ！

Various
LA RONDE
Universal Ape, BPM（1991）LP

NYCと東京を繋いだキーパーソン、ヒサ・イシオカがプロデュースした日本初のディープ・ハウス・コンピレーション。フランキー・ナックルズ「Whistle Song」のベースラインも印象的な森俊彦の「I Got Fun」、永山学と寺田創一による偉大なクラシック「Low Tension」とパル・ジョイのジャズ・ダンス「Harmony」もすばらしい。

Various
LA RONDE II
Universal Ape, BPM（1992）2LP

ラリー・レヴァンの死の直後のリリースとなった第2弾はアナログ盤2枚組。NYCからKhison、K・カーペンターやN・ジョーンズらの作品に加えて、カツミ・ヒダノの「Thank You Larry」、DJ Aoki と森俊彦の「Beat Freak」とハウス・ファンデーションのミッドテンポ・ピアノ・ハウス「Nite Of The Moon」がせつなくもあたたかい。

Various

Sounds Of Far East Dance Music - Compilation Vol 1

King Street Sounds（1993）

１９９３年にリリース。福富幸宏や松井寛などこの当時の日本のトップクリエーターたちが集まった〈King Street Sounds〉の第一弾コンピレーション・アルバム。いまでも人気のある、寺田創一による島田奈美の「Sun Shower」の和レアリックなインストルメンタル・リミックスも収録されている。

Loop Trick featuring Maria

Beat Freak

King Street Sounds（1993）

スーパークリエーターの森俊彦とKohey Aokiによるプロジェクト、ループ・トリック。〈King Street Sounds〉からの第１番！　大人気のブレイズとパル・ジョイによるリミックスもまったく見事だが、じつはオリジナル・ヴァージョンがすばらしくチャーミング。

Mondo Grosso

Souffles H (King St. Club Mix) (MAW remix)

Nite Grooves (1995)

大好きなモンド・グロッソのMAWとジョー・クラウゼルによるリミックス。ホーンやオルガンが爽やかに駆け抜け、フロアに火をつける最強のインスト・ジャズ・ハウス全４ヴァージョン。ハウスとジャズの伝説のコラボレーション・アンセム！　当時パリのクラブでルイ・ヴェガが２枚使いしてダンサーのみんなが夢中になったことをよく覚えている。

Level 9

Don't stop

Nite Grooves（1995）

サトシ・トミイエとコウ・キムラが組んでNYCに捧げて作った大箱向けのハウス・アンセム！　ロンドンのハウス・ユニットX-Press ２の大ヒット「Muzik Express」に応えるように、ディスコ＆ハウスの大ネタを見事にサンプリングして遊び心満点。

Soichi Terada & Shinichiro Yokota
Tokyo XXX

BPM（1991）

1991年リリースの〈BPM〉レーベル12インチ第2弾。キャッチーで明るいイタロ古典のサンプルネタを使用した「Shake Yours」も良いですが、ここではリリース当時からのシークレット・ウェポン、雅楽＆お祭りサンプルネタのピアノ・ハウスキラーの東京音頭「Tokyo XXX(Alt.Mix)」に注目。いつも上げてくれるクラシックスです。

Soichi Terada & Shinichiro Yokota
Far East Recording

Far East Recording（1992）

1992年リリース、寺田創一と横田信一郎による共同製作ヘンテコ10曲入り12インチEP。和レアリックなシェリル・リンの「Got To Real」と「Purple Haze」のハウスカヴァーもおもしろいですが、目玉は海外でも大人気の横田による可愛らしいキッチュでドリミーなシンセのブレークビーツ・ハウスの名曲「Do It Again」！

Shinichiro Yokota / Soichi Terada
Believe The House / Purpul Haze

Far East Recording（1992）

A面は横田信一郎によるパブリック・エナミーの「Don't Believe The Hype」ネタをサンプリングしたキャッチーなピアノ・ハウス。B面は途中で入るギターソロにびっくりの、寺田創一による「Purple Haze」のユーモラスな和レアリック・ハウス・カヴァー。バブリーな東京の夜を思い出します。当時六本木WAVEで購入。

Akiko Kanazawa
Tanto Bushi / Sawauchi Jinku

BPM（年代不明、おそらく1993年前後）

何と民謡歌手の金沢明子を寺田創一がハウス・リミックスしたレア12インチ。とくにB面に収録されている、金沢明子の民謡曲をうまく使用して、空間的なシンセパッドに寺田ならではのシンセリフ、フルート演奏を足したミッドテンポ・和レアリック・ディープ・ハウスの傑作「Sawauchi Jinku」が心にぐっとくる。

Soichi Terada

Nami Shimada
Sun Shower Remixes
Columbia（1991）

海外人気も高い寺田創一プロデュースのアイドル歌手島田奈美のハウス歌謡クラシック！　うねるベースラインやヴォコーダのロボ声、シンセ・リフに瑞々しい歌声が絡むラブリーなオリジナルと、リミックスではL・レヴァンによる強力なビートの日本語カラージ・ハウス「Vocal Mix」とM・カミンスのパーカッシヴな「Dance Mix」が最高！

▽ Tokyo Offshore Project

Tokyo Offshore Project
Aerotek
Scien Records（1992）

F・ヴァレンタイン、キヨシ・ミヤウラ、サイモン・ラヴジョイが東京とロンドンをつないだ幻のユニット。その東京でのレコーディングは92年に〈Scien〉からブルーヴァイナル盤でリリース。A1は初期〈Warp〉っぽいブリープの雰囲気で、B2はデリック・メイの未発表作品のようなデトロイト・フィーリング。テクノとハウスがブレンドされたクラシックEP。

Tokyo Offshore Project
Hyper Ambient
Kooky Grooves（1994）

続いての作品はレコーディングは東京とロンドンで行い、ヴァレンタインとラヴジョイが運営するロンドンのレーベル〈Kooky Grooves〉から94年にリリース。ここでは代表曲「Hyper Ambient」のふたつのミックスが目玉。95年にはロン・トレントとシェ・ダミエの名門レーベル〈Balance〉からライセンスされて、ようやく世界でも話題になる。

▽ Malawi Rocks Productions

United Future Organization
United Future Airlines
Talkin' Loud（1995）

僕の大好きなU.F.O.のオリジナル曲を、1995年当時、芝浦のクラブ、ゴールドのレジデントをつとめていたDJエンマが巨大ハウス・フロアと最高級のサウンドシステム向けに制作した12インチ。9分にわたるゴージャスでロングタイム＆パーカッシヴなジャズ・ハウスの傑作リミックスと言えるだろう。

Malawi Rocks Productions feat. Simon

Music Is My Flower

Nite Grooves（1995）

DJエンマとタロウ・カワウチによるマラウィ・ロックスにサイモン・ピアソンが参加したデビュー作は〈King Street〉のサブレーベル〈Nite Grooves〉から。ポエトリー・リーディングのイントロにビートが加わり、オルガンやストリングなど、徐々に音数を増し、ブレイクではサックスやドラムロールでテンションを上げる、アップリフティングなフロア・アンセム。

DJ Hiro & Masabumi Kikuchi

DJ Hiro's EP

Complete Records（1996）

ハウス・ミュージックを最初に体験させてくれたベテランDJヒロと日本の伝説のフリー／フュージョン界の大御所ジャズ・キーボーディスト、菊地雅章という最強コラボから生まれたクラブ音楽を超えるミッドテンポ・アフリカン・ジャズ系・エレクトロニック・フュージョンの傑作。4つ打ちグルーヴ「Forest Game」はいつ聴いても豪快。

DJ Hiro

Ko Te Moun Yo

Complete Records（1996）

ハイチの伝統民謡「Ko Te Moun Yo」をDJヒロと菊地雅章がヴォーカルにパパ・ジューベを迎えNYCで録音したブードゥー・ドラム・チャント・ハウス。翌年にはジョー・クラウゼルのアフリカン・ジャズ・ミーツNYCスピリチュアル・ライフ・サウンドなリミックスも。西麻布のYellowでよくプレイされていたジョーによる傑作アンセム・リミックスです。

MATO

Drifting (Original Mix)

Complete records（1996）

90年代のNYCを拠点に活動を行ったトシユキ・ゴトウと菊地雅章のコラボ・ユニット。現地企画の『Raw Material #1』の2枚組プロモアナログ盤から。フェラ・クティの「Roforofo Fight」を下敷きにしたアフロ・エレクトロニック・ダブ傑作「Tribe」はもちろん、「Drifting」のアフロ・テック・ハウスのオリジナル・ミックスは当時からのお気に入り。

MATO

Tribe / Drifting

Wave Music（1996）

NYCのAxisスタジオのレコーディングエンジニア、マティアス・ハイルブロンによるリミックスに参加したMATOの〈Wave Music〉特別編集盤から、フランソワ·Kの「Drifting」の“Yuzo's Conga Mix”と、「Tribe」では“Main Pass”と“Toshi's Dub”をブレンドしたリミックスを合わせ、海外でも話題になったニュー・アフロ・ディープ・ダブ・サウンド。

Disco Dub Band

For The Love Of Money (feat. Monday Michiru) (Toshiyuki Goto remix)

Disorient（1997）

Disco Dub Bandによるあのギャンブル＆ハフの名曲カヴァーのMade In Japanリミックス！　12インチのトシユキ・ゴトウによるインストも良いですが、マンデイ満ちるを迎えコンピレーション『Showa 64』に収録したヴァージョン、DJアレックスのミックスCD『Deep Atmosphere』だけに収録されている９分にわたるスペーシーなリミックスもすばらしい。

Toshiyuki Goto

House of Takoradi

Flower Records（1999）

豪華ミュージシャンをフィーチャした、NYCレコーディング。フランソワ・Kのエディット、東京で完成された、トシユキ・ゴトウによるすさまじいフューチャー・スピリチュアル・アフロ・ジャズ・ハウスの傑作「Friend and Lover Mix」を収録。西麻布のYellowのリリース・パーティでのフルバンドでのライヴはもはや伝説になっている。

Little Big Bee

Make Me Crazy

Flower Records（1997）

レーベルオーナー高宮永徹のユニット、リトル・ビッグ・ビーの97年リリース。レーベル初期リリースで女性ヴォーカル、ブラジリアン風のアコースティック・ギターとサックスをフィーチャした演奏もさわやかでラヴリーな夏らしいディスコ・ブギー・ハウス。のちにリリースされたCrue-L Grand Orchestraのリミックスもオススメ。

Bayaka

Sunset & Freedom

Flower Records（1997）

DJのミツルとテルオによるジャパニーズ・ディープ・ハウス・ユニットBAYAKAの最初期にあたる97年の12インチ・シングル。初期の〈Nu Groove〉のバレル・ブラザーズに通じるグルーヴィなベースが絡んだ4/4リズムに、スピリチュアルなホーンや空間系のシンセが溶け込んだディープ・ミニマル・ハウス・トラック「Freedom」がいち押し。

Su-Paka-Pooh

Kurage

Flower Records（1999）

DJノリ、ケンジ・ハセガワ、フクバと青山Cayで開催していたSunday Afternoon Session Party “Gallery” クラシック！ アサトの透明感あふれる声に、四つ打ちが絡む “Day Light Mix” も良いですが、海中に漂うクラゲのようなユルりとした落ち着いたアコースティック・ギターが爽やかなスウィート&オーガニックなサンバ風のオリジナル・ヴァージョンが最高。

Various

Our Faces - A House Music Compilation

Flower Records（1999）

クールでエクレクティックな東京発のクラブサウンドを発信し続けた〈Flower Records〉の2枚組コンピレーション。フューチャー・ジャズからディープ・ハウス、歌ものディスコ・ハウス、アシッドものまで幅広い。12"サンプラーはCDではボーナス・ディスクのBayaka、トシユキ・ゴトウとリトル・ビッグ・ビーによるエクスクルーシヴ・ヴァージョン。

Pizzicato Five

Pizzicato Free Soul 2001

Triad（1993）***incl.*** Catchy (Voltage Unlimited Catchy remix by Towa Tei)

2枚組のリミックス・コンピに収録から、ここでは当時NYCを拠点に活動していたテイ・トウワの「Catchy」リミックスに注目したい。野宮真貴のヴォーカルに、アゲてくれる明るいピアノとMood II Swingのドープなディップトラックを組み合わせたとてもキャッチな最強リミックス！　サトシ・トミイエのリミックスもオススメ。

Towa Tei

Towa Tei
Future Recall!
For Life（1994）***incl.*** Luv Connection (Masters At Work mix)

ミニアルバム「Future Recall!」から。オリジナルにはなんと細野晴臣がベースで参加、ヴォーカルにハウス・ディーヴァ、ジョイ・カードウェルをフィーチャした絶好調のマスターズ・アット・ワークによるリミックス2ヴァージョンのなかでも“Dub”がとにかく最高！　中盤のブレークダウンに入ってくるジョイの歌にもっていかれる。

▽ Hiroshi Fujiwara

Various
On Goes The Beat
APC（1998）

フランスのアパレルブランドAPCが運営する音楽レーベルのために藤原ヒロシとロンドンのM・コーペルマンが制作したトラックはマルタン・サーカスの「Disco Circus」や、J・ギブスの「Trinidad」等の大ネタをサンプリングしたコラージュ・パーティトラック！　B面のAPCのジャン・トゥイトゥとビル・ラズウェルによるトラックもおもしろい。

T.P.O. / Tycoon Tosh
Major Force Remixes
Major Force, File Records（1997）

T.P.O.の大クラシック「Hiroshi's Dub」のJ・クラウゼル・リミックスと、タイクーン・トッシュのファンキーなウェスタン・ディスコ「Country House」のハーヴィとマーボーによる新リミックスからなるアナログ2枚組。ボイド・ジャーヴィがキーボードで参加した「Hiroshi's Dub」はのちにビートレース・ヴァージョン「Hiroshi's In Space」も話題に。

▽ Dan K

Dan K
Mitratus
Polystar（1997）

新世代ディープハウス・プロデューサのデビュー作『Sweet Fog』から限定プロモEP。11分のアシッド・ピアノ・アンセム「Mitratus (X-Beat Anthem Mix)」、ベルリンのベルクハインでもプレイできそうなドープなテクノ・トラック「Prelude」、ワイルドピッチ・トラック「Robin's Track」から最後は「Grace」のDubでしとやかにしめる全4曲。

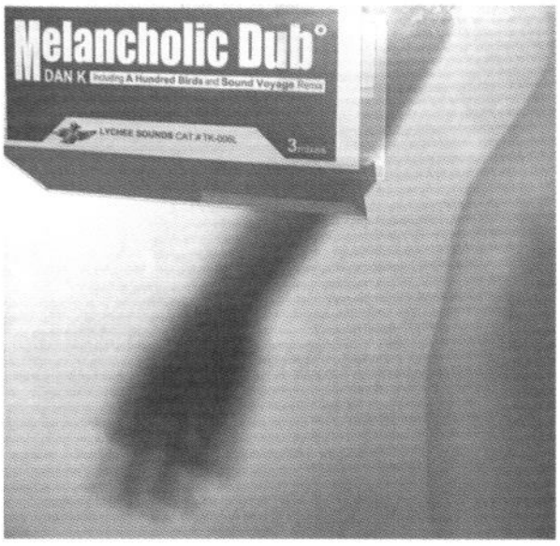

Dan K

Melancholic Dub (Sound Voyage remix)

Lychee Sounds (1998)

当時シスコのハウス・バイヤーだったリュウジ・カシワセとDan Kによるサウンド・ヴォヤージ名義の優しいヴァイブスと響きのリミックスがすばらしい。来日する海外のハウスDJからも多くの問い合わせを受け、2002年には自身の〈World Famous〉第一弾として海外向けに再発。知る人ぞ知るジャパニーズ・ディープ・ハウス・クラシック。

Yoko Shimomura

Parasite Eve (Remixes)

DigiCube (1998) ***incl.*** Missing Perspective (Dan K's Late Night Session 2

瀬名秀明の原作をもとに、下村陽子が作曲を手がけたゲームソフト『パラサイト・イヴ』(98年) のクラブ・ミュージック・リミックス・シリーズとして2枚組限定アナログプロモ盤はDan Kによる10分ちかくにもおよぶ壮大なメランコリックなディープ・ハウス・ジャーニー。

Ikarus

Clam Chowder Soup

Philosomatik Records (1998) ***incl.*** Oh! Alex Deep 'N' Hairy Taste

90年代なかばから複数のプロジェクトで活動するToru SがIkarus名義でリリースした2枚組EPから僕に感謝するトラック「Oh! Alex Deep 'N' Hairy Taste」はシカゴ・ハウス的なアナログシンセが広がるディープなワイルドピッチ・サウンド。青山ループでToru S.と一緒にパーティをやっていたヴァイブスが伝わってくる。どうもありがとう島田君！

Ryo Kawasaki & Satellites

Pleasure Garden (Techno mix)

Satellites records (1990)

1960年代から世界を股にかけて活躍する日本を代表するギタリスト川崎燎が80年代後期にNYでたちあげたレーベル〈SATELLITES〉から90年にリリースしたアシッド・ハウス系 12インチ。「Techno Mix」は初期インナー・シティを連想させる女性ヴォーカリスト、イラーナ・イグアナをフィーチャしたテクノ・ハウス歌モノ・アンセム。

Ryuichi Sakamoto featuring Jill Jones

You Do Me

Virgin（1990）

坂本龍一の８枚目のアルバム『Beauty』の収録曲から。DJとしても人気のあるNYCのジャスティン・ストラスが手がけたリミックス。キーボードにE・クッパーをフィーチャし、J・ジョーンズの歌にサウンドコラージュや沖縄民謡のサンプルをのせたNYCスタイルのミッドテンポ・R&B・セクシー・ハウス！　B3の「Amore」もすばらしい。

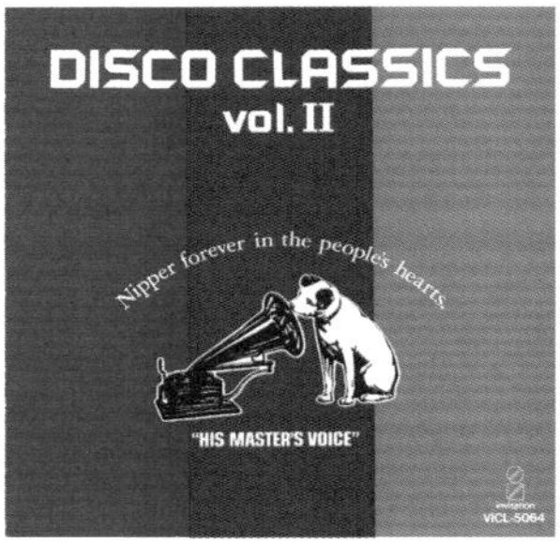

Miss A / Yasuko Agawa

Disco Classics vol.2

Invitation（1991）*incl.* Ooo Baby Baby (Can't Stop Mix) remix by DJ Hiro

サンディのクラシック「Notice Me」に通じる「I Can't Stop」声ネタサンプルに、ドープなハウス・ベースラインとファットなリズム、阿川泰子のヴォーカルを見事に使用したDJヒロによる元祖ハウス・ミュージック・トラック！ヒロシ・マツイと高橋透によるさわやかな「I'm Gonna Make You Love Me」の“Morning Mix”もオススメ。

Kyoko Koizumi

Kaze Ni Naritai / Process (Dub Master X Remix)

Victor（1991）

Dub Master Xの魔法と朝本浩文によるメロウなピアノをフィーチャー、10分に渡って展開する「Disco Circus」のサンプルネタが印象的な、ゆるくバウンシーなミッドテンポ・ディスコ・ダブ・ピアノ・ハウス。綺麗な音で、グルーブ感満載の最高のクラブ・サウンドに仕上がっている。 オリジナル国内産アナログ盤の鳴りもとても良い。

Dip in the Pool

A Seeker

Moon Records（1991）

スイス人作曲家Peter Schererプロデュースの1991年のアルバム『Aurorae』から。甲田益也子の歌に木村達司による演奏、海外で人気が高いシンセ・ポップ・ユニットによる、美しくお洒落な４つ打ちの、UKテイストのエレクトロニック・ポップ・バレアリック・J-ハウス。12”は片面のみプレス45回転レアなプロモ限定盤。

Hiroshi Matsui

SAMBA DE ホワホワ / CRAZY ミラクル DUB / KEEP LOVE IT / ミラクルKの宇宙旅行

Not On Label（Early 90s）

北海道出身のミュージシャンで、ゲーム音楽プロデューサーでもある松井寛が90年代初頭に限定アナログ・プロモ盤300枚のみでリリースした90Sハウス・カルト盤。風変わりな日本語による女性ヴォーカルをフィーチャした「SAMBA DE ホワホワ」のお祭りガラージ・ピアノ・ハウスから変態アシッド・ハウスまで、フロアを盛り上げてくれる遊び心が満載。

Original Love

Sessions

Eastworld（1992）***incl.*** Love Vista (Larry Heard remixes)

92年にレア・プロモ盤として出回ったブラン・ニュー・ヘヴィーズ、UFOと荏開津広によるリミックスに、なんとディープ・ハウスの神様ラリー・ハードが参加したリミックス盤。原曲の日本語のヴォーカルを見事に融合した東京的なお洒落＆ジャジーなミッドテンポ・ハウス・リミックスがハートに来る！

Kyoko Koizumi

Koizumix Production Vol.1 – N.Y. Remix of Bambinater

Victor（1993）***incl.*** Sexy Heaven (King Street Sound Club Mix) remixed by Blaze, Pal Joey and Bobby Konders

小泉今日子のハウス·ミュージック·プロジェクト“Koizumix Production”にNYハウス界の大御所ボビー・コンダース、パル·ジョイとブレイズがリミックスで参加。Kyon2の官能的な歌詞を同時期のブラック・ラスカルズの名曲「Keeping My Mind」にも通じるトラックにのせたブレイズのリミックスがダンサーたちをセクシーな楽園に誘う。

Kino Moderno

Sync you

Scien（1993）

90年の最初期の国産アシッド・ハウス・アルバム『Sync You』からロンドンのDJでTokyo Offshore Projectのメンバーである F・ヴァレンタインの強い要望により、「RIFT」と「SYNC YOU」の原曲とフランキーのリミックスを加えた〈Scien〉から12インチ·リカットEP。レトロフューチャでタイムレスなジャパニーズ・アシッド・ハウス。

Hot Juice
How Deep Is My Love (crossover trax)

Lollop records（1993）

〈Lollop〉の“House Series”のA&Rを担当していたDJ ToshiがHot Juice名義でプロデュースした「Raw Package」EPではジャズ・ヴァイブスあふれる10分にわたるクラシックス「How Deep Is My Love」がオススメ。男性ヴォーカルのサンプルが入ってくる後半のブレイクがカッコいい！　大阪のアンダーグラウンド・シーンを思い出す。

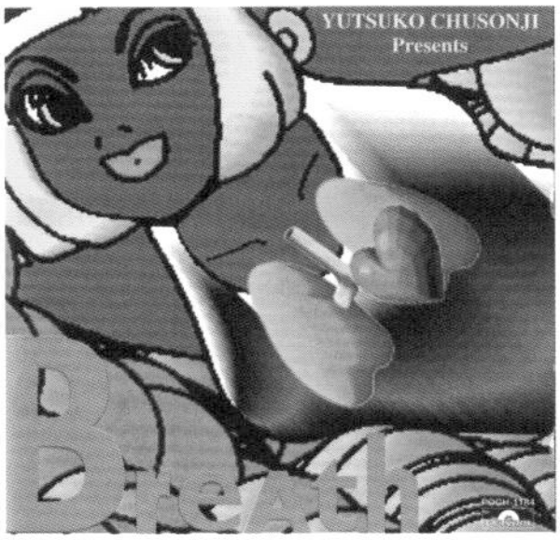

Yutsuko Chusonji
Breath

Polydor（1993）***incl.*** Blessing (Magic Ware Remix)

90年代に「オヤジギャル」の流行語を生んだ漫画家の故・中尊寺ゆつこの不思議なハウス・アルバム企画。大御所B・タッカーとD・デボノーをバックヴォーカルに、作曲家で歌手でもあるジェフ・ラムジーがゴスペル風に歌いあげる「Bless (Magic Ware Remix)」の渋いスローテンポ・エレクトロニック・ディープ・ハウスには鳥肌が立ってくる。

Haruomi Hosono
Good Sport

Click（1995）***incl.*** Good Sport Mix

アルバム『Good Sport』のオープニングトラックのリミックスは曲間の長くて実験的なビートレスのブレイクダウンからキックが入るダークなパート、さらにSFの世界のようなエンディングに連れて行くアブストラクト・ハウスとしてクラブでも使用可能。数年前NYCのフランソワ・Kのディープ・スペースでのパーティで早い時間にプレイしたのが思い出深い。

DJ Katsuya & Masabumi Kikuchi
Solaris

Complete Records, Alfa International（1996）

ジャズ・ピアニストで知られる菊地雅章がNYCのAxisスタジオで録音し、マティアス・ハイルブロンがミックスしたNYC meets Japanなハウス・ミュージック実験企画『Raw Material #1』から誕生した1枚。DJ Katsuyaとの渋いジャズ・ハウス・トラックはいま聴いても魅力たっぷり。

Ulfuls（ウルフルズ）

Guts!! Remix (Black Cock & Faze Action mixes)

Pure Sand（1996）

ウルフルズによる大ヒット曲「ガッツだぜ!!」を、UKハウスを代表するハーヴィとマーボーによるBlack Cockとフェイズ・アクションがリミックス。〈BLACK COCK〉サイドでは「Funky Gibbons Dub Mix」のぶっ飛んだファンキー・ディスコ、〈FAZE ACTION〉サイドはオリジナルの歌をサンプルとして使用したディスコダブ。Wickedな豪華なリミックス集。

Masahiro Motoki vs. Dimitri From Tokyo

Plastic Woman / Catch A Falling Star

Vinyl Countdown records（1996）

ディミトリがモックンをリミックス！　限定ホワイト・ラベル「元木」のリミックスアナログ盤のみで1996年にリリース。セクシーで色っぽいダンスフロアが瞼の裏に浮かんで来る。マスターズ・アット・ワークを連想させるディミトリのお洒落なフレンチテイストのディープ・トラックがとにかくトレビアン！

Takada

Ola-Le

Disorient recordings（1997）

尊敬しているオリジネーター＆テクニシャンのひとり、DJタカダ。これはDisorientからリリースされた、ラテン・サルサ・フレイヴァー満載のブレイクビーツ・ジャズ・レイヴ・B-BOY・ハウス・アンセム。MAWやアシュレー・ビートルにも通じるサウンドでこの当時ロンドンでも話題になった。裏面にはA・ビートルのリミックスも収録。

Chari Chari

Keep On Flowin' ep

File Records（1998）***incl.*** Life in flow motion

井上薫の別名義チャリ・チャリの98年リリース作。傑作デビュー作『Spring To Summer』にも収録した「Life In Flow Motion」は東南アジアのジャングルに連れて行かれるようなトロピカルなディープ・ハウス。B1はC・リンの「Got To Be Real」をネタにFPMも参加する坂本龍一の名曲「千のナイフ」のファンキーなブレイクビーツ・カヴァー。

Various
Mozambique e.p.
capricious（1998）

アンダーグランド・パーティ「Outergaze」を主催してい北村淳によるレーベル〈Capricious〉。北村ほかNo MilkとIsopodによる３曲入りのディープ・トライバル・ハウス集。北村のファンキー＆ヒプノティック「RTPX」がとくにお気に入りで、このパーカッシヴ・キラー・トラックはいつだってフロアをトランス状態にすることができる。

DJ Natsu
Tech Groove
Ing Recordings（1998）

９０年代の東京アンダーグランド・シーンの仕掛け人Taka-Hiroが９８年に設立した〈Ing Recordings〉からヒデオ・コバヤシの力を借りてDJ Natsuがおくるクラブ・ユースなファンキーでパワフルなテックハウス２曲に続けて、B2「Still Moving」は女性ヴォーカルをフィーチャしたジャズ・ブレイクビーツ・アンセムに仕上がっている。

Calm featuring Spiritual African Nova
Shadow of the Earth
Karma Muzik Recordings（1998）

〈Karma Muzik Recordings〉の第一弾としてCalm名義で９８年にリリースした極上スピリチュアル・オーガニック新世代エレクトロニックス・ビーツ４曲入りEP。トライバル・ビートと心地よいチルアウト・ヴァイブスをもたらすロン・トレントのスローテンポ・アフロ・ジャズやラリー・ハードの作品を思い出させる名盤。

Juicy Zone Production
vol. 01
GWM Records（1998）***incl.*** Takeshi Fukushima - Freak Out

海外からも注目されているディープ・ハウス・クリエターのひとり、武茶（Takecha）こと福島武司が自身のレーベル〈GWM〉から「Juicy Zone Productionシリーズ」第一弾として発表したEP。ブレイズやパル・ジョイに捧げるかのような明るいジャズ・コードによる心地よいリアル・ディープ・ハウス「Freak Out」は必聴。

Zero Zero
New Agean Movement Album
Styling Records（1998）***incl.***Under the moon (Moon Lite Mix)

大阪のユニット、Zero Zeroのデビュー・アルバム『New Agean Movement』から。パーカッション・ビート、うねるカッコいいディスコ・ベースラインを土台に月まで上がっていきそうなフュージョン系のコードが輝くスペイシー・ディープ・ハウス・トラック。

A Hundred Birds feat. TeN
Sun That Shine
Styling Records（1999）

大阪のトップ・ハウスDJのYOKUが96年に結成したユニット。当時大阪在住だったフェイズ・アクションのイギリス人ロビン・リーとYOKUが作曲とプロデュースを担当し、女性歌手TeNと友人の演奏家を迎えたデビュー作はロック・テイストのディスコ・ダブ！　リリース前に大阪のスタジオを訪れた際にYOKUからデモを聴かされた覚えがある。

Deep Fellow
Flow
Wave Music（1999）

タカユキ・ヒゴ、Deep Fellow名義のデビュー作。クラフトワークの電子音とディープ・ハウスがミックスしたかのように響く「Flow」は白眉で、フランソワ・ケヴォーキアン好みの空間的で浮遊感のあるシンセとピアノリフのディープ・ダビー・テック・トリッピー・ハウス。いまでも充分に通用する音で、僕はアフターアワーズでプレイしている。

DJ Alex
Highlife Blues
Mozambique recordings（1999）

サウンド・エンジニアの熊野勲が監修した〈Mozambique〉のコンピレーション『RUM (Revolutionary Underground Movement)』のために初めてDJアレックス名義で作ったアフロ・テイストのディープ・ハウス。Yaoのパーカッションと城谷雄策のトランペットをフィーチャー。デトロイトのスコット・グルーヴによるリミックスも収録 。

Various
Listen UP

Universal Ape Sounds (1994) ***incl.*** Violets – Sunset (Katsumi Hidano)

チャリ・チャリ、Illicit tsuboi、ナチュラル・エッセンス、ジャザデリック等が集まったエクレクティックなアンダグランド・シーン＆サウンドを幅広く集めたアナログ２枚組コンピレーション。北海道のトラックメーカー、カツミ・ヒダノのヴァイオレッツ名義の「Sunset」は実に忘れがたいディープ・ハウスの宝物。多くの人に聴いてほしい。

Various
Disco Classics vol.1 & II

Invitation (1991) ***incl.*** The Eastern Gang – Charlotte (Deep Matrix Mix)

イースタン・ギャングによる1979年のディスコ・トラック「Charlotte」の“Deep Matrix Mix”に注目。J・クラウゼル〈Nu Groove〉サウンドにインスパイヤされたカズシ・マツイによるテッキーなフルート、そしてディープかつドラマチックなアンダーグランド・ハウスがあまりにキラー。松井寛と高橋透のミス・A（阿川泰子）のリミックスも推薦。

Various
Ballroom EP

Ballroom Records (1995)

大阪のクラブ「ボールルーム」が主宰するレーベルの第一弾として95年にリリースされたレジデントDJによるハウス・コンピレーション。DJ ToshiのHot Juiceによるドープ＆スペイシーなディープ・ハウス・トラックの別ヴァージョン「Give me your thing (Voices of The Instrumental Remix)」が特にオススメ。

Various
EP

D5 Records (1995)

東京のアンダーグランド・レーベル〈D5J Records〉の唯一のアナログ盤EP。優れたテクノ・アーティストであるヒロシ・モロハシを中心としたドライヴ感のあるコンピレーション。当時シスコ・アルタ店のハウス・バイヤーだったリュウジ・カシワセとのMistura Deep名義によるピアノをフィーチャしたディープ・ハウス・トラックを提供。

Masafumi Kikuchi
Raw Material #1
Complete Records, Alfa recordings（1997）

97年リリースされたコンピレーション・アルバムで、NYCのAxis Studiosで録音された日本のトップ・ディープ・ハウスDJ&プロデューサーのDJヒロ、DJ Katsuya、トシユキ・ゴトウと伝説的なジャズ・ピアニスト菊地雅章とのコラボレーション。NYC meets ジャパニーズ・ハウス・ミュージックの実験的なセッションと言える好盤。

Various
Burning EP
Toyokasei（1997）***incl.*** Hiraku Nagasawa “Matrix Track”

音楽プロデューサー＆マスターリング・エンジニアのサカイ・カズオが97年に、東京の若手ディープ・ハウス・アンダーグランド・プロデューサーを代表するYukiyo Takabayashi、Dan K、Toru Sとヒラク・ナガサワらを集めたハウス・コンピレーション。現在でも頻繁にプレイされているクラシック「Matrix Trax」を収録。

SNK
Samurai Remix
Pony Canyon（1995）

新世界楽曲雑技団SNKがプロデュースするゲーム音楽をUSのハウス・トラックメーカーがリミックスした豪華企画。伝統楽器を見事に取り入れたMood II Swingの「Summer Is Gone, Winter Is Gone」は当時NYCやロンドンでも話題になりホワイトラベルにもなった。DJピエールの「Imperial Dance」、MAWの「True Garage Spirits」もオススメ。

K.O.F
K.O.F Remix EP
Pony Canyon（1996）***incl.*** Do Bee Doo remix by Lil' Louis

対戦型ゲーム『King Of Fighters』のサントラの2枚組のリミックス企画。ここではなんといってもハウス・レジェンド、リル・ルイスによる奇妙＆カッコいいサイケデリックなアート・ペインティングのようなハウス・リミックスがトドメを刺します！　翌年〈Nite Grooves〉からA Lil' Louis Painting名義の「Stormy Black」として12インチ・カット。

Techno Techno Techno

90年代のテクノとその周辺

選・文＝河村祐介、野田努、アレックス・フロム・トーキョー・プラット

▽ Ken Ishii

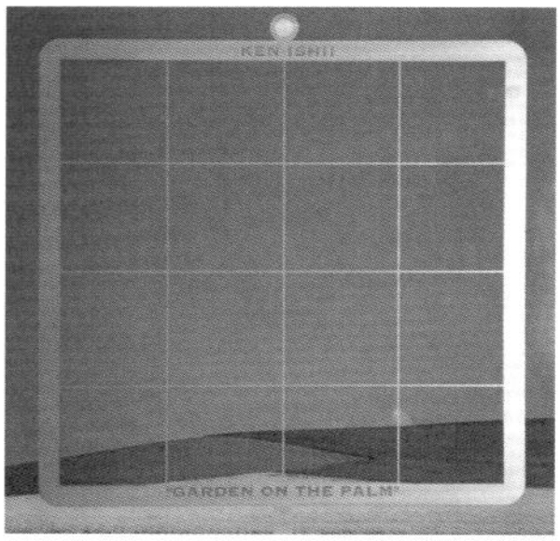

Ken Ishii
Garden On The Palm

R & S Records（1993）

デトロイト・テクノやインダストリアル・ミュージックからの影響が混合されているというが、よりエクスペリメンタルで独創的な初期のケン・イシイの代表作である、と同時に日本という枠組みに収まらない、90年代のテクノを代表する１枚。とくにかくこの年の初夏、UKのどこに行ってもこのレコードが話題だったというくらいヒットした。（野田）

UTU
N428

Plus 8 Records（1993）

リッチー・ホウティン主宰のカナダの〈Plus 8〉からウツ名義（鬱ではない）の12インチ。A2の「Samsara」はデリック・メイ直系のグルーヴとイシイのシュールな音響工作が融和、初期のケンイシイではとくにデトロイティッシュなトラックが収録されている。B-2の「Synchronia」のようなインダストリアルもあり。（野田）

Ken Ishii as Rising Sun / Yoga
Green Times

SUBLIME（1995）

オーランド・フォールンなどもリリースしていた、オランダの90年代初頭のレーベル〈ESP〉からのライジング・サンやヨーガ名義の初期作品を〈サブライム〉がコンパイル。ディーター・メビウスのシンセ音が踊れないテクノ・ビートの上でヌメヌメと動き回るようなサウンド。サブスクなどにもあって最初期の作品で最もいま入手しやすい作品でもある。（河村）

Various
Believe In The Frequency Power
SYZYZY（1993）

稲岡健主宰の福岡拠点の同レーベルのスタートであり、メンツ的には〈トランソニック〉勢とタッグを組んだ1stアナログ・コンピ。この国のDIYなテクノ・カルチャーの勃興を象徴する１枚でもある。内容はアシッド・トランスと、その後のレーベル色となるデトロイト・フォロワー的なリスニング・モノが半々。UKからもライセンスでCD盤あり。（河村）

OKIHIDE
A Boy In Picca Season
（1996）

タンツムジークの佐脇による1stソロ。緻密なドラムプログラムとエフェクト処理が織りなす世界観は思ったよりもアグレッヴで圧巻。〈ワープ〉のAIシリーズからもリリースされてもおかしくなさそうな、そんな質感の作品で、アートコア・ジャングルを身体的に昇華しつつ、新たな領域へと推し進めたM2などリズム・デリヴァーにしても驚くほど多彩。（河村）

Web
Ivory Tower
（1996）

三重の地からDja-zz、Ura Ura、Sammansaなど多数の名義でリリース、レーベル後期を象徴するアーティストでもある杉本卓也。この名義ではデトロイト・テクノ・フォロワー的なサウンドが中心。当時の世界を見渡しても珠玉の１枚といえるだろう。現に当時、英〈ファットキャット〉から、最近もベルリンから未発表音源がリリースされている。（河村）

Arcars
The Surface Of Muclique
（1997）

インプロ系のギターリストでもある大分在住の江上靖による作品。こちらはレーベルで唯一のアルバム１枚に渡って繰り広げられるノンビートのアンビエント作品。と、アンビエントと一口にいってもテクノのソレというよりも、むしろクリアなドローンが幾重にも折り重なり合い、それが恍惚の表情で進んでいくような音響系的なアプローチの作品。（河村）

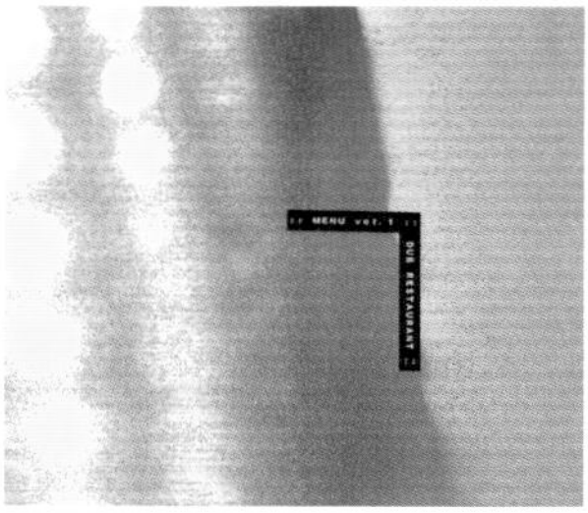

Various
Dub Restaurant: Menu Vol. 1
Dub Restaurant Communication（1994）

当時関係の深かったケン・イシイに帯同したムードマンがヨーロッパのシーンで、日本のアーティストのデモ音源を配ったところ、口々に「まず、自分でやればいいのに」と言われ一念発起し設立したレーベル。ケン・イシイをはじめ、いわゆる当時のインテリジェンス・テクノ的な感覚を共有した周辺の作り手たちに声をかけリリースした1stコンピ。（河村）

Various
Menu Vol. 2
Dub Restaurant Communication（1994）

日本のDIYなテクノのある領域が当時まだベッドルーム同士のコミニケーションであったことを象徴するコンピ。コンピ・リリース後に日本全国からレーベルに送られてきたデモ・テープから選出&さらにその紹介、という具合に繋がった、当時はまだ無名のアーティストたちの作品が収められた。穏やかな表情の2ndコンピ。デザインもかわいい。（河村）

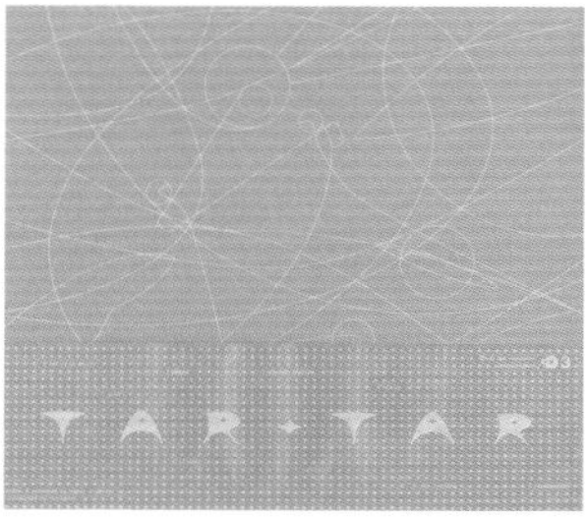

Tar-Tar
Tar-Tar
Dub Restaurant Communication（1994）

DJ雨雲などの名義でも活躍する、杉本卓也（ウェブなど）の実弟による1st。ムードマンがデモ・テープから発掘、他の楽曲を含めてセレクト。カール・クレイグの初期編集盤『elements』あたりの作品と共通するムードというか情感を持った、また別の風景というか。特に後半の実験性とメランコリックな叙情性が結びついたサウンドが胸を打つ。（河村）

Tagomago
Heavenly Music
Dub Restaurant Communication（1994）

こちらもデモ・テープから。仲丸強によるプロジェクトの1st。ノンビートと言ってもいわゆるアンビエント・テクノではなく、名前とは裏腹に初期クラスターあたりを彷彿とさせるじんわりとモワレが広がっていくようなドローン〜ミニマルなフリー・ミュージック〜電子音響をサイケデリックに展開。その後は〈トランソニック〉からリリースを重ねる。（河村）

Why Sheep?

Sampling Concerto No. 1 "The Vanishing Sun" Op. 138

M.O.O.D.（1996）

レーベルは多様な可能性へと開かれた〈M.O.O.D.〉へ発展、そして7インチ専科〈ドーナッツ〉も設立。こちらは〈ドーナッツ〉からもリリースのジャム・バンド、シシ・トーの一員、内田学によるプロジェクト。カット&ペーストなチル・アウト・アルバム。ザ・KLF『Chill Out』への回答なので、度肝を抜く羊フェイク・ファー・ジャケ。（河村）

Tatsuhiko Asano

Bonjour

M.O.O.D., Donuts（1996）

〈ドーナツ〉からの7インチ。ゲーム『巨人のドシン』のOSTなどでも知られるギタリスト、浅野達彦の作品。ゆらゆらとたゆたうサイケデリックでトロピカルなギター・ダウンテンポ。〈ミル・プラトー〉傘下のアレック・エンパイアのレーベル〈ガイスト〉から、アレックたっての希望でアルバムをリリース。そちらに両面とも収録。（河村）

Various

Killed By Bass

P-VINE, M.O.O.D.（1997）

スマーフ男組（故マジアレ太カヒRAW＋コンピューマ＋アキラ・ザ・マインド）、ククナッケ、L?K?O、そしてムードマンら、マイアミ・ベース・イベント〈低音不敗〉のクルーたちによるコンピ。赤塚不二夫が描くような、シンプルなユーモアがその過剰さ故にとんでもない暴力になっている、そんな感じの低音地獄にやられる1枚。（河村）

Violent Onsen Geisha

Dance Ecstasy (Single Version)

M.O.O.D.（1995）

同年リリースの7シングル「The Erotic World」のB面に収録されている中原昌也による、まさに70年代アダルト映画の雰囲気バリバリな「エクスタシー」と歌い続ける女性の叫び声がこだまする、ユルイ・ファンキー・エロティック・ディスコ・グルーヴ！　おもしろいDJ ツールとしてよく使います。（アレックス）

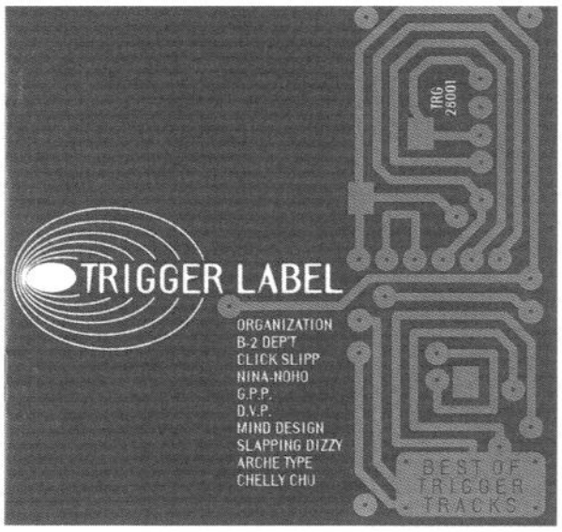

Various

Best Of Trigger Tracks

Trigger Label（1993）

〈トランソニック〉の前身、シンセポップ～テクノの汽水域とも言える作品をリリースした永田一直主宰のカセット・レーベル〈トリガー〉のコンピ。DJカルチャーとは違った側面からテクノへと進んだ（あるいは進まなかった）一群の、当時のインディ・シーンを切り取った貴重なアーカイヴでもある。その後、さらにテクノ寄りの『Roots Of～』も。（河村）

Various

Transonic(970-1450km/h)

TRANSONIC（1994）

レーベル1stコンピ。オーガニゼイション、マインド・デザイン、サワサキなどのその後のレーベルを彩る布陣に加えて〈サイジジー〉稲岡やタンツ、砂原良徳のタイム～らが参加。カラフルでストレートなテクノへの希望に溢れたコンピ。名盤揃いのコンピは、1～5集がテクノ、6以降はブレイクビーツ～ラウンジと音楽的変化を反映。（河村）

Organization

Anthology 1988-1995

Transonic（1990）

一時期、三宅剛正（PACIFIC 231）、久川大志（ARM名義、砂原良徳のサポートなど）も在籍した、レーベル主宰の永田一直のプロジェクト。活動初期のデモから、その後のプロジェクトのトレードマークとなる強烈なアシッド・ハウスなどを収録。後続レーベル〈ExT〉からアシッドなサウンドを集めた『*』が入手しやすい。（河村）

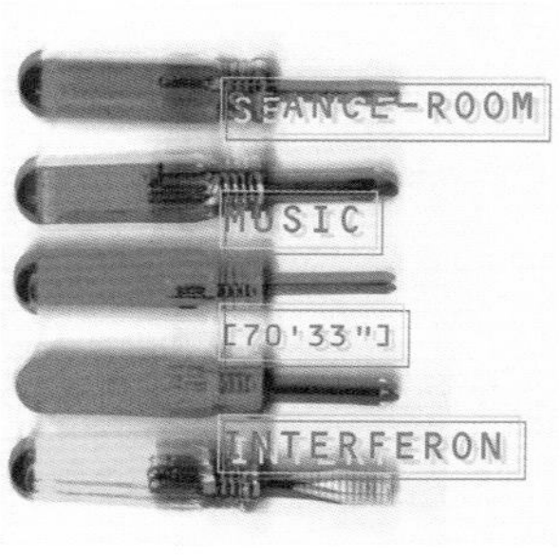

Interferon

Seance-Room Music

Transonic（1994）

現在でもSign Societyとして活動するハゼモトキヨシによるソロ。デトロイトとはまた違った景色を見せる流麗なコズミック・テクノ。昨今のバレアリックなプログレッシヴ・ハウスの再評価にドンピシャそうなM7などタイムレスな魅力を放つ。ハゼモトは、現キング・オブ・オーパスの冨沢仲とのPC-8としてシーン黎明期から活躍。データで再発。（河村）

Mind Design
View From The Edge
Transonic (1994)

澤田朋伯と櫻井浩司によるユニットで、オプティミスティックなトランスからデトロイティッシュ・スタイルまで、カラフルでストレートなテクノをアルバムにて展開。同レーベルから澤田のアンリアル名義作品もエモーショナルなリスニング・テクノですばらしい。両者ともゲーム・ミュージックの道に進み、そちらでも高い評価を受けている。(河村)

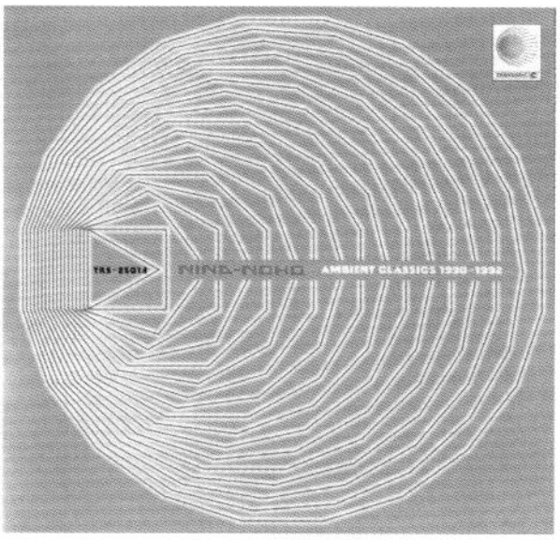

Nina-Noho
Ambient Classics 1990-1992
Transonic (1996)

〈トリガー〉でも活躍した男女ユニットの楽曲を、永田がアンビエント・タッチの作品をコンパイル。驚くほどモダンな響きのアンビエント・テクノ作品。隠れた名盤とは本作にこそふさわしい。本ページで紹介しきれなかったが、こうしたシーン黎明期のアーティストのアルバム・サイズの作品を残しているのはまさに本レーベルの偉業。(河村)

Pacific 231
Tropical Songs Gold
Transonic (1997)

蓮実重臣(2017年没)と三宅剛正によるユニットのファースト。窓の外にポリゴンの書き割りのような風景が広がる、エキゾチックでモンドなラウンジ・アンビエントの傑作。本作とコンピ6集、さらには永田のファンタスティック・エキスプロージョンのリリースあたりからレーベルはテクノからラウンジ~モンド~ブレイクビーツへとサウンドを変化させていく。(河村)

Tagomago
Flower Instrumental
Zero Gravity (1996)

プログレッシヴな電子音響をリリースするサブ・レーベル〈Zero Gravity〉からの3枚目。壊れたミューザックがループしてるかのようなラウンジーでチャーミングな音世界が広がる。その後はさらにサンプリング路線へ。ちなみにスズキスキー、永田とともに和製モンド・サンプルなドラムンベース・ユニット、ファンタスティック・エキスプロージョンも。

Susumu Yokota
Sakura
Skintone (1999)

美しく響いているメロディックな反復の数々——90年代の名盤というよりもエイフェックス・ツインの『アンビエト・ワークスvol.2』やイーノの『ミュージック・フォー・エアポーツ』などと肩を並べるアンビエントの名盤の1枚に数えられている。スリーヴ・デザインも素晴らしいので、好きな人はぜひアナログ盤で入手して欲しい。(野田)

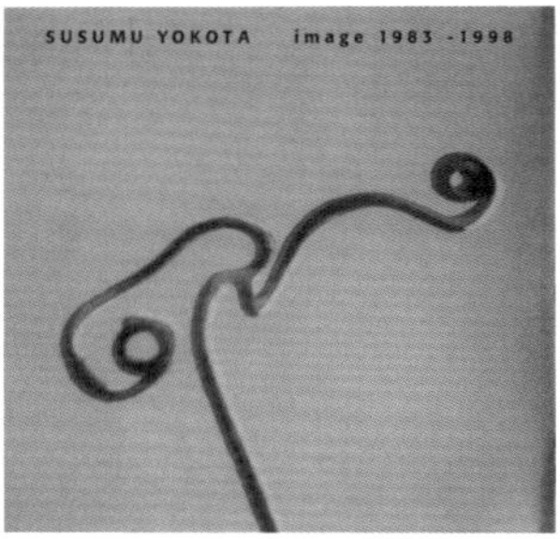

Susumu Yokota
Image 1983 - 1998
Skintone (1998)

横田がベッドルームで録り溜めていた曲を集めたもので、彼のファクトリー愛（ジョイ・ディヴィジョン、ザ・ドゥルッティ・コラムなど）が滲み出ている。ギターの多重録音がほとんどだが、その後の〈スキントーン〉での展開がすでにここには萌芽している。つまり美しく、素晴らしいアンビエント作品なのだ。彼の代表作の1枚と言えよう。(野田)

Yokota
Cat, Mouse And Me
Harthouse(Germany) (1997)

桃色の鮮やかな色合いが目を引く横田進名義としては3枚目となる本作は、彼なりのトリップホップ作品。タイトルのCatは当時付き合っていた恋人、Mouseはねずみ年の横田といった具合に彼の日常が描かれている。『SAKURA』にも通じる浮遊感のあるメロディが流れ、サンプリングによるコラージュもこの作品を特徴づけている。(野田)

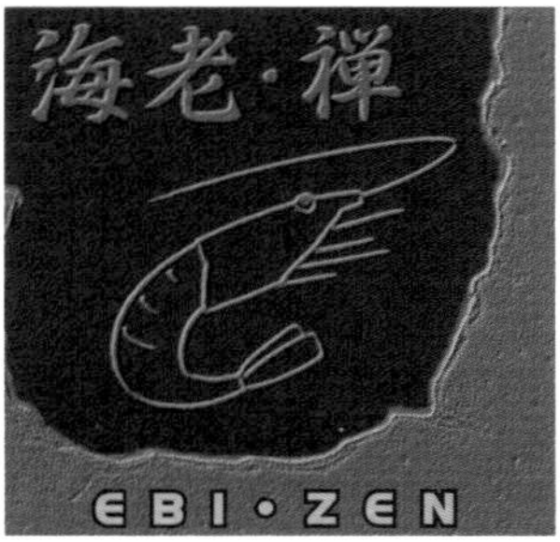

海老 = Ebi
禅 = Zen
Space Teddy (1994)

サブライムからの『赤富士』に続くアシッド／トランス作品の1枚で、こちらはベルリンのドクター・モテが主宰するレーベルから。彼のアンビエント・フィーリングはこうした作品でも表れているが、この時代ならではのフリークアウトな展開が面白い。横田はTB-303にどっぷりだったし、間違いなくジャーマン・トランスの一部だった。(野田)

Fumniya Tanaka

I am Not A DJ

SONY（1995）

当時のテクノヘッズにDJというアートフォームを強烈に意識させたミックスCD。ジェフ・ミルズやベーチャンなどのハード・ミニマルにフォーカスしつつも、自身のブレイクビーツ・トラックからセイバーズ（LFOリミックス）や初期カール・クレイグなど、絶妙にミクスチャーなテクノのスタイルが楽しめる、時代のドキュメント。（河村）

Hoodrum

Re-Edit

Untitled Records（1998）

田中フミヤと山本アキヲによるユニット。アンビエントなダウンテンポの“クラシック”シリーズ（CDシングル2枚もかなりの名作！）を経て、フィラ・ブラジリア、ハーバート、ホアン・アトキンスによるリミックス収録の12インチ。12インチの収録楽曲・リミックスと“クラシック”シリーズをまとめたコンピCDもあってそっちは入手しやすい。（河村）

Karafuto

Karafuto

TOREMA（1996）

田中フミヤの、“テクノ以外”な名義のファースト・シングル、クールでミニマルなファンキー・ハウス。2000年代に入ると同名義はグリッジ〜エレクトロニカになる、1990年代中頃は、DJプレイも含めて本作に象徴されるようなハウスとブレイクビーツ（シスコの販促ミックスが名盤）。故村上秀一参加のインディヴィジュアル·オーケストラ名義にも発展。（河村）

Various

Abstract Set One

Untitled Records

カラフト的な、というか当時のトリップホップ〜ブレイクビーツ・リヴァイヴァルな流れに呼応した〈とれま〉サブ・レーベル・コンピ。カラフトやスピードメーター、最初期のブン・ブン・サテライツやエルマロの柚木隆一郎の作品を収録するなどヴァラエティ豊か。そしてなによりも山本アキヲによるターヘルが強烈なフリーク・エレクトロ。（河村）

Tanzmuzik

Sinsekai

Rising High Records, SONY（1994, 1995）

関西においてインディ・ダンス・シーンで活躍したバンド、元シークレット・ゴールド・フィッシュの山本アキヲ、佐脇興英によるユニット。初期〈とれま〉からデビュー、こちらはUKの〈ライジング・ハイ〉からのアルバム。なぜか日本盤とは4曲のみ同じ曲で、インダストリアルでBPM早めのアシッド・トランスな日本盤とIDM的な選曲のUK盤がある。（河村）

Akio / Okihide

Scratches

Sublime（1995）

これはもうこの国で生まれたアンビエント・テクノ屈指の名盤と言ってしまいましょう。それぞれのアンビエント・タッチの楽曲を聴いたケン・イシイが〈サブライム〉に紹介しリリース。1, 5, 7が山本、残りが佐脇。6曲目には〈サイジジー〉稲岡健と佐脇によるコラボ楽曲も収録。どこまでも空間がひろがっていくような山本と、内省的な佐脇の楽曲。（河村）

Tanzmuzik

Version Citie Hi-Lights

Sublime（1998）

山本のターヘルのワイルドなエレクトロ、佐脇の繊細なプログラミングと、ソロで展開したリズムの冒険が結実したアルバム。ジャングルやグリッジとも違った形で、テクノに新たなファンクネス呼び込み、リズムによってフレッシュな感度をキープしている。そのリズム・デリヴァーは2000年代の砂原良徳やレイ・ハラカミの作品に通じていくような感覚も。（河村）

Akio Milan Paak

Gulcia EP

Torema Records（1996）

いまでもレコードからエネルギーがめらめらと燃え上がる、この当時の〈とれま〉のパーティそのものというか、エレクトロニック・サウンドのうねりが刃物のようなハイハットに絡みつきながら、ファンキーで未来的なグルーヴを創出する山本アキヲによるミニマル・テクノの代表作。B面の2曲もじつにパワフルで、しかもじつにドープやなぁ。（野田）

Planetoid
Spectral Colours
Apollo（1995）

日本のニューウェイヴ・シーンにおいて、BGMやMLDといったユニットで80年代から活動してきた白石隆之。90年代初頭、ジ・オーブやデトロイト・テクノなどを継起に徐々にその音楽性をテクノへとシフトさせ、〈R&S〉へとデモ・テープを送ったところ1週間後にファックスが来て契約。そのサウンドは、どこかトーマス・フェルマンを彷彿とさせる。（河村）

Takayuki Shiraishi
Photon
SYZYZY（1997）

〈アポロ〉のリリースからシーンへと接近、現場での交流でリンクしたレーベル主宰の稲岡に白石の側から1990年代初頭のサウンドを託したことで生まれた作品。キャリアで最もストレートなテクノのアルバムではないだろうか。ツボを押さえた抑制の効いたグルーヴが腰に、それでも太陽の下で踊りたくなるような開放的なサウンドが心地よいアルバム。（河村）

Musica Nova
Musica Nova
Liner Recording（1997）

ボーズ・オブ・カナダというか、もしくは〈リフレックス〉発のラウンジ・リヴァイヴァル的なサウンドというか、ふわっとしたサイケデリアを放つ、リラックスした雰囲気のダウンテンポ中心の作品。その正体は白石と80年代にともに活動していた園原潤とのひさびさの共作、DJミクの〈NS-COM〉のサブ・レーベル〈LINER〉からリリース。（河村）

Takayuki Shiraishi
Reach For The Sun
NS-COM（1998）

〈NS-COM〉からのリリースで、本名名義では2nd。ブレイクビーツを基調としながら、単なるサンプル・ループではなく新たなリズムの躍動をテクノにもたらそうとしているというか。ブロークンビーツに聞こえる曲もあればエレクトロやハウスのグルーヴへと接続しそうな曲などフォーマットの「間（あいだ）」にあることに意志がありそうな作品。（河村）

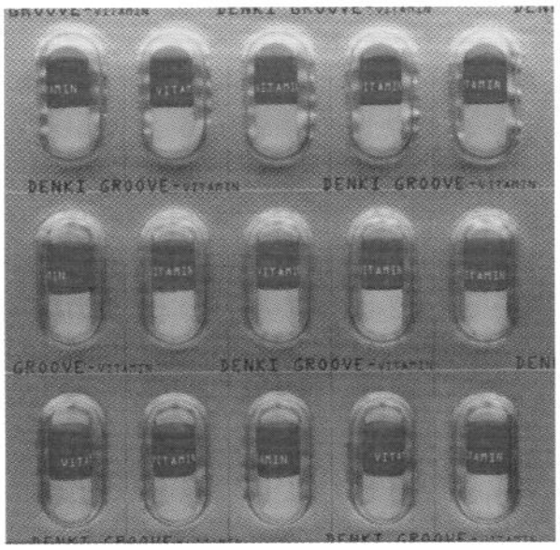

Denki Groove
Vitamin

Ki/oon（1993）

インスト・アシッド・トランス・チューンの「新幹線」や「Popcorn」のテクノとしての影響力も、そして「N.O.」の名曲っぷりもすごいけど、いま聴くとアルバム前半を彩るポップな楽曲も捨てがたい。ジ・オーブのような楽しいダブ・テクノ・トラックをバックに、「アウトバーン」を彷彿とさせる情景描写を展開する「ハイキング」なんて唯一無二。（河村）

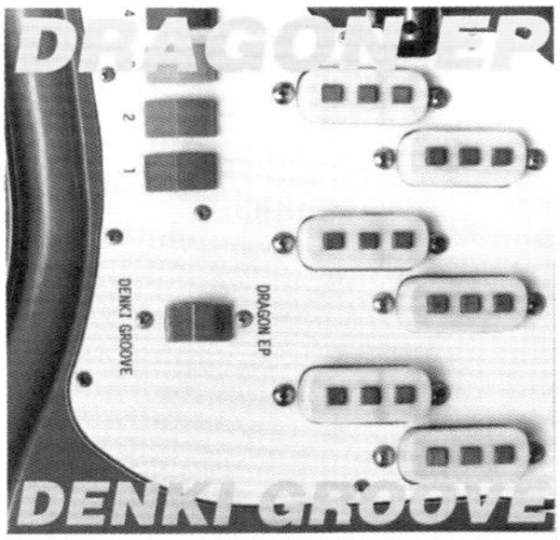

Denki Groove
Dragon EP

Ki/oon（1995）

怒濤の勢いでこの国のポップ・カルチャーにテクノを広め、たしかなものとした『Dragon』からのアナログ・カット。発売当初は店頭で見た覚えがない……。アルバム未収録「ダイナソータンク」は、デイヴ・クラークの「レッド」シリーズや初期ベーチャンあたりを彷彿とさせるハード・テクノ。その他、アルバム収録のインスト・トラック３曲を収録。（河村）

Denki Groove
Niji (The MFS Remixes)

MFS（1996）

マーク・リーダー率いる〈MFS〉からライセンス・リリースされた12インチ。マイク・ヴァン・ダイクを通じて〈MFS〉オフィスにもたらされたCDから、マークの耳にとまりリリースへ。マイクやポール・ヴァン・ダイク、DJトビーらのリミックスも。「虹」のリミックスといえば日本盤８センチ・シングルのエルマロのリミックスも名曲だと思います。（河村）

Denki Groove
Asunaro Sunshine

LOOPA / Ki/oon（1998）

ピエール瀧の野太い声がこだまする『A』の収録楽曲のなかでも屈指のフロア・フィラー。アナログ盤は２種類、レイドバック・ルークとDJミスジャのオランダ組と石野、砂原のリミックスの盤と、石野卓球による強力な疾走感を備えたリコンストラクションを主体にしたコチラの盤も。後者はウェストバムの〈メイデイ〉コンピレーションにも収録。（河村）

Takkyu Ishino
Dove Loves Dub
Ki/oon (1995)

いま聴くとダンスホール・ダブのような「Monkey Dance」、極上のアンビエント「Trip-O-Matic」やスーサイドのカヴァー「Dream Baby Dream」など、アルバム全体にゆらゆらと揺らめくサイケデリックなムードで、いま、聴きどころの多いアルバム。「Sex,E」はどこか『Lunatique』と地下で通じている感覚も。(河村)

Takkyu Ishino
Berlin Trax
LOOPA, Ki/oon (1998)

その多くが、ベルリンで制作された直球のミニマル・テクノ・アルバム。研ぎ澄まされた迷いのないビートに打ちのめされる作品。モノクロームな音像をテーマにした音響的な作品でもある。エレクトロとダブ・テクノが融合した「Stoned Dee-jay Don't Lie」は、たまに出してくる石野卓球の無茶苦茶かっこいいダブ・トラックの1曲。(河村)

TakBam
Elektronische Tanzmusik
Low Spirit, LOOPA, Ki/oon (1998)

後に石野自身が制作において「これ以降」という区切りが出来ると言ってはばからない、キャリアにおいて転機となるウェストバムとのコラボ作。表題曲は日本語の“リズム”と“音”を面白がったウェストバムが石野のヴォイス・サンプルをエレクトロのリズムでスライス。まさに最小の音でマッシヴにスウィングするエレクトロの醍醐味がつまった1曲。(河村)

Takkyu Ishino
Throbbing Disco Cat
LOOPA, Ki/oon (1999)

巨大屋内レイヴ〈WIRE〉を立ち上げた年にリリースしたソロ3rd。まさにノリノリの勢いをビンビンに感じる。本編はもちろんだが、90年代の代表的なリミックス(とれま初期、コーネリアス、ソウル・フラワー・ユニオン)、大友克洋『MEMORIES』のテーマ曲などをまとめた初回盤2枚組CDの90年代プチ・ベスト・アルバム的なディスク2も。(河村)

Yoshinori Sunahara
Take Off And Landing
Ki/oon (1998)

レトロ・フューチャーな図鑑のなかの進歩主義をロマンティックに回想するコラージュに溢れたブレイクビーツ・ファンク。続編とも言える次作『THE SOUND OF ´70s』のインタヴューにて「ノスタルジーはエンターテインメント」という要の発言は、YouTube以降の現在を示しているかのよう。(河村)

Yoshinori Sunahara And Hibiki Tokiwa
Limited Edition Not For Sale - Enjoy A Great New Taste
Transonic Records (1995)

常盤響との共作で、言わばサンプリング時代のスペース・エイジ・バチェラー・パッド・ミュージック。スポークンからガバ、イージーリスニングからディスコ、ラテンからレイヴ——脈絡はなく、モンド感覚をもって次から次へとカットアップの連続。この情報量、ふざけ方、シュールなコラージュ、ネット時代でもなかなか見つからないかも。(野田)

From Time To Time
From Top To Toe
Through Traffic (1995)

砂原良徳と田中純とのユニットによるアンダーグラウンド・リリースな1枚。シンセポップからダンスフロアに歩み寄り、メロディよりもパーカッシヴなドラムマシンのヴァリエーションを前景化。ポップな仕上がりは見事で、いまだ古くない。CDのブックレットの下に記されている中目黒の住所は当時のエレキング編集部の住所だったりする。(野田)

Yoshinori Sunahara
Tokyo Underground Airport
Ki/oon (1998)

「The Sound Of 79」をはじめとするこの時期の砂原作品はどれもが魅力的なのだが、彼の趣味性を極端に具現化したのは、架空のエアポートのためのレコードをコンセプトにした本作。空港案内のナレーションがあり、砂原の洒脱なラウンド・ミュージックが挿入される。アートワークも凝っているので、これはアナログ盤で楽しみたい。(野田)

C.T. Scan
Scanner
FROGMAN（1994）

レーベル１番、当初はシークレット・プロジェクトで、その正体は元電気グルーヴ、現在多方面でプロデューサーとして活躍するCMJKのプロジェクト。メランコリックな東京テクノ初期の名曲のひとつ「Cold Sleep」など、エイフェックス・ツインやデトロイトを遠くに眺めて、ドラマチックに展開していくピュア・テクノな３曲入りEP。（河村）

Various
From The Bedroom To The Whole Universe
Frogman Records（1995）

ゲーム音楽の再評価を考えると『パルスマン』もですが、レーベルとしてこちらを。初期カタログとデモ・テープからの発掘組を加えたコンピ。音はフロアに向いたトランス系のサウンドが多めで当時のレーベルの方向性が見える。Chisä.の強烈なアシッド、Ryo Araiのアンビエントがいま聴くと新鮮かも（どちらもレーベルから後にアルバムをリリース）。（河村）

Quadra
Sketch From A Moment
Frogman Records（1997）

本名名義ではデリック・メイの〈トランスマット〉からアルバムを、KAITO名義でも知られるヒロシ・ワタナベの、キャリア初期の名義のアルバム。当時の拠点はNYで、レーベルの他の作品よりもやはりハード・ハウス感あり、そして現在の作品にも通じるドラマチックなシンセがすでにそのオリジナリティ。自身のレーベルからリイシューも。（河村）

Kagami
Y EP
FROGMAN（1995）

とにかく天井知らずな抜けの良さが気持ち良い、故カガミのデビュー・シングル。某ディスコ・カヴァー歌謡をサンプリングしたことも話題に。当時のテクノ・シーンのエネルギーとティーンエイジャーの身体感覚が結びついた「あがる」感じはある意味で時代のドキュメントでもある。「Battle Royal EP」にはケン・イシイのリミックスも。（河村）

Dub Sonic

Sleep Sonic

Take Disc（1996）

自らのパートを“ミキサー”と称し、ダブを表現の根幹にサイケデリックに聴く者の聴取感覚を拡張する、故・中里丈人のメイン・プロジェクト。主宰レーベルのひとつ〈丈disc〉の第１弾（オリジナルは1993年のカセット・リリース）。熱帯雨林の囁き、電子音、ノイズがダブ・ミックスで収束ではなく、むしろ広がる感覚のコラージュ・アンビエント。（河村）

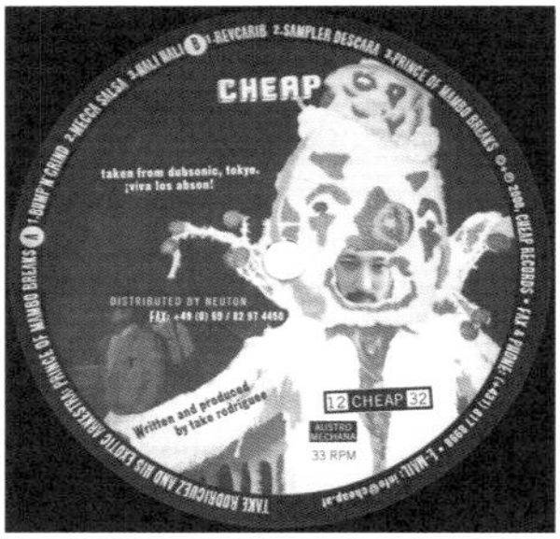

Také Rodriguez And His Exotic Arkestra

Riddim A Di Omniverse

Cheap（2000）

1998年、1999年と〈SONIC PLATE〉からの２枚のアルバムからの編集EP。リリースはなんとスイスのレフトフィールドなテクノ／エレクトロ・レーベル、パトリック・パルシンガー主宰の〈チープ〉から。躁状態をどこかやけくそ気味に延々と繰り返すパワフルなラテン・ブレイクビーツ。（河村）

Kuknacke The Bass Emperor!

Speaker Breaker Breaks

Sonic Plate（1999）

ムードマンらとのマイアミ・ベース・イベント〈低音不敗〉用のダブ・プレート集、同クルーのL?K?Oも参加で、ジャケットは宇川直宏。サブベースがブルブルと震えるストレンジな（ブレイク）ビート集。その音像は、トラップやダブステップなどを経て、まさに現在の低音再生感感覚とマッチしていて、ものすごくモダンに響く。（河村）

Woodman

Twinkl

Sonic Plate（1999）

コンパクトな音源付きシーケンサー、YAMAHAのQYシリーズを使い倒し、レフトフィールドな電子音響からテクノ、ハウスまで自分の速度で歩き続けた故・ウッドマン。テープなどで自主レーベルで大量の作品を残している（Bandcampでぜひ）。こちらは中里の部屋でほぼ一発撮りで制作された、チャーミングでサイケデリックなディープ・ハウス集。（河村）

Suzukiski
Thought
Self-released, Soup-Disk (1993)

鈴木隆弘、スズキスキー名義の1st。アルバム・サイズとしては最も早い時期の作品で当初は自主盤として、後に原雅明の〈Soup-Disk〉からリマスター(解説はレイ・ハラカミ)。ドラムマシンとシンプルなリフが織りなす、サラッとしているのに中毒性の高い初期のテクノやハウスの抗えない魅力が詰まった作品。時代を軽々と超える名盤。(河村)

Suzukiski
Big Tomorrow
Self-released, Soup-Disk (1994)

こちらも1st同様、自主制作から2003年に〈Soup-Disk〉からリマスター再発(こちらもレイ・ハラカミが解説で賛辞を寄せている)。シンプルで穏やかなテクノ路線に加えて、後半ではブレイクビーツ系の軽やかな足取りを展開。やはりその肝は淡く心地よいハウスっぽいグルーヴが印象的。なぜかこのアルバムだけサブスクにあるので、まずはここから。(河村)

Suzukiski
Kamakura
Zero Gravity (1996)

〈トランソニック〉本体からの3rdを経て、より実験的な電子音楽をリリースするサブ・レーベルの〈ゼロ・グラヴィティ〉の1番としてリリースされた4枚目。そこはかとないディスコ・リコンストラクト的な「Joy」など、ほんの少々味付け程度のフュージョン感が抜群のセンスでどこかノスタルジックな雰囲気を導く、そんなマイルドなテクノを展開。(河村)

Suzukiski
Message
Soup-Disk (1999)

再発をその後リリースする〈Soup-Disk〉からブレイクビーツ寄りの5作目を経ての6枚目。当時隆盛しつつあったドイツやUKのヨーロッパ産のハウス・サウンド——〈プレイハウス〉や〈フォノ〉といった、クリアな質感のミニマルなハウス・グルーヴとも共振しそうなリラックスしたサウンドを展開。ラストには大ネタ使いの良い心持ちな楽曲も。(河村)

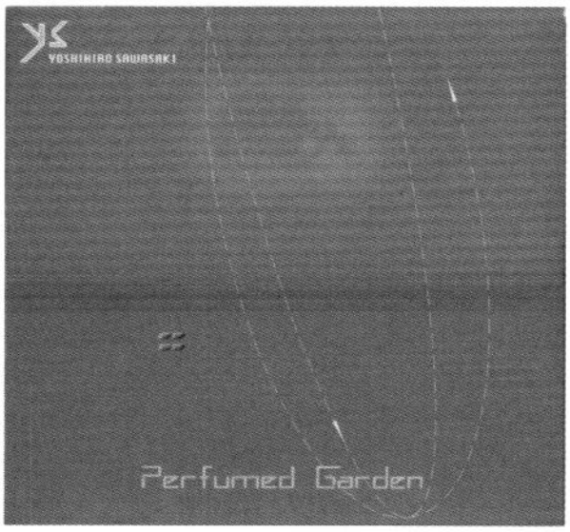

Yoshihiro Sawasaki

Perfumed Garden

Sublime（1994, 2019）

まるで星空を駆け抜けていくようなロマンチックなコズミック・テクノ。ヨシヒロ・サワサキのアンビエント・タッチの楽曲を収録した本名名義。2019年再発リマスター盤CDには〈R&S〉から海外デビュー作となった、本作と同趣向的なサウンドのメディテーションYS名義のシングルを収録。1990年代末にはドクターYS名義でドラムンベースへ。（河村）

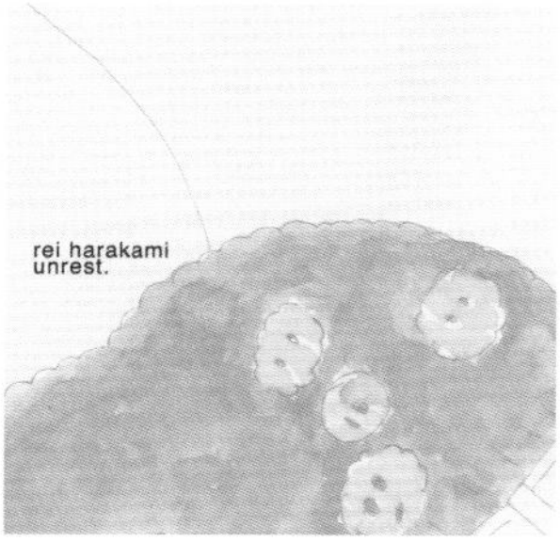

REI HARAKAMI

Unrest

Sublime, Rings（1997, 2015）

2011年に急逝した故レイ・ハラカミの1st。ローランドのモジュール「SC-88Pro」を使いこなして生み出されるクリアでエモーショナルな「あの音」はすでにそこに。既存のテクノなどのフォーマットも意識したような感覚もあって、そのバランス感覚はファースト独自のもので、逆にいま新鮮に響く。2005、2015年に再発（ジャケは現在のもの）。（河村）

Co-Fusion

Co-Fu

Sublime（1998）

DJとして〈マニアック・ラヴ〉のレジデンシーなど東京のテクノ・シーンの要とも言うべき存在であったワダとタニ・ヘイゴによるプロジェクト。Atom名義などで海外リリースしていたふたりが、満を持して関係の深い〈サブライム〉から。ビッグビートでもブロークンビーツでもない、軽やかでグルーヴィーな他にはないテック・ブレイクビーツ・サウンド。（河村）

Captain Funk

Encounter With

Sublime（1998）

イタリアの〈ACV〉傘下から1995年にデビューしたオオエ・タツヤ。OE名義など、様々なスタイルでリミックスやプロデュース、アレンジ（布袋寅泰や菊地成孔のSpank Happyなども）もこなす彼のメイン・プロジェクト。自身のルーツとなるディスコやファンクを下地にブリブリとベースが主張するファンキーでブギーなテクノを展開。（河村）

Frr Hive
Rose Trumpet Herb
BASSMENTAL（1997）

ムーチー、DJカジとともにDJポッセ、リズム・フリークスとしてこの国のジャングルを牽引したDJフォースのレーベル。1番はフォースと後に〈リヴァース〉を率いるナム（スートラ）によるEPで、こちらは第2弾、タカハシクニユキの変名によるドラムンベース・アルバム。いまでも充分にモダンな響きのハードステップなジャングルを展開。（河村）

Various
03-BEATBOX-001
Zero Three（1998）

英ジャングル老舗〈S.O.U.R〉傘下のハードステップ系レーベル〈エモーティフ〉のコンピ参加で話題になったダズル・T主宰のレーベル〈03〉コンピ。 12インチ・リリースでヒットした「E-Phonk / Tears」、そしてLTJブケムによって見いだされ、世界的な評価を受けるマコトのスムーズなアートコア・トラックを収録。（河村）

Ram Jam World
Ram Jam World
WEA Japan（1999）

前作のポップなアートコア路線からさらにジャングルにどっぷりな故・朝本浩文のプロジェクト。リョウ・ザ・スカイウォーカーをゲストに迎えたソリッドな日本語ラガ・ジャングル・アンセム（DJハイプ＆ジンクのリミックスも）収録。ライムスターなども参加。シャイFX、クラストやエド・ラッシュ＆オプティカルなどによるリミックス盤も。（河村）

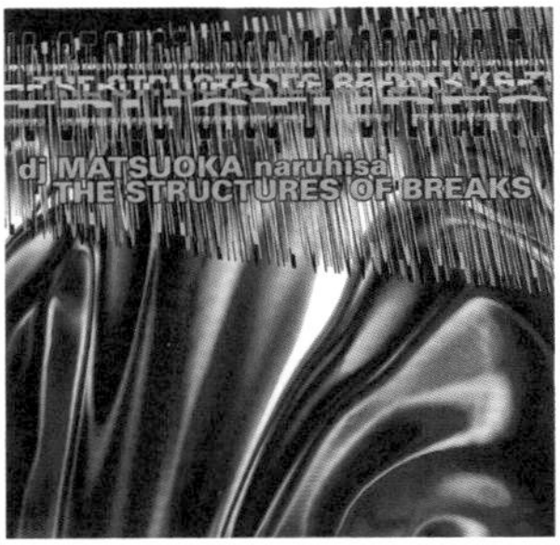

DJ Matsuoka Naruhisa
The Structures Of Breaks
Styling Records（1998）

関西拠点でクラブ・ジャズ・シーンのDJとして長いキャリア持つ松岡成久のアルバム。前作にあたるモダン・コンセプション名義でのアシッド・ジャズ的なブレイクビーツから一転して、こちらはテック・ステップ〜アートコア。「東風」のカヴァーも。DJマツオカ名義で。1999年にはジャザノヴァの〈コンポスト〉からリリースも（そちらはクラブ・ジャズ）。（河村）

DJ Shufflemaster
Elektronique Dweller
Subvoice Electronic Music（1998）

レコード店〈テクニーク〉の創業者でもある佐久間英夫＆DJシャッフルマスターによる、12インチでのDJツールとしてのテクノにこだわり抜いたレーベル。それ故に本作に限らず、現役感のある強度を持ったグルーヴを携えたミニマル・テクノがカタログを占めている。シャッフルマスターはその後〈トレゾー〉からもアルバムも。（河村）

Nagai Eri
Cat Worship
ACV（1996）

ロバート・アルマ二の作品を大量にリリースしていたイタリアの〈ACV〉からリリースのアルバムで、ユニット名になっている女性を含む3人組ユニット。音の悪さも踏襲したファンキーで野太い、ロウなシカゴのハード・アシッドで押し通す1枚。その後、メンバーの千阪邦彦はチェスター・ビーティー名義で活躍、多くのフロアヒットを送り出す。（河村）

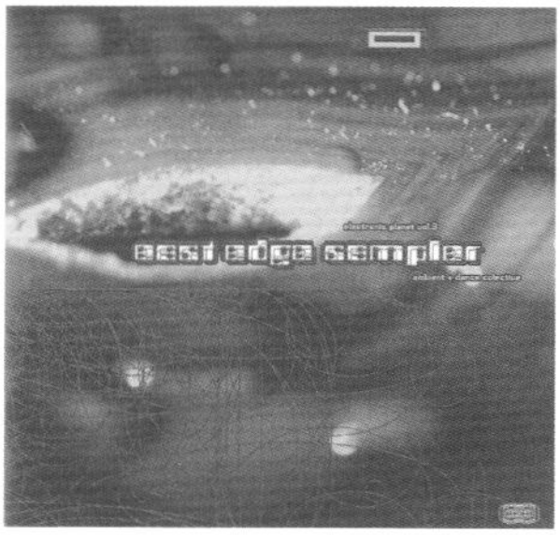

Various
Electronic Planet Vol.3 - East Edge Sampler
TDK（1994）

テクノ～トランス・シーン黎明期よりDJとして活躍したDJ K.U.D.O.による、西麻生のクラブ・イエロー傘下のレーベル〈イースト・エッジ〉のコンピ。CDを意識した穏やかなリスニング向けの曲調の、色彩豊かなテクノが楽しめる。本コンピはTDKがリリースしていた企画モノで、1番は〈とれま〉の初期音源を集めたコンピ。（河村）

Enitokwa
Floating Works 1996-1999
Sonic Plate（1999）

DJ K.U.D.O.の〈イースト・エッジ〉から1994年シングルをリリースするなど、シーン黎明期から活躍。こちらは〈ソニック・プレート〉からの作品集成。サン・エレクトリックもびっくりなサイケデリックで美しい恍惚のテクノ。同レーベルのからのアンビエント『2069』もぜひ（過去作はほとんど、Bandcampにあり）。（河村）

VA
Analog In My Mind

Dubrex Records（1994）

札幌発のレーベル〈ダブレックス〉のコンピ。テクノ・シェルター名義で参加しているキムラ・カツヤスなるアーティストが主宰の模様。当時らしいアシッド・トランスが続くが、ハッと驚くIDM系の楽曲も。そして札幌にこの人あり。マスク名義でタカハシクニユキの最初期のリリース音源であろう、すでに独自の雰囲気を備えたダウンテンポを2曲収録。（河村）

Various
TOKYO TEKNO TRIBE

TOKYO TEKNO TRIBE, ポニーキャニオン（1996）

1995年に日本初のサイケデリック・トランス・レーベルとしてDJ KUNIによって設立されたレーベルの1stコンピ。黎明期のシーンに存在した、テクノとトランスの汽水域から、この頃からゴア〜サイ・トランス・シーンはいわゆるテクノのシーンと完全に分化していった模様。本作はしかも〈ポニーキャニオン〉からのリリースで、時代と勢いを感じさせる。（河村）

Various
Tokyo Tech - Breakbeats 2

NS-Com（1999）

生のレイヴ・カルチャーを宿した伝説のパーティ〈キー・エナジー〉のDJミクが主宰レーベル〈ニューステージ〉傘下に設立した〈NS-COM〉からのコンピ。DJケンセイや白石隆之、井上薫らが参加、2000年代前後、この国のアンダーグラウンドで隆盛するエレクトロニカ〜アブストラクト・ビートのシーンのひとつのドキュメント。（河村）

Buddhastick Transparent feat Something In The Air
"M"

Sharira（1996）

ウエキモトヨシ、タハカシシュウジによるアンビエント・テクノのデュオ。前述のDJ K.U.D.O.主宰〈イースト・エッジ〉のコンピや、1995〜97年にかけて、2年間でアルバム3枚をリリースでその後は沈黙。飛びすぎないモリスというか優しいアンビエント。少々のエスニック加減も含めて、そのニューエイジな感覚はむしろいまっぽいかも。（河村）

Rom=Pari
View

Beat Records（1999）

ジョセフ・ナッシング+コーマの吉田兄弟によるプロジェクト。〈リフレックス〉～〈プラネット・ミュー〉からの回答は、エネルギッシュに躍動し振りまく強力なブレイクコア。2000年代に入るとシロー・ザ・グッドマンとの共闘で〈ロムズ〉へ。その後のインターネットに溢れるナンセンスなMAD的な音楽表現を考えると、実は非常に大事な1990年代の1作。（河村）

OXYGEN FUNK
BASEMENT REALITY

Nippon Crown（1999）

ロンドンで意気投合したという日本のアーティスト／パーティ・ポッセ、オキシゲン・ファンクのコンピ。内容はかなりワイルドなトリップホップ～ブレイクビーツやジャングル、UKあたりの感覚に近いディープ・ハウス。当時の東京の小バコの雰囲気というか、ミニマル・テクノにいかなかったある範囲の感覚がつまっているようにも。白石隆之が1曲参加。（河村）

Various
Pacific State

Deviant Records（1997）

当時のヨーロッパの人気テクノ・コンピ・シリーズが日本イシューとしてリリースしたコンピ。わりとここ数ページで紹介しているアーティスト作品を網羅。本シリーズはブックレットが売りで、本作も分厚いブックレットに当時の貴重なインタヴューや写真なども。レイ・ハラカミの楽曲などヴァージョン違いでここでしか聴けない曲もあり。（河村）

Asteroid Desert Songs
'Till Your Dog Come To Be Feed

UNKNOWN MIX（1996）

その後のスマーフ男組の3人と高井康生（Ahh! Folly Jet）による4人組ユニット。エレクトロ・ビートへの偏愛に、電子音やコラージュがどったんばったんと入れ替わり、虫声MCとともにこだまするポップでキュートな楽しい驚きに満ちた22曲。佐々木敦のポストテクノ～音響系レーベル〈Unknown Mix〉から。（河村）

Roots Dub, Ska, Rocksteady......
Roots Dub, Ska, Rocksteady......
Roots Dub, Ska, Rocksteady......

ルーツ、ダブ、スカ、ロックステディ、レゲエとその周辺

選・文＝松本章太郎、野田努、武田洋、河村祐介

Kazufumi Kodama
Quiet Reggae

Sony（1992）

ミュート・ビート解散後にこだま和文が録音した最初のソロ・アルバムには彼のすべてが凝縮されている。静寂とファンクネス、アンビエントな感性、詩情、郷愁、彼のテーマ曲とも言える「エンド・オブ・ザ・ワールド」。ゲスト参加のリー・ペリーが最高の味を出している。いまでもぼくはこだま初心者には「まずはこれから」と薦めています。（野田）

Kazufumi Kodama
集団左遷〜Return Of The Dread Beat

Media Remoras（1994）

80年代後半から90年代中頃の音楽変遷の背景として存在感大きめに横たわるバブル景気、その狂騒の終焉を切り取った企業戦士モノ活劇東映映画サントラ。柴田恭兵主演。アンビエント〜NW、そしてミュート・ビートを通り越し脱俗感漂うトランペットで醒めたレクイエム・ムード。後に『Dread Beat In Tokyo』としても再登場します。（松本）

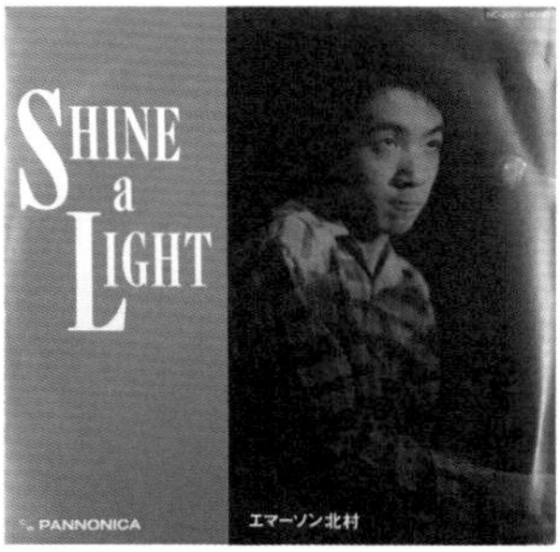

エマーソン北村
Shine A Light / Pannonica

Nutmeg（1990）7inch

参加したじゃがたら、ミュート・ビート解散後のソロ作は代々木のライヴハウス〈チョコレート・シティ〉から派生したインディー・レーベル、ナツメグからのリリース。リズムボックスとほんのりダブ、スカタライツ〜サウンド・ディメンションで活躍したキーボード奏者ジャッキー・ミットゥさながらな鍵盤演奏によるヒップなオルガン・レゲエ。（松本）

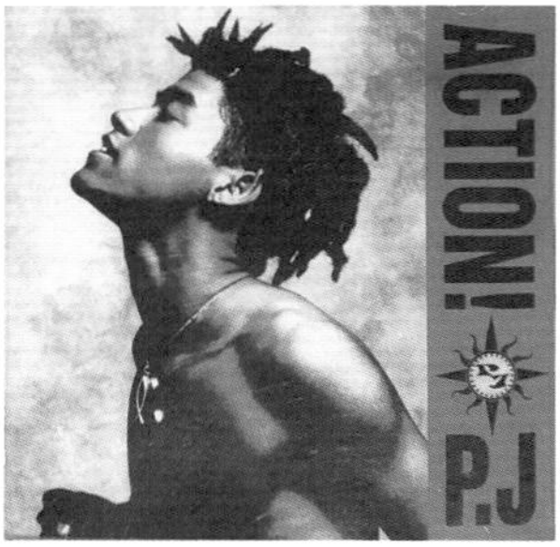

P.J

Action!

Ki/oon (1992)

夏と言ったらレゲエ、サンスプラッシュ、久保田利伸もジャマイカに接近した90年代初頭。14歳から活動するPJが時代の追い風を受けた和製マキシ・プリーストなソウルフル&スムース作。アスワドのドラミー・ゼブがミキシング。ディオンヌ・ワーウィック「Reach Out For Me」カバーや「Action! Dub」はUKストリート・ソウル耳にも。(松本)

Chieko Beauty

Beauty's Rock Steady

Ki/oon (1992)

フィッシュマンズのプロデュースに次いでこだま和文が手掛けたのがチエコ・ビューティーの1st。この時期のこだまはレゲエの本質とはロックステディにありと考えてたはずで、本作は本人いわくそのひとつの完成形。エマーソン北村、ヤン富田、松永孝義、松竹谷清ら強者たちがバックを固め、日本に土着化したロックステディが創出された。(野田)

Chieko Beauty

Sweeter

People's (1995)

こだま和文を迎えた『Beauty's Rock Steady』(92年)、翌年に藤原ヒロシ・プロデュースによる『L』。そして本作はラヴァーズロック総本山ARIWAスタジオ録音、プロデュース/ダブ・ミックスはマッド・プロフェッサーという正統派ド真ん中。あのマッシヴ・アタック『Protection』ダブと同時期に手掛けていたのかと思うとなんだか凄い。(松本)

Dub Master X

Dub Wa Crazy

Nutmeg (1992)

ナツメグからの7"シリーズ(タイトルはMad Professor『Dub Me Crazy』パロディ?)全10枚分をコンパイル。アメリカ、エルトン・ジョン〜アバにシルヴィ・バルタンなどを大胆に使用した大味サンプリング部門ユーモア大賞。「東京狼少女 feat YOU」の雛形、ピアニカ前田との国産ラヴァーズ「Tokyo Dub Story」も収録。(松本)

Luv Master X
LMX #1
Endorphin（1993）

DMX宮崎泉と藤原ヒロシ名義の唯一作、とは言えこれまで多数の作品を一緒に作っておりその延長線上にある極上ラヴァーズ・サウンド。夢見心地「Dawn（夜明けから…）」、Como-Leeのトークボックスでレニー・クラヴィッツ・カヴァー「Stand By My Woman」、YOUのウィスパー・ヴォーカル「むかえにきてね」。遠い目必至。（松本）

Subliminal Calm
Subliminal Calm
Victor（1992）

いとうせいこうと藤原ヒロシによるユニット。『業界くん物語』『建設的』といったヒップホップ〜日本語ラップ創世期の作品から一歩距離をとり、朝本浩文、DMX、KUDO等と。ピアニカ前田の「Melting Dub」やサンドラ・クロス〜マッド・プロフェッサーのUKラヴァーズ「Country Living」のシッポリ・ウタゴコロ化など。（松本）

Hiroshi Fujiwara
Hiroshi Fujiwara In Dub Conference
Victor（1995）

テリー・ホール、ネナ・チェリーも参加したソロ名義1stアルバム『Nothing Much Better To Do』の翌年、"羊たちの沈黙"レクター博士オマージュでグレン・グールドのバッハ「ゴールドベルク変奏曲」メロディを朝本浩文がピアノでなぞった「Natural Born Dub」収録のクラシカル・アンビエント〜ニューエイジ・ダブ作。（松本）

Audio Active
We Are Audio Active
On-U Sound（1994）

〈Alfa〉からの1stアルバムをエイドリアン・シャーウッドがリメイク。シュガーヒル・ギャング〜タックヘッド、マーク・スチュアートやアフリカン・ヘッドチャージにも絡むスキップ・マクドナルド、ビム・シャーマン、タルヴィン・シンも参加。この後の場所を約束されたオルタナティヴ・スペーシー・インダストリアル・ダブ、ザ・ON-Uサウンド。（松本）

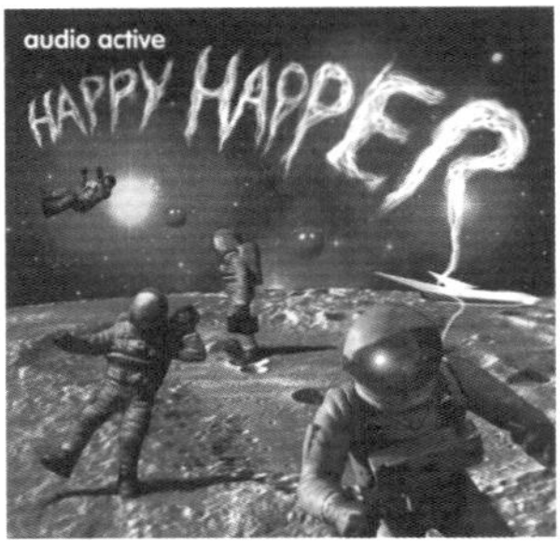

Audio Active

Happy Happer

On-U Sound, Beat Records（1995）

エイドリアン・シャーウッド&スキップ・マクドナルド・プロデュースによるセカンド・アルバム。名前からして最高なボヨヨンヨンなヘヴィー・ダブ。ギンギンのギターでヘヴィー・ロック的な「Happy Shopper」などをはじめ、強烈なサイケデリック・インダストリアル・ダブを展開。当時ミクスチャー系のリスナーにもアプローチしていた記憶。（河村）

Audio Active, Laraaji

The Way Out Is The Way In

All Saints（1995）

ブライアン・イーノProd『Ambient 3: Day Of Radiance』で天界的なツィター、ダルシマーを披露したララージと一見異色の共演。本作収録のディープ・アンビエント・ダブ「Hither And Zither」路線を進めた『melt』ではレゲエ枠からいよいよ逸脱し、独特なメディテーティヴ・サウンドを提示することに。（松本）

Dry & Heavy

Dry & Heavy

Olive Disk & Records（1997）

オーディオ・アクティヴのメンバーも在籍したヴァイタル・コネクションのベース秋本武士とドラム七尾茂大のリズム・コンビを中心に結成。リトル・テンポやデタミネーションズ等をリリースするインディ・レーベル〈Olive Disk & Records〉からの1stアルバム。同時期これほどストレートで強力なルーツ・レゲエ・サウンドは稀有かと。（松本）

Dry & Heavy

One Punch

Beat Records（1998）

満を持して〈Beat Records〉からのリリース作。スライ&ロビー、レヴォリューショナリーズ顔負けのミリタント・ビート、攻撃的なベース、ハミ出しそうな熱気を内田直之によるダブ処理で空間に充満させております。この後、秋本武士はレベル・ファミリア、ヘビー・マナーズ等を結成。次世代へ水を運びUNDEFINEDなども輩出。（松本）

Little Tempo
Latitude
Olive Disk（1995）

サイレント・ポエツから分派したリトル・テンポのデビュー・ミニ・アルバムは、瑞々しい演奏で、アンビエント・レゲエ・ダブとも言えそうな、インストによる素晴らしく親密なムードを伝える。いまでもこれがいちばん好きだという人は少なくない。アスワドのマイケル・ローズのフルート、御大リコ・ロドリゲスのトロンボーンも聴ける。（野田）

Little Tempo
Ron Riddim
Rhythm Republic（1999）

土生Tico剛、Seiji Big Bird、佐々木育真、元フィッシュマンズのHAKASEの４人編成期。アストロエイジ・スティール・オーケストラの田村玄一に、内田直之、春野高広、田鹿健太、大石幸司（後に全員メンバーに）を迎えたTico版画ジャケのイメージ通りの遊び心侘寂サウンド。エディ・リーダーのヴォーカル曲収録8cmシングル付。（松本）

Mighty Massa
The Mighty Massa Sound System
Olive Disk（1996）

90年代初頭にUKアンダーグラウンドで活況を見せじめたニュー・ルーツ・ムーヴメントに東京でいち早く反応し、その影響を具現化したキーパーソン、マイティ・マサのデビュー盤。瞑想的で美しく、迫力あるダブの宇宙に、ザ・ディサイプルズ人脈からMillernese Richards、Cultivatorの故Ras Daidahも参加。（野田）

Blue Beat Players
The Cosmic Blue Beat Jammer
2nd City（1997）12inch

初期の東京スカパラダイスオーケストラにギタリストとして在籍した林雅之＝マーク林がサックス奏者として結成したスカ・バンド。ジャー・シャカ、アバ・シャンティ・アイとの交流も深い日本のニュールーツ・オリジネイターMIGHTY MASSAによる「My Baby Is Gone No.8」ヘヴィー・シンセ・ニュールーツ・リミックス等。（松本）

The Ska Flames featuring Laurel Aitken, Roland Alphonso, Lester Sterling

Damn Good

Sun Shot Records（1995）

当時、活動10周年を迎えたバンドがシンガーのローレル・エイトキン、そしてオリジナル・スカタライツのメンバー、ローランド・アルフォンソ、レスター・スターリングを迎えてレコーディングした3rdアルバム。どっしりと腰の落ち着いた、よりスケールの大きなスカ・ビートを響かせる。人気曲「Rip Van Winkle」を収録。（河村）

Determinations

Ska Champion

Olive Disk & Records（1996）

スカを聴いて10年目、バンドを結成して6年目の1stアルバムだとインナーには記されている。最高にイカした「すか」バンド、デタミネーションズの勢いに乗った初期の演奏が聴ける。この音楽が素晴らしいところは、いまでも聴くと踊りたくなることだ。コーラスも素晴らしいし、演奏も本当にイカしている。ルードボーイよ永遠なれ。（野田）

Determinations

This Is Determinations

Overheat Records（1999）

プリンス・バスターでさえも共演で虜にしたという大阪の伝説のスカ・バンド。鋭利でいて優しい、まさに「オーセンティック」なスカ～ロックステディのすばらしさに溢れた作品。2000年代以降のスカ・バンドにも大きな影響が。自主制作盤を〈Over Heat〉がシングル曲を加えてリリース。2000年代の新作とともに彼らの「凄み」を知らしめた。（河村）

Drops

Meet The Drops

Obi-Wan Records（1991）

ガールズ・グループによるスカ、ロックステディの甘い7インチで、当時の東京のユースにとっていかにスカが人気で重要だったかがよくわかる。下北沢ZOOの店長、山下直樹が立ち上げたレーベルから、結果としては最初で最後の1枚となりました。いや、しかし、格好いい。裏ジャケをお見せできないのが残念なほど、みなさんお洒落です。（野田）

Three One Length

Blowin' In The Wind

Freecolors（1995）7inch

95年リリースのオムニバス『Hey! Young World』からのシングル・カット。サウンド・ディメンションのような太く乾いたリディムにLBらしいポップな転調が映えるトラックと、ナマロイのルードボーイ独白トースティング。70年代キングストンのDeeJayカルチャーの再現を東京で試みた彼らの曲の中でも珠玉。（武田）

Dreamlets

I Want A Guy / Gone Away

Moon Beat（1997）7Inch

森俊也もメンバーに名を連ねるスカ・ロックステディ・バンドのドリームレッツ、97年セカンド・シングル。タメの効いた不穏なスカ・リディムと女性3人の切なくポップな歌声は、プリンス・バスターにフィル・スペクターを混ぜたような、いかつくて甘い粋な味わい。今聴いてもグッとくる。B面も愛おしさ溢れるロックステディで完璧。（武田）

Rocking Time

ロックステディ

Respect Record（1998）

こだま和文プロデュースによるロックステディ・バンド（ドラムは森俊二）のデビュー作で、日本語を伸び伸びと歌う今野英明の唄、洒脱なアレンジとダブ（内田直之）。作曲もこだまが手掛けていることから、このバンドにいかに注力していたかが伺える。ブックレットには国立の名物たるクラシック喫茶店内で寛ぐメンバーたちの笑顔が見える。（野田）

Cool Wise Men

What A Feeling (Cool Smoke Records)

Cool Smoke Records（1999）7inch

1stアルバム『Bad Ska』収録の99年セカンド・シングル。09年にCOOL WISE MANへバンド名表記を変更したが当時はCOOL WISE MEN。実力は初期から折り紙つきで、心から演奏を楽しんでいる様子が伝わってくる明るいパーティー・スカ。90年代下北沢の週末の路地裏って確かにこんな匂いがしてたな。（武田）

ECD
ECDのAfter The Rain

Cutting Edge（1997）7inch

セクシャル・ヒーリングな佐東由梨サンプリング「ECDのロンリーガール」も収録の名作『Big Youth』から。ミュート・ビート初期シングル、朝本浩文作曲のリズムマシン哀愁レゲエ「After The Rain」をそのまま早回ししたトラックにECD節。こだわりのジャマイカ・プレス。“遅いぞ、追いついて来い”から早20数年。（松本）

Water Melon
Out Of Body Experience

File Records（1997）

80年代初頭、プラスチックスに続き中西敏夫を中心に結成されたMelonのエキゾ・ムード部門。スネークマンショーやヤン富田参加の『Cool Music』から数年を経た本作は、Sadeアンドリュー・ヘイルらとロンドン〈Mo'Wax〉内のMAJOR FORCE WESTスタジオにて取り組んだ実験の記録的エスノ・ブレイクビーツ・ダブ。（松本）

Ram Jam World
この日差し届く場所

WEA Japan（1998）CDS

元ミュート・ビート。ゴーバンズの森若香織らと結成した後、朝本浩文の個人的プロジェクトとして再始動。DnB～ダブを取り入れ様々な音源を提供しております。そんな中ポツンと短冊でリリースされたスウィート・レゲエ歌謡。勿論CDシングルのお楽しみ、「Reggae Ver. Karaoke」という名のインスト収録。（松本）

Go-Bang's
Darrin

Pony Canyon（1991）12inch

森若香織率いるガールズ・バンド。マンチェスター録音『Samantha』からの音源をKing Gang'sとしてアルバムにも参加していた朝本浩文に加え、藤原ヒロシ、DMX、Rhythm King Productions等がリミックス。「I Love You」的郷愁ウィスパー・ラヴァーズ「Monster Blue」のトロットロ・ダブ・ヴァージョン他。（松本）

Kyoko Koizumi
La La La..
Victor（1990）CDS

近田春夫やモンチ田中等による『Koizumi In The House』に続いて時代の音を取り入れたスウィートな『N° 17』から。ソウル II ソウルを手掛けた手腕のプログラミングは屋敷豪太（ソロ作にも「Easy, When You Want It」といったレゲエ曲あり）、藤原ヒロシと共同プロデュース。シングルにはダブ・ヴァージョン収録。（松本）

Sandii
Come Again
Eastworld（1991）

細野晴臣も参加したアジアごった煮エスニック作『Mercy』のリミックス盤。久保田麻琴とディック・リーの共同プロデュース。渡辺はま子と霧島昇、そして李香蘭の歌唱でお馴染み服部良一作の異国情緒メロディ「蘇州夜曲」や、ルーツ・ラディックス、井上ケンーとの喜納昌吉「花」カヴァーなど。スライ＆ロビーやTOSH & K.U.D.O.、小西康陽等参加。（松本）

Zelda
Love Live Life
Alfa（1992）

80年代にはLIZARDのモモヨ、ムーンライダーズ白井良明や四人囃子の佐久間正英プロデュース作品を残すガールズNWバンド。90年代に入りレゲエに急接近した経緯はスリッツ等の例に漏れずNWグループの十八番でしょうか。ジャマイカ録音。招き猫カゲキ団ジャマイカン・ヴァージョン的「My Little Crying」の味わい深さ。（松本）

Sayoko, Daddy Screw
Calling You
Studio 2000（1995）7inch

スライ・ダンバー、イエローマン、A・パブロを迎えた『Fullmoon Pūjah』や、ラガ化『Love Live Life』のドップリ期ゼルダの延長線上。Jammys発スレンテン以降コンピュータライズド直系スティーリー＆クリーヴィのレーベルから。ボブ・テルソン、と言いますかバクダッド・カフェの名曲をダンスホール・カヴァー。（松本）

Akiko Kanazawa
House Mixes Ⅱ

Victor (1991)

大瀧詠一の「イエロー・サブマリン音頭」(松本隆訳) や橋幸夫との「大東京音頭」も乗りこなす大衆民謡～演歌歌手の異色作。「津軽じょんがら節」「よさこい鳴子踊り」「秋田音頭」などをFar East Recording主催寺田創一がハウス・フィールドで解体／再構築。「津軽あいや節」のスムース・エレクトロニクス民謡ダブ〈Resort Mix〉◎ (松本)

Miyuki Nakajima
歌でしか言えない

Aard-Vark (1991)

19作目のアルバム。全作詞作曲は中島みゆき、編曲は瀬尾一三、そしてアラゴンにも関わった名エンジニア浦田恵司が参加しており、その筋の音がお好きな方も気になること必至。山木秀夫、今剛等の名も。本作には"スカパラホーンズ"が参加したシッポリ・レゲー・ナンバー「た・わ・わ」が収録されております♥ (松本)

Iria
Japanese Lovers

Alpha Enterprise (1995)

元ジューシィ・フルーツ奥野敦子ソロ。マトゥンビやLKJとの活動を始め、ポストパンク～UKラヴァーズにネオアコ作品まで手掛けるデニス・ボーヴェルと、新宿レゲエ・クラブOPEN校長ハードコア工藤晴康の共同作。リコ・ロドリゲス、ジョン・カパイ、タンタン等心地よいクロスオーヴァー気味レゲエに欠かせない面子も参加した国産ラヴァーズ。(松本)

Yoshiko Goshima
First Light Remixes

Polystar (1997) 12inch

電気グルーヴの昇天テクノ・ポップ「虹」でフューチャーされている名古屋出身女性シンガー。アルバム『The Musical Chimes』からのプロモオンリー・リミックス12"。DJエンマとタロウ・カワウチのマラウィ・ロックスによるリミックスと共に収録されているマッド・プロフェッサー「Mad's Lovers Smooth Mix」。(松本)

Gonzalez Mikami
Gate Of Notion
Epic（1993）

国民的ギター・デュオ・ゴンチチのゴン部。後のLove, Peace&Trance組（甲田益也子、小川美潮、遊佐未森）に屋敷豪太、東京スカパラダイスオーケストラの面々も参加。サイレント・ポエツによるエレクトリック・レゲエ・アレンジに元ショコラータかの香織のダブ・ポエトリー「瓶［Come Una Bottiglia］」◎（松本）

The Beatniks
Another High Exit
Vap（1994）12inch

高橋幸宏と鈴木慶一グループ1st『Exitentialism 出口主義』（81年）のリミックス集。808ステイトのグラハム・マッセイ、エイフェックス・ツイン、細野晴臣Proによる作品も残すKay NakayamaのSomething Wonderfulによるテクノ〜アンビエント諸作に、ビル・ラズウェルのヘヴィ・ダブ「Mirrors」も収録。（松本）

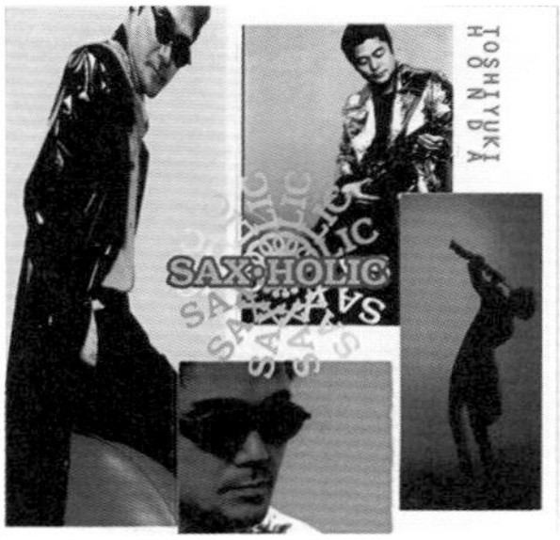

Toshiyuki Honda
Sax・Holic
Toshiba EMI（1996）

「ニュースステーション」のテーマや『マルサの女』のサントラなども手掛けるジャズ・サックス奏者。本作も伊丹十三映画「スーパーの女」テーマ曲や、浜田雅功主演ドラマ挿入曲など収録。前年のH Jungle with t「WOW WAR TONIGHT」の影響か、テレ朝スーパーモーニングのテーマ「Sweet Vacances」をジャングル仕立てに。（松本）

Huyumi Sakamoto
螢の提灯
Toshiba EMI（1996）CDS

RCサクセション『COVERS』への参加（ジョニー・サンダースと共演「シークレット・エージェント・マン」）や、細野晴臣、忌野清志郎とのHISでの活動、はたまたセーラームーンの主題歌でも知られる異色の本格派演歌歌手。デビュー10周年記念短冊CDシングル。阿久悠作詞／宇崎竜童作曲という往年の名コンビ布陣でまさかのレゲエ調演歌。（松本）

Nokko
Rhyming CAFE
Sony（1996）

テイ・トウワ〜セイント・エティエンヌ等との共演を経て埼玉県の実家にてホームレコーディング、ミックスは保土田剛のソロ作。シンプリー・レッドのケンジ・ジャマーと屋敷豪太参加の「あくびとUFO」がホンノリDnB入りキュート・ラヴァーズ歌謡枠。尚レベッカ時代にもフランソワ・Kミックスのレゲエ〜ダブ「真夏の雨」などあり⍁。（松本）

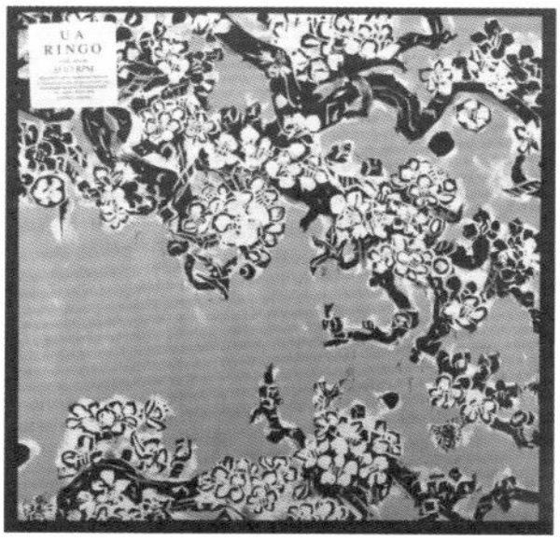

UA
Ringo
Speedstar（1999）12inch

タンバリンリン水前寺清子「真実一路のマーチ」の米山正夫作曲、美空ひばり「リンゴ追分」（エキゾ巨匠アーサー・ライマン、そしてスカタライツも演奏）をUA節に。リトル・テンポとこだま和文により幽玄のディスコ・ミックス（後半ダブ）。c/wは朝本浩文によるラヴァーズ歌謡、田村玄一の弾むスティールパンも素敵な「スカートの砂」。（松本）

Column

もっとも影響力のあったジャンルのひとつ

1992年に横須賀で開催された〈ジャパンスプラッシュ〉に集まった4万人の聴衆のひとりだった自分としては、当時の日本でいかにレゲエが人気だったかを憶えている。みんな「Riddim」を読んでいたし、「レゲエマガジン」もあった。六本木WAVEはルーツからダンスホールまでプッシュしていたので、何枚その手のレコードやCDを買ったことか。ゆえに90年代世代から、ミュート・ビートに影響されたフィッシュマンズ、サイレント・ポエツ、リトル・テンポ、レゲエMCとしてはじまったクラブ・シーン出身のソウルセットなど、出自にレゲエを持つバンドが目につくのも理解できる。テクノ系クラブ・シーンではUKのON-Uが人気で、ここからはオーディオ・アクティヴやキング・オブ・オーパスが登場。クラブ・スカも人気だったし、下北SLITSではマイティ・マサがニュー・ルーツを紹介していた。当時の日本のシーンには立派にレゲエが根付いていたし、その影響はJポップにも及んでいる。（野田）

オルタナティヴの原義は「二者択一」であり特定の形態を示す音楽用語ではない。既存の体制の批評的乗り越えをはかる過程に生じる形式をオルタナティヴというのであれば、激烈にノイジーなサウンドでも朝日のようにさわやかな響きもそのうちにふくむことになる。むろんひとは極端な表現ばかりに耐えられないからオルタナティヴと呼びうる音楽もいつしかフォーマット化するのだろうし、じっさい2021年現在「オルタナティヴ（・ロック）」といって想起する音楽はたいがいなにがしかの音楽的な像を結ぶ。その一方で、私たちが90年代にオルタナティヴなる用語をこぞって使い出したとき、そこには具体的な共通項はなかったはずである。対抗的でインディペンデントであれば、ポップとエクスペリメントのちがいは問わない、というよりむしろ、それらが背中合わせに密着した時代として90年代をとらえるとき、インディ・ポップからエクスペリメンタルまでを横断する「オルタナティヴ」の射程が浮かび上がるのである。

Boredoms and more
Boredoms and more
Boredoms and more

オルタナティヴの発火点、ボアダムスとその周辺

選・文＝松村正人

Boredoms
Soul Discharge

Selfish（1989）

前作のファースト『恐山のストゥージズ狂』でデフォルメの循環サーキットを組み上げたオルタナティヴ・アイコンが90年代を待ちきれず平成の世に投下した最高傑作（のひとつ）。音塊のジャンクさは前作ゆずりだが、本作ではゴムマリのごときグルーヴがせりだし、音楽空間のすみからすみまでメンバーの身体性が満たしていく、おそるべき集中力と濃密さ。

Boredoms
Pop Tatari

WEA Japan（1992）

ライヴ映えする「Molecicco」から「I Am Cola」「Bo-Go-Bompoo」と楽曲がツブぞろいなのはメジャーに移ったせいかどうか。無数の音楽的引用と折衷、オノマトペ風の歌詞からなるサウンドという難解そうな要素からは想像もできないポップな仕上がりで北米を中心に海外にも伝播したが、いま聴き直すと戯画化したキャラクターが演じる舞台劇の趣きも。

Boredoms
Wow 2

Avant（1993）

ジョン・ゾーンのアヴァンから初の海外録音。録音を担うはメジャー前のソニック・ユースなど、この界隈に通暁したマーティン・ビシ。ボアダムスという現象の真空パッケージを目論むようなライヴ感を活かした音づくりはこの時期の彼らが傍目にも充実していたことの証であり、結果本作にドキュメントの風合いをもたらしている。EYヨのシャウトも見事。

Boredoms

Chocolate Synthesizer

WEA Japan（1994）

オルタナティヴに王道も定義もありはしないが、あえてあてはめるなら彼らの作品中狭義のそれに分類できる最後のアルバム。ゆえに転換点であり、なにより到達点でもある。そもそも音楽というよりポップアートの一種だったボアはこれを境に音楽性を研磨し純化した運動体を志向しはじめる。幕開けの「Acid Police」は次章への橋渡しもかねた代表曲。

Boredoms

Super Roots 5

WEA Japan（1995）

瞬発力重視だった1、2の反動で30分超えのハードコア一本勝負になった3につづく5はEPシリーズ最長の64分のパワーエレクトロニック・アンビエント。聴きようではノイズとシンバルロールが延々とつづくだけだが、それらが渾然となった音の塊が大河のようにうねり飛沫をあげるさまは大自然を眼前にするときの荘厳な畏怖と解放感を想起させる。

Boredoms

Super Roots 6

WEA Japan (1996)

シリーズは第6弾でドローン〜反復からカットアップ〜コラージュへ、DJカルチャーの影響は隠しようもないが、方法的には実験主義とトライバルなテクノが、音色にはミニマリズム〜クラウトロックの影が色濃い。楽曲は幾多の断片からなり、数字を題名にした個々の曲は小品にとどまるが、寄り集まることで誰もみたこともない音の生態系を現出させている。

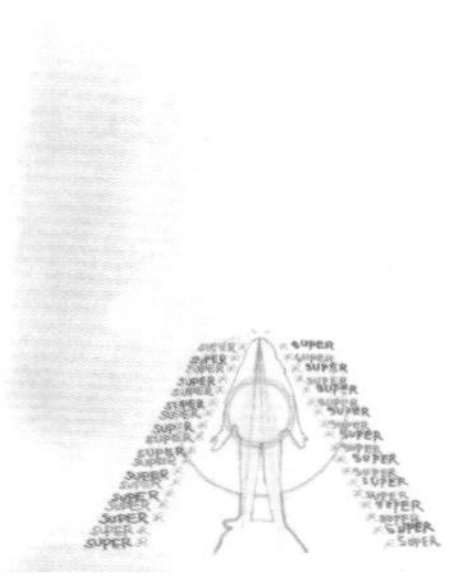

Boredoms

Super Ae

WEA Japan（1998）

音楽を録音物とみなし外部から全体を操作する――この観点はレコードとDJの関係を想起する点では90年代的だが、メタ次元を暗示するところはゼロ年代的でもある。テープ速度の変化、発声法の変化、〈Super Roots〉シリーズのトランス感覚の発展形である反復的な楽曲構成、加えてメンバー間の協働（共同）的な関係性は21世紀の彼らの起点でもある。

Hanatarash / Various

Live!! 88 Feb. 21 Antiknock-Tokyo / The Exotic Moog Of Space Age Bachelor Pad Music

Mom 'N' Dad Productions（1992）

88年のライヴ音源なので90年代ではないが、しかしモノを投げる音と挑発したり逃げまどったりする客の声がつづく23分は柳町光男によるフィールド録音のようで臨場感たっぷり。「最悪それ以下」の声につづく空いた時間はハナタラシと無関係の「Space Age Bachelor Pad Music」すなわちモンド音楽がまたたっぷり。宇川直宏のレーベル第一弾。

Destroy 2

We Are Voice & Rhythm Only

Japan Overseas（1996）CD Single

想い出波止場のドラマー長谷川忠とEYヨのデュオによる48曲入り8センチCD。切片化した長谷川のフレーズとEYヨのスクリーム＆シャウトの丁々発止は観念上の乱取りないしはハードコア言語で交わすフリートークのよう。その名の通り破壊的でやかましいが、つまるところ声と打楽器による合奏なのでアンプラグド番組に呼ばれたっておかしくない。

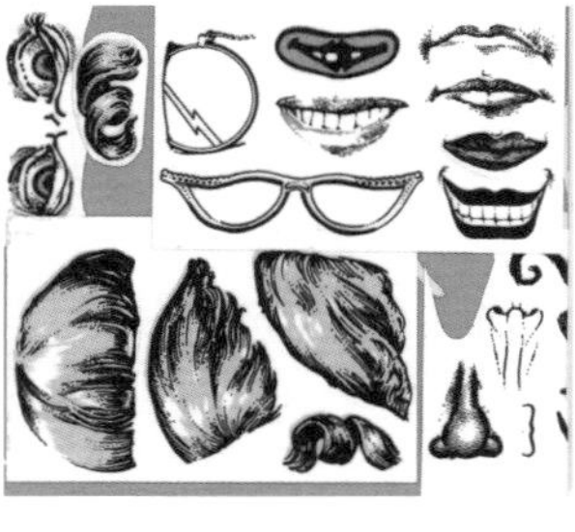

Puzzle Punks

Pipeline: 24 Smash Hits By 24 Puzzle Punk Bands

UCA (Uwajima Contemporary Art)（1996）

本邦を代表する美術家にして80年代にパンクとサウンドアートを撚り合わせた19/Jukeの一員でもあった大竹伸朗とEYヨのデュオ。大竹の拠点である宇和島にEYヨが赴き、幾多の事物を打ち鳴らし完成した24曲入りで、それぞれにハイセンスなバンド名がついているのはカセット時代からのマナーであろう。ブックレットも含めパッケージの完成度高し。

Puzzle Punks

Budub

Time Bomb（1996）

同年の2作目は『Pipeline』より腰の据わった印象で、即興の合間のくぐもったシャウトにスーサイドを想起する瞬間も。表題はおそらくダブの回文で、テーマは音の響きに違いないが、審美的なこだわりはほとんどない。ではなににこだわっているのかといわれてもわからないから聴きづけているのだが、そのたびに表題曲の囁きが耳について離れない。

Mystic Fugu Orchestra

Zohar

Tzadik（1995）

圧倒的な速度と多義性で90年代のポストモダン状況をリードしたJ・ゾーンと、ゾーンのバンド「ネイキッド・シティ」の準レギュラーだったEYヨのデュオはゾーンの出自である（古代）ユダヤ文化がテーマ。古色蒼然たる雰囲気をかもすレコードの針のスクラッチノイズが紗幕のように遮る向こう側で繰り広げられるリチュアル・サウンド。神道的な場面も。

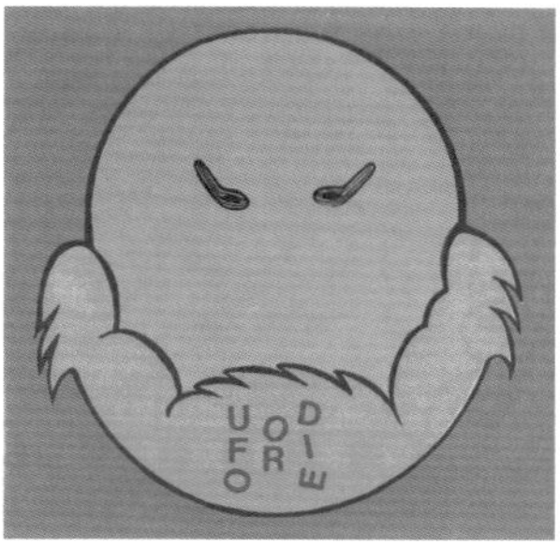

UFO or Die

Shock Shoppers

Skin Graft（1995）7inch

EYヨとヨシミ、レニングラード・ブルーズ・マシーンの林直人によるトリオの、ブロンからの89年作に次ぐ2作目の7インチ。レーベルはもともとマンガ本の版元で、所在地がシカゴなのもあってJ・オルークとも親交が深く、D・グレイのダズリン・キルメンなども出している。カットアップ・カートゥーン・ミュージックが両面2曲、ポップなのにハードでコア。

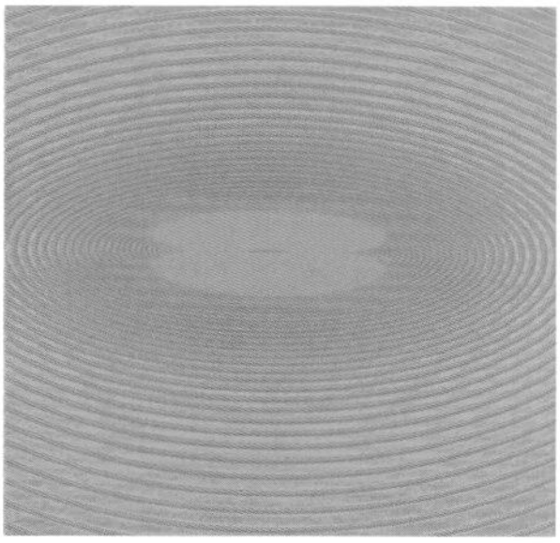

Hanatarash

5

Shock City（1996）

非ライヴ音源の現時点での最新作はトラットリアから。ノイズの「雑」の側面に親和的だったこれまでから心機一転、ここではシンセや発信機などをもちいた無限音階風のロングトーンが主体。同時期のボアに通じる持続性と、そこはかとなくダブなのも滋味だが、いかなる表現形態でも身体性がみなぎっているのがEYヨらしい。ゼロ年代への布石でもあった。

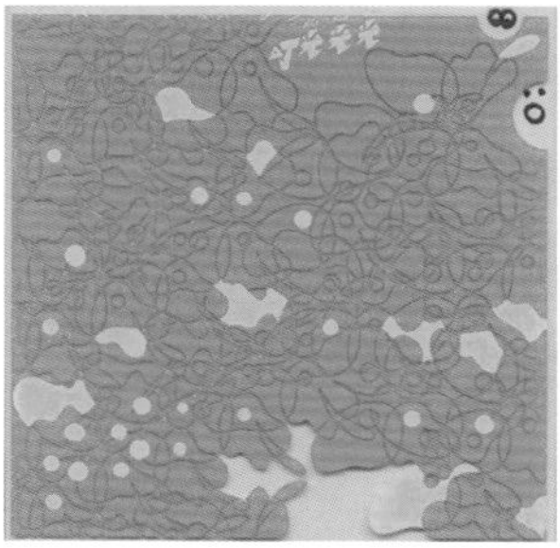

DJ光光光

Planetary Natural Love Gas Webbin' 199999

Comma（1999）

ゼロ年代以降本格化するEYヨのDJ活動のプロトタイプ。ただしこの段階ではフロア向けというよりDJというアートフォームを実験するというか、テクノ、トライバル、ハウスから前衛音楽までオールジャンルをノンストップミックスが貫いていく。シュールなコラージュセンスと巧まざるユーモアがもたらすポップさはパッケージがうまいこと表している。

Free Kitten
Nice Ass
Wiiija Records（1994）

ソニック・ユースのキムとプッシー・ガロアのジュリーが立ち上げたユニットにセカンドからボアダムスのヨシミがジョイント。ライオット・ガールのはるか昔からロック界隈の男性原理と向き合わざるをえなかった面々を糾合しながら中身はその実気の置けない仲間によるアイデアスケッチ集の趣き。むろん巷間のガールズバンドよりダーティかつノイジーだが。

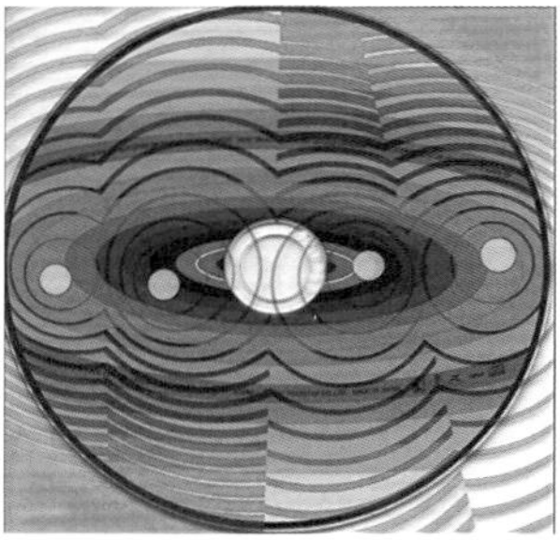

OOIOO
∞8∞
Trattoria, Shock City（1997）

現在も活動を継続するヨシミの基幹ユニット。本作の曲名にもなっている某誌の企画で誕生した当初は名前のみだったのにあれよあれよというまに音があふれてきた。内容はやりたいことを総ざらいしたような多彩さだが、直線と円からなるシンメトリックな名称が表す抽象性とデザイン性への志向もそこかしこに。EYヨとフリー・キトゥンのジュリーも客演。

OOIOO
Feather Float
Trattoria, Shock City（1999）

総花的だった前作に較べると構造も構想もスリム化。本家ボアとも共振するトランシーな方法論を土台に、カラフルな女声コーラスとエスニックな意匠を織り上げる構成的なスタイルは本作で花開いた。「ian咲くの唄」はじめ、彼女らのその後の活動の指針にもなるエコロジカルな志向性も芽吹き、全体にみなぎる陽性の響きは世紀末の日だまりのよう。

OOIOO / Noise Ramones
Sister 001 / 激情のノイズラモーンズ
Shock City, Trattoria（1997）12inch

ヨシミ関連ユニットのスプリット12インチ。A面はファースト収録曲のEYヨによるリミックスで原曲のちょこまかした音の動きを濃縮し夢幻的に提示、B面は90年代なかばに始動したEYヨとのデュオでもともとは『Pop Tatari』のピー音だけの曲のタイトルだったのが『Super Roots 2』のリミキサーとして人格化。ハナタラシみたいなものでしょうか。

花電車
Hanaden Bless All
Alchemy Records（1992）

ボアダムスではベースを担当したヒラがヴォーカルをとるグループの同レーベルからの2作目。有の横田と、のちのボアの屋台骨を支える楯川陽二郎の参加で飛躍的にグルーヴィになった。とはいえ徹頭徹尾ブルージーなハードロックであり、CD2枚組全12曲のどこを切ってもドロリとしたサウンドがあふれてくる。次作では欧文表記が似合うサウンドに変化。

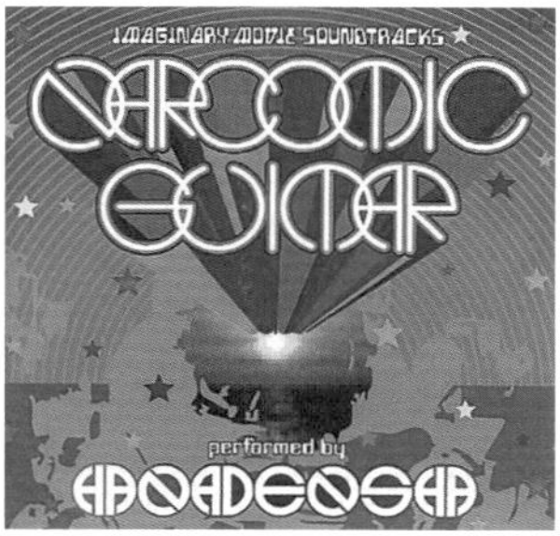

Hanadensha
Narcotic Guitar
WEA Japan（1996）

ライナーノーツに「Imaginary Movie Soundtrack」とあるからには架空の映画のサントラであり、山本精一の手になる同名の掌編小説とも寓話ともつかないテキストもブックレットは収めるが、相互の関係性もいまひとつつかめないなか、脳内が四方八方に爆ぜるようなサイケデリック・サウンドが時間感覚を歪めながら展開していく、まさに至福の一時間。

Hanadensha
Acoustic Mothership
Circle Sunshine Records（1997）EP

『Narcotic Guitar』から派生した3枚の連作EPのうち、もっともサイケ色がつよくフリーキーなのがこれ。漢字表記だったころのテープの回転速度を極端に落としアシッドを滴らせたらこんなんなるかも。わずか数秒を永遠にひきのばす過程で生じる音のツブ立ちを記録したとでもいえばいいだろうか。無名の境地に達した演奏ばかりか録音もすさまじい。

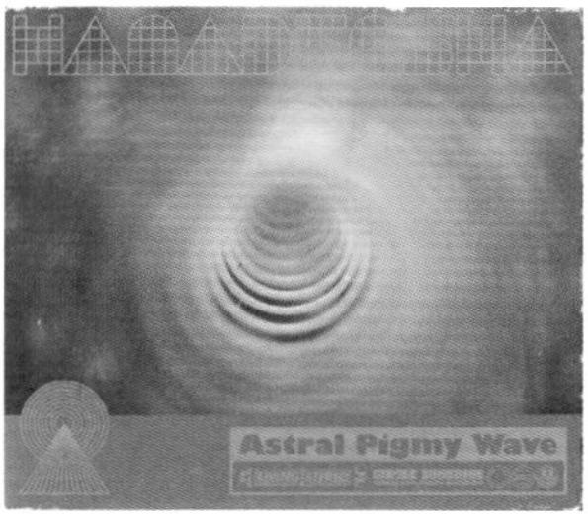

Hanadensha
Astral Pigmy Wave
Circle Sunshine Records（1997）EP

テキスト版「NARCOTIC GUTAIR」の舞台である「島」に呼応するようにバレアリックなムード満載だった「Doobie Shining Love」を承け、連作のしめくくりにして現時点での最終作でもあるこのEPは20分前後の長尺曲2曲で構成。アンビエントの素地にクラウトロックやエスニックを練り込んだ音響は弾力に富み、20年後たったいまも古びる気配がない。

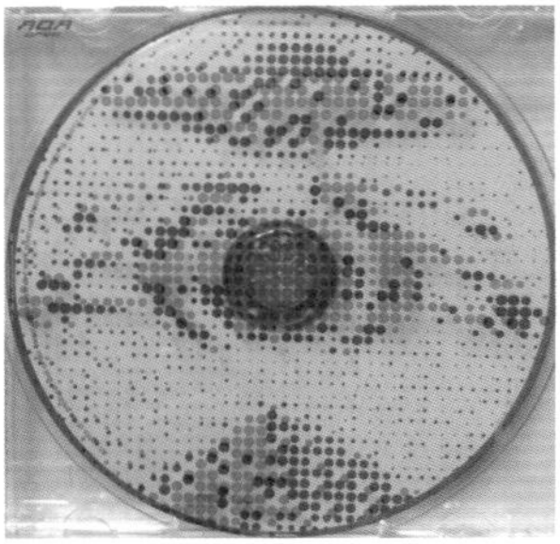

AOA
Open

Comma（1998）

のちに〈Warp〉所属のシーフィールに加入するEdaを中心とするサイケデリック・トランス・トライブの初マキシは1曲30分でヨシミも参加。ロック的な起承転結よりもDJさながら場をつくりあげるやり方で、四つ打ちを軸にトランシーな速度で場面手転換をくりひろげテンションを持続する。ブラボー小松の参加する次作以降はさらにアッパー。

Grind Orchestra
SoWap

Tag Rag（1995）

現在はヴァンピリアにも名を連ねる吉川豊人が主導するユニットのファーストは90年代なかばまでのボアダムスのフロントで放っていた独特なキャラクターを白日の下にさらしたというか、鷹揚でありながら広大で山あり谷ありの人柄を描きだすかのよう。サンバ、ニューオリンズ、音頭など各地のリズムを用いるが正統性になびくでもない。独立国家の風情。

Z-Rock Hawaii
Z-Rock Hawaii

Nipp Guitar（1996）

ディーン＆ジーン・ウィーンによるペンシルベニアのオルタナ・バンドとの共作。ボアダムスが『Chocolate Synthesizer』を、ウィーンが『Chocolate And Cheese』をともに発表した94年に制作開始。この時期の米国シーンを彷彿する点でウィーン色が強いが、ボアを触媒にしたことで、持ち前のねじれたポップさにさらに半回転加わっている。

Kiyoshi Izumi
Effect Rainbow

Rephlex（1997）EP

晩年の小杉武久が作品をリアライズするさい傍らにいることの多かった電子音楽の才人が、ボアに参加するのと相前後してエイフェックスの〈Rephlex〉からリリースしたEP。AFX風ドリンベースとは別の位相でブレイクビーツをいかに脱構築するかという志向性で資質はむしろ竹村延和にちかいと思っていたら、アルバムが〈Childisc〉から出た。

想い出波止場
大音楽
Alchemy（1990）

数ある山本精一関連ユニットでも多様性とダダ性で頭ひとつぬきんでるグループのファースト。このときは津山篤、長谷川忠とのトリオを基幹に、ジャンク、パンク、ジャズ、カントリー、インド、トラッドなど、およそ思いつく音楽を、思いついたままのおぼろな姿形で楽曲に組み上げるという荒業をやってのける。日本のオルタナ界の至宝の起点にして総目録。

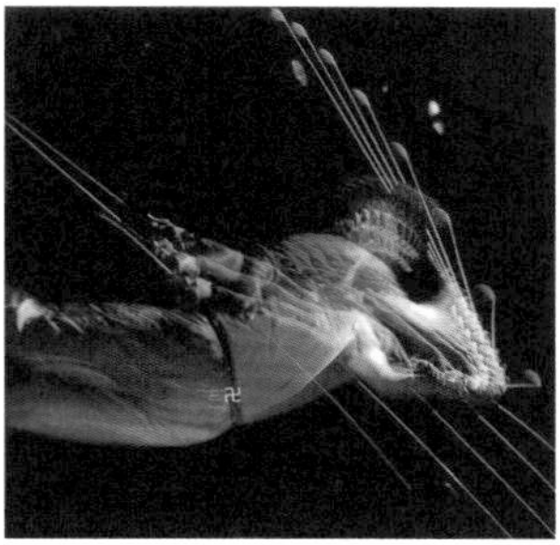

想い出波止場
水中Joe
Alchemy（1992）

ディス・ヒートのファーストとタメをはる作品は「22次元」をみわたしても本作をおいてほかにない。2作目にして彼らは深みとも高みともいえぬ場所にたどりついた。笑える曲なのに演奏しているものみな目がすわっていそうなところもメンバー間の能力の均衡を物語る。ケンスギサキが歌う「太ッ腹（玉砕ワルツ）」は前作の「Egg Head」の系譜だが意味は不明。

想い出波止場
Black Hawaii
Alchemy（1992）

表に出てくるのはサンプリング感覚。ヒップホップを擬したビートとサイケデリック・ギターがせめぎあい、中盤では牛や馬や山羊の嘶きも加わり牧歌的な音楽空間を醸し出していく。表題にはハワイの語がみえるがリゾート感覚にはほど遠く、天衣無縫な音の饗宴はダダイスティックな曲折を経て禅の境地へ。前作の影にあって見過ごされがちだが、たしかな傑作。

想い出波止場
Mantako
Public Bath（1994）

当時ごく少数市場に出回り姿を消したせいでモノ自体ナゾめいていた4作目。それまので過剰さにくらべるといくぶんすっきりしたか。前2作を受け、90年代後半の2作へ橋渡す、過渡的な位置づけともいえるが、主題が希薄なぶん、スキゾフレニックな本領が際立つ仕組みに。ギターの接触不良ノイズを使った「Pola」など、細部のアイデアと構成力が映える。

想い出波止場
金星
Meldac（1995）

十年期の後半のはじまりを告げる明けの明星。「Go」はじめ、山本が積極的にヴォーカルをとったことで構えはロックバンド然となり重心もより低くなった。「オルタナティヴ・ファンカフォリック」の曲名どおり、ときにホーンも入れた曲調はサイケでのちの歌ものに結実する要素も散見できる。90年代なかば、ロウファイに熱心だった〈メルダック〉から。

想い出波止場
Vuoy
Trattoria（1997）

本作を期に7年の潜伏期に入る90年代最後のアルバムはトラットリアから。テクノことにトランスに軸足を置き、レゲエなどDJカルチャー周辺にも目配せした楽曲のなかにクラウトロック風のインストを差し挟んだり、かわらぬ奔放ぶりだが、サウンドには軽く乾いた多孔質の風合いが。羅針盤を彷彿するシングル「Sugar Clip」は中原昌也監督でMVも制作。

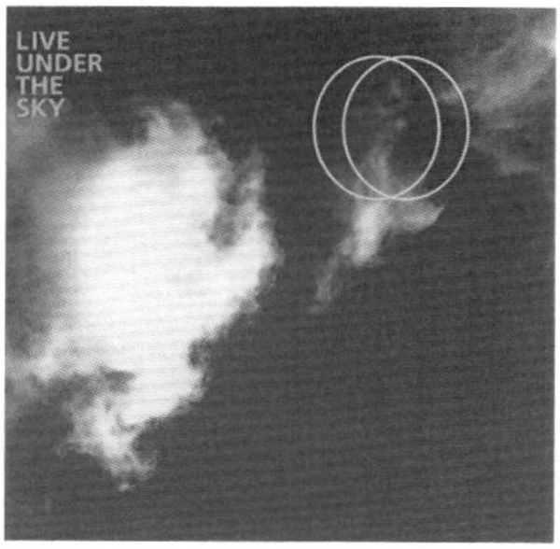

Live Under The Sky
Live Under The Sky
F.M.N. Sound Factory（1995）

同名のジャズ祭への出演を目し山本精一がサバート・ブレイズの岡野、藤原を招き結成したフュージョン・トリオ。ハードロックとジャズの緩衝地帯を縫う方法論はこの時期の山本の思考を、持続的な疾走感はのちのROVOを想起。エリントンの「Caravan」のハイパーな演奏を冒頭に置きジャズへの目配せも怠りないがジャズ祭のほうが92年に消滅。

ROVO
Imago
Dohb Discs（1999）

〈幻の世界〉からのカセット作がある太陽の塔を前身に、山本のほかに勝井、バズーカ・ジョーの原田仁、芳垣安洋と岡部洋一ら打楽器陣が集ったスペース・ユニット。人力トランスを標榜し、それが広く人口に膾炙したことでイマーゴも定着した。本作はその起点で、「Horse」「Kmara」など、初期を代表する曲を含み、実験性と演奏力を遺憾なく発揮する。

Alternative, Indie
Alternative, Indie
Alternative, Indie

渋谷系、ギター・ポップ、インディ&オルタナティヴ

選・文=松村正人（無記名）、与田太郎、野田努

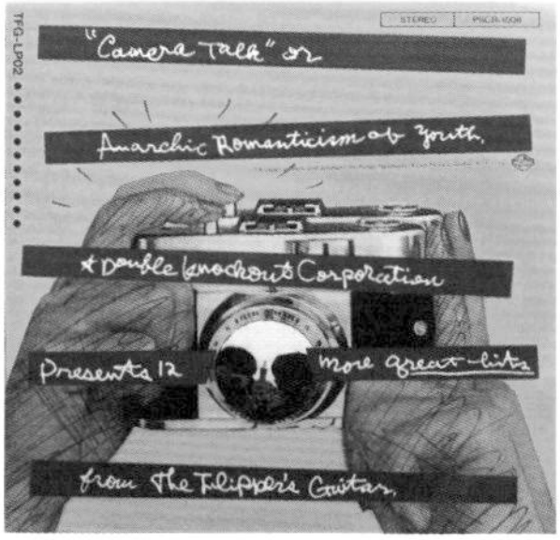

The Flipper's Guitar
Camera Talk

Polystar（1990）

90年代入りと同時に5人体制を解消し小山田圭吾と小沢健二の二人組になっての2作目。〈el〉人脈による英国録音を含み、趣味性に勝っていた前作より音楽性にも幅が出た。話題性はドラマ主題にもなったオープナーの「恋とマシンガン」かもだが、表題曲の音響感覚、パンクGS「ワイルド・サマー」、親殺しを歌った「Colour Field」などツブぞろい。

Flipper's Guitar
Camera! Camera! Camera!

Polystar（1990）

アルバムから表題曲がシングルカット。アルバムではアシッドだったがこっちはギターポップ・ヴァージョンで軽快にして爽やか。反対にアルバムではレイヴのりだった「Big Bad Bingo」は福富幸宏のミックスで長尺のハウス・ミックスに再生。ライヴ仕様の「Cool Spy」もふくめ、全曲実験的なのにことごとく高水準という、底知れなさをおぼえる重要作。

Flipper's Guitar
Doctor Head's World Tower
～ヘッド博士の世界塔

Polystar（1991）

ネオアコ的楽曲志向からサンプリング文化以後のサウンド志向へ。ビーチ・ボーイズ「God Only Knows」の引用はあまりに有名。ドラムも基本はループで、生楽器の入れ方もふくめ宅録風だが、自室がそのまま世界の涯でもあるような終末観がアルバムにサイケデリックな彩りを添えている。本作のツアー中ユニットは突如解散を宣言、存在を封印した。

小沢健二

犬は吠えるがキャラバンは進む

Eastworld（1993）

フリッパーズ解散後、２枚のシングルにつづくファーストソロ。本作こそ小沢健二の最高傑作――などというと反論もあろうが、シンプルなアレンジが文学性と通俗性がないまぜになった歌詞の魅力を最大限に引き出している。みずから手がける作曲も、簡素なようでいてとても独特。最初のシングル「天気読み」のコード進行など、何度聴いても覚えられない。

小沢健二

LIFE

Eastworld（1994）

こちらは90年代を象徴する一枚。いうまでもなく、バブルはとっくに崩壊していたのに気づかないでいたかったディケイドの前半をことさらに表している。その渦中にあって小沢は求められるキャラクターを引き受けキャラバンの先頭に立っていた。「愛し愛され」「ラブリー」「ブギー・バック」などが好例。しかし細部に警句めいたニュアンスもこもる。

小沢健二

球体の奏でる音楽

Eastworld（1996）

渋谷毅と川端民生、服部隆之、スカパラやヒックスヴィルのメンバーらを招いたジャズ・アルバム。ホーンを入れたアレンジが得意で相性もいい小沢だけあって、モーダル、ビッグバンドからラテン、ジャズでもマイナーなハープをもちいた曲まで野心的な構成をとっている。なかでも「大人になれば」は渋谷、川端、小沢両者の魅力を引き出した名演。

小沢健二

春にして君を想う

Eastworld（1998）

アルバムでは上が90年代最後だがシングルではこちらがそれにあたる。表題曲は戦前を想わせるジャズ歌謡で、渋谷毅が編曲し彼のオーケストラがエリントン風のバックをつける。カップリングに表題曲のインストと、全作品中もっとも暗示的な「ある光」をシークレット・トラックで再録。可能世界をほのめかすこの曲を機に小沢は伝説的な沈黙に入る。

Cornelius
The First Question Award
Trattoria（1994）

小沢に1年遅れでリリースした小山田圭吾のソロユニットのアルバム1作目はアシッド・ジャズなどの形式はもちろん、クラブという場に生起するDJカルチャーの果実を積極的にとりこみ問いとして投げ返す。とはいえM1、M3など、フリッパーズとは小山田だったのだと感慨を新たにする場面も多く、それもこれも巻き込み「ラブ・パレード」は進んでいく。

Cornelius
69/96
Trattoria（1995）

バンド・アレンジからデータ・エディットへ。制作方法の変化で音響構築の側面が前に。さらにUKの影響も後退しUSの、ことにベックらオルタナ勢に範をとった音づくりに軸足は移った。原体験としてのヘヴィメタルへの言及は児戯的なようでいて、90年代なかばにすっかり守旧派になっていたロックの批判的かつ変則的な乗り越えをはかるかにもみえる。

Cornelius
96/69
Trattoria（1996）

小山田の90年代の活動はレーベル〈Trattoria〉の運営と表裏であり、そこで得た編集的観点はおそらく創作にも多大な影響をおよぼした。上のリミックス作であるこちらでは人脈をフル活用。砂原良徳、暴力温泉芸者、岡村靖幸など、機知に富む仕上がりが大半で、小西康陽は小山田（父）を担ぎ出し、X Japanのhideはコーネリアスの作中人物のよう。

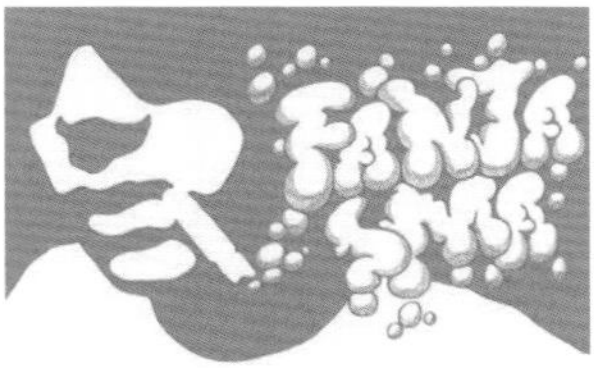

Cornelius
Fantasma
Trattoria（1997）

ドラムンベースとカートゥーン・ミュージック、ハードロックにボサノバにフォーク、バブルガム・ポップに電子音楽、およそ考えうる幾多のジャンルをシャッフルし、経験則と快感原則に忠実に再構築したドリーミーな作品世界はまさに90年代の極点だが、情報と音響を残して歴史が消失した時代の特異性をも浮き彫りにしていた。初回盤はイヤフォン入り。

Monsieur Kamayatsu
Gauloise

Mo' Music, Trattoria（1994）

レーベルを英国人脈にコネクトさせたトシ矢嶋主宰のサブレーベルから本邦芸能界の生き字引の75年の名曲の再演を中心にした決定版。原曲はタワー・オブ・パワーの伴奏だったが、94年版はアシッド・ジャズ仕様。BNヘヴィーズのメンバーらの参加によるスタイリッシュさで和モノのクールさを強烈にアピール、自身復活の足掛かりにもなった。

Salon Music
M*A*S*H

Trattoria（1995）

フリッパーズのプロデューサーだった吉田仁率いるユニットの〈Trattoria〉からのファースト・リリース。つねに海外の動向とリンクする活動をつけてきた才人が本作で軸に据えるのは90年代前半のUKサウンド、ことにマイブラらシューゲイザーだが、多彩なアングルからのアプローチが本家以上に陰影に富むドリーム・ポップに実を結んでいる。

Seagull Screaming Kiss Her Kiss Her
Fly

Trattoria（1996）

幕開けの「It's Good It's Real」にシーガルらしさが凝縮している。すなわち不敵でささくれいるにのポップで人なつこい、このスタンスは中原昌也が参加した瞬間芸みたいな2曲目以降もゆるがないどころか、ひきずるように加速し、ガレージとアシッドないまぜのややスカムっぽい境地に到達。それを突き抜けた先にあるのが2年後の『17』だろう。

Wack Wack Rhythm Band
Weekend Jack

Trattoria（1998）

初期コーネリアスではバックもつとめていたインストバンドのファースト。同時代だとスカパラほどコンセプチュアルでもなく、ザ・スリルほどぐいぐいくるわけでもない、ファンク、ソウル、ジャズを線引きしないおおらかな志向性とグルーヴはむしろゼロ年代のジャムバンドの先駆け。ショーグンのカヴァーなど、90年代の若者の郷愁をくすぐる仕掛けも。

Column

コンピレーションが彩る
レーベル・カラー

フリッパーズのベストからスタートしたので小山田圭吾のレーベルと考えがちな〈Trattoria〉の運営に当人がかかわりはじめたのはカタログ番号3番、すなわち"menu3"の『Bend It!』から。92年の発表となるこのコンピレーションは副題を「Fab Gear II」といい、90年の同名作の続編を謳うものの、テーマはフットボールで、幕間にインタヴュー音源などもおりこんだ構成は熱量のぶんカルトな傾きもある。むろんこれは褒め言葉で、CDの共同プロデューサーで〈Trattoria〉の名づけ親でもあるマイク・オールウェイはレーベル運営の面で小山田に少なくない影響を与えている。チェリー・レッドで82年の『Pillows & Prayers』などを手がけ〈el〉レーベルをたちあげたオールウェイとの出会いは上でも少しふれた『Fab Gear』(90年)に溯るが、オールウェイのどこに触発されたかとの問いに小山田は「あの時代のセンス」と答えている。たんにレコードを出すのではなく、A&Rとしての人選やレコードのアートワーク、選曲の観点とそれらの配列、個々の作品ばかりか、付随するあらゆる物事をデザインするあり方をさして小山田はセンスと呼び、〈Trattoria〉の運営にあたっても重要な指針となった。

コンピレーションはその恰好の実践の場となる。下記はその一例。『Jazz Jersey』はトシ矢嶋のサブレーベルで主宰者のUKコネクションを活かした展開を想定していた。その点もふまえ、左2作は初期には「ファミリー・クラブ」名目で再発も行っていた90年代初期の空気感を色濃く伝えている。レーベルは親であるポリスターが存在した2000年代初頭まで250ほどのメニューを開発することになるが、後半はボアダムスのEYヨが主宰するレーベル・コンピ『Shock City Shockers』など、オルタナ色をつよめていく。時間的にその中間点にあたり、100作目を記念する『Trattoria Menu.100』は初回盤ではCD3枚組とアナログの豪華仕様でTシャツもついて1万円だった(はずだ)が、この多面的な遊び心こそレーベルをデザインすることの到達点のひとつだったかもしれない。(松村)

Various
Bend It!(1992)

Various
Jazz Jersey(1992)

Various
Shock City Shockers
(1998)

Various
A Musical Souvenir Of
Trattoria Menu.100's
Magic Kingdom(1996)

カジヒデキ
Mini Skirt
Trattoria（1997）

いま聴くとリリース当時に感じたあざとさはない。90年代初頭から現在まで一貫したスタイルと彼の活動はいまとなっては説得力を持つ。このアルバムがリリースされた1997年はサウンドとしても多くの選択肢があったのだが、それまでの活動を再確認するような引用とオマージュはフリッパーズ世代の生み出したひとつの表現といっていいだろう。（与田）

Bridge
Spring Hill Fair
Trattoria（1993）

もしこのアルバムが1991年にリリースされていたらその後の意味合いは大きく変わっただろう。いまとなってはわかりにくいがフリッパーズを取り巻くコミュニティーの中で一番80年代のUKインディの精神性を体現していたのはブリッジだと思う。いい意味でのアマチュアリズムこそがこのグループの核だった、それゆえの風通しのよさがある。（与田）

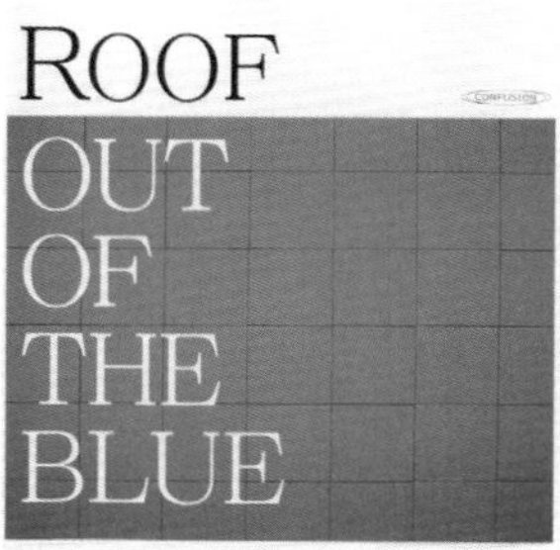

Roof
Out Of The Blue
Pony Canyon（1991）

80年代後半にペニー・アーケードやデボネアと共に先駆的な活動をしていたバチュラーズの佐々木光紀が中心となって90年に結成。カジヒデキをはじめほぼブリッジのメンバーをバックに迎え91年にリリースされた1st。同時代のシーンの中では唯一といっていいヴェルヴェッツ的USインディ志向のグループだった、2003年に佐々木は逝去。（与田）

Dots+Borders
Tokyo Tapes
Trattoria（1999）

ニール・アンド・イライザでの活動やコーネリアスをはじめ多くのミュージシャンのサポートをしている堀江博久とカジヒデキのユニット。60~70年代のサイケデリック・ロックをベースに後期スモール・フェイセスを彷彿とさせる67年以降のモッズ感、メンバー2人の趣味全開のアルバム、まもなく20世紀最後の年を迎える1999年リリース。（与田）

Venus Peter

Space Driver

Trattoria（1992）

日本でプライマルやローゼズの放つ熱気にいち早く反応したのはヴィーナス・ペーターとシークレット・ゴールドフィッシュだった。それ以前のギター・ポップやインディーにはないダンスというテーマにいち早く挑んだことはもっと評価されてもいいだろう。メジャー移籍第一弾だった本作のクオリティーは高く、いまもまったく色褪せていない。（与田）

Secret Goldfish

My Nine Secrets

Wonder Release Records（1991）

1990年京都を中心に活動をはじめた彼らはハッピー・マンデイズのようなダンサーをメンバーに擁し、パンクのようなステージはオーディエンスを巻き込みライヴハウスをパーティ会場に変えていた。その勢いのままに録音された1stアルバム、2003年の再発盤にはクラブ・ヒットとなったモンキーズのカヴァー「Mary Mary」も収録。（与田）

Debonaire

Eternity One

Wonder Release Records（1992）

ロリポップ・ソニック、ペニー・アーケードなどの先駆的なバンドと活動を共にした大阪のネオアコ・バンドのデビュー作。録音時期がバンドのメンバーチェンジと重なりアコースティック・アルバムとなったが80年代のUKオリジナル・ネオアコの雰囲気を封じ込めた名作。2003年にリマスターで再発、バンドも2017年に活動を再開している。（与田）

Electric Glass Balloon

Strikes Back

Midi（1994）

94年リリースのデビュー・アルバム、彼らやサニーデイが東京のギター・ポップ・シーンの第二世代といっていいだろう。80年代的インディー精神よりもポップな存在であろうとする感覚は当時のブリット・ポップとも共通している。この世代が90年代の後半にかけてライヴハウスの主役となっていく。シンガーは若き日のスギウラムこと杉浦英治。（与田）

Sugar Plant
After After Hours

Pony Canyon（1996）

彼らは日本で最初にパーティ・カルチャーに踏み込んだインディ・バンドだった、95年からレイヴに参加しその感覚をロックとの融合に成功させた。96年リリースの本作はフィラデルフィアで録音、翌年にはUS盤も発売。タイトル通りパーティ明けに聴く音楽をテーマに制作、エレクトロニカという言葉が生まれる前に作られた先駆的な作品。(与田)

Blue Bongos
VIVA 500

Wonder Release Records（1995）

井の頭レンジャーズ、CAT BOYSでおなじみの高木壮太が在籍したジャズ・ファンク・バンド、90年代中旬の東京で盛り上がったクラブ・ジャズ・シーンで活動。当時高木はソウル・ミッション、シュガー・プラント、グレイト・スリーなど90年代中旬から様々なバンドでオルガンを担当、現在の活動のルーツでありそのきっかけとなった1枚。(与田)

Badge714
Tearless

Wonder Release Records（1994）

Nukey Pikesとともに日本のパンク・シーンを更新させたBEYONDSは94年に惜しくも解散。ベーシストだった中村修一が新しく結成したBadge714はギター・ポップとハードコアを繋いだ稀有な存在だった。しかしたった4曲の音源を残し惜しまれながら解散してしまう、唯一残されたこのシングルは2016年に再発された。(与田)

Neil And Iraiza
I♡NY

Escalator Records（1996）

90年代の渋谷系を代表するセッション・プレイヤー松田CHABE岳二と堀江博久によるユニットのデビュー作、リリースはエスカレーター・レコーズ。90年代中旬のライブハウスではなく独自のシーンを作っていた東京のクラブの雰囲気を封じ込めたアルバム。その後堀江はコーネリアスで、松田はキュビズモ・グラフィコやラーナーズでも活動。(与田)

キリンジ
3

Warner Music Japan（2000）

90年代後半、日本の音楽シーンはかつてないほどの活況を見せポップスも様々な参照点を発見しながら進化した。本作に収録されブレイクのきっかけとなった「エイリアンズ」に切り取られた風景と言葉にならない虚無感は週末ごとのパーティ・ライフにヒートアップした頭にも鮮烈な印象を残した。当時を知る者にとっては90年代最後の年の記憶。（与田）

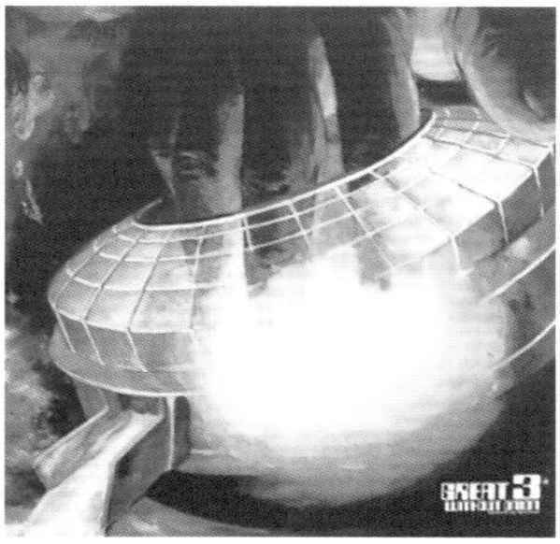

Great 3
Without Onion

Eastworld（1998）

多くの才能を輩出した新宿JAMを中心としたシーンからでてきた彼らの前身グループであるロッテン・ハッツは94年にヒックスヴィルとグレイト3に分裂。4作目となる本作はライヴで見せる素直なバンド・アレンジとは異なり凝ったサウンドを聴かせる。それも時代の刻印には違いなく、そこから当時の時代背景が聴き取れるのが興味深い。（与田）

Sugar Plant
Dry Fruits

Hot-Cha Records（2000）

今作までの3作でパーティ・カルチャーの大きな影響のもとに実験的なサウンドを展開したが、このアルバムは彼らにとってのサマー・オブ・ラヴを乗り越えアーティストとしてのアイデンティティを確立、過剰さが一切なく洗練されたサウンドが静かに響く傑作となった。その後バンドは長い沈黙に入るが2018年ついに待望の新作をリリースした。（与田）

Samantha's Favorite
Whatever Happen To Power Pop

Koga（1998）

ヴィーナス・ペーターのベーシストだった古閑裕が94年のバンド解散後にスタートしたKOGAレコーズは今も活動している。その大きな功績はギター・ポップとパンクを繋いだことだろう。特に90年代後半のポップ・パンク、パワー・ポップのリリースが2000年以降のパンクとインディ・シーンに与えた影響はいまも残る、本作はその代表作。（与田）

ザ・ファントム・ギフト

ザ・ファントム・ギフトの世界

Midi（1987）

発売は87年だが93年にCD化。その時点でバンドはすでに解散していたが、ネオGSの単語とともに伝説化。甘いメロディと若者らしい歌詞はまごうことなきGSだが、対象に向けるマニアックな研究心はのちの渋谷系の下地となった。デビュー曲「ジェニーは嘘つき」〜「狙いをさだめて」の一節が印象的な「ベラドンナの伝説」が個人的なピークタイム。

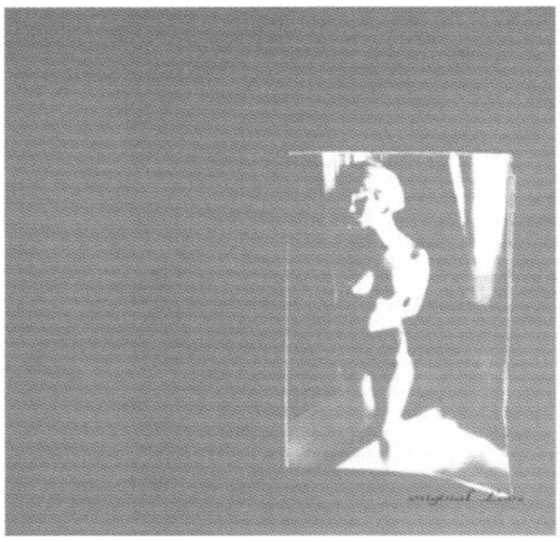

Original Love

Original Love

Jala Jala Records（1988）

90年代でないどころか昭和である。ネオGS一派のレッド・カーテンから改称するともとにピチカート・ファイヴのメンバーでもあったころの活動記録の意味合いもこめたファーストとして、演奏から録音までいたってラフだが、ゴツゴツした原石のなかにバンドを率いる田島貴男のソングライティング・センスの輝きがみえる。B面の屈折ぶりがおもしろい。

Original Love

結晶

Eastworld（1992）

抽出の多さをみせつけた『LOVE! LOVE! & LOVE!』の明くる年にグルーヴに軸足を移した通算3作目。時代の要請としてジャズやソウルの流用が目立つが、田島独自の書法と相俟って表層的な理解を超える奥行きを示している。先行シングル「月の裏で会いましょう」の作詞は木原龍太郎、井出靖が共同プロデュースのサウンドにはダウンテンポに通じる風合いも。

Original Love

風の歌を聴け

Eastworld（1994）

じゃっかんのメンバーチェンジを経てリズム志向のますます際立つ通算5作目。ニューオリンズやサンバも自家薬籠中のものとし、幕開けの「The Rover」から「朝日のあたる道」へ歩む田島貴男の足取りに迷いはない。インディ時代のニューウェイヴっぽさも今は昔の感あり。次作以降ソロプロジェクト色がつよまり、ワールド・ミュージックへ舵を切っていく。

Tokyo No.1 Soul Set

Pure Like An Angel

Triad Z（1993）

下北ZOOを起点に、もとは2人のレゲエのMCからはじまったヒップホップの変異体、ソウルセットの初期の大ヒット・ミニ・アルバムで、まだ荒削りながら彼らのユニークなスタイルはほぼできあがっている。世界中見渡してもこんな音楽は他にないわけで、この時代ならではのサンプリング主体のサウンドがいま聴くと新鮮だったりもする。（野田）

Tokyo No.1 Soul Set

Triple Barrel

Triad Z（1995）

前作の勢いのなかでリリースされたファースト・アルバム。「Pure Like An Angel」同様に、サンプリングのループを基調とした川辺ヒロシのトラックをバックに、BIKKEのロマン主義めいた語り、渡辺俊美のギターやベースがミックスされる。ストリート文化のファンタジーであり、東京のDJカルチャーによる叙情詩とも言える。（野田）

Tokyo No.1 Soul Set

Jr.

江戸屋（1996）

ヒップホップというよりこの国におけるもっとも巷間に流布したスポークンワードとでもいえばいいだろうか。トリオ体制がかたまった2作目で、川辺ヒロシのトラックは折衷度を高め、BIKKEの声と言葉がその上を横断し、渡辺俊美はダルマの目を入れるように華を添える、そのようなあり方自体を祝福するような名曲「ヤード」にすべてが凝縮する、傑作。

サニーデイ・サービス

東京

Midi（1996）

初期EPからファースト『若者たち』を経て本作へいたる流れはマンチェスターから渋谷を経由して風街へいたる旅路と並行するが、その道のりはさらにいくつかの曲がり角をすぎながら今日のシティポップ流行りまでつづいている。すなわち90年代的リヴァイヴァリズムの圏域にあり、ノスタルジーとも無縁ではないが、意外に骨っぽく多様性に富んでいる。

サニーデイ・サービス
24時
MIDI（1998）

バンド名を冠した前作がメンバー個々の試みが有機的に結びついた充実作だった反動で迷走していると評されることも多い本作だが、しかし12cm+8cmCD2枚組の80分におよぶつづらおりの道のりは曽我部恵一の音楽遍歴をたどるようで興味は尽きない。フォークにカントリーがあり、夏も冬もあり、「ぼくは死ぬのさ」なんてジャックスの世界もある。

サニーデイ・サービス
スロウライダー
MIDI（1999）12inch

6枚目のアルバム『MUGEN』の先行シングルで12インチは初。列車の比喩をもちいた歌詞はリスナーを旅立ちへ誘うようでいて、曲調は「スロウ」の文字どおり鈍行仕様。ブルース調のサウンドも味わい深いが、スギウラムこと杉浦英治のホーンを入れたB面のビッグビート風のキッチュなリミックスは快速運転の速度感。バンドは翌年解散（2008年に再結成）。

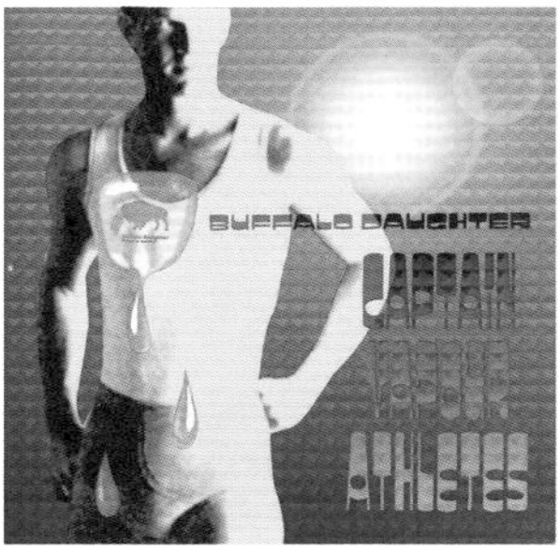

Buffalo Daughter
Captain Vapour Athletes
Grand Royal（1996）

ハバナ・エキゾチカを解散した吉永、大野にムーグ山本が合流し93年に結成したトリオの、雑誌「米国音楽」のレーベルからのファーストにつづく2作目はビースティ・ボーイズの〈Grand Royal〉から。ガレージの鳴りやシンセの電子音など、既存の文脈に属するサウンドをマテリアルとして異化し、ビートを組むかのように構築する方法論はすでに完成の域。

Buffalo Daughter
New Rock
Grand Royal（1998）

BDの重要な語法であるミニマリズムが前景化した2作目の海外リリース。ロックというからにはクラウトロックは重要な参照項だが、テクノなど同時代の傾向も積極的にとりいれている。この時期の彼らはレーベルの命でツアーに明け暮れたという。反復的なのは変わらない日々の影響とも嘯くが、けっして単調にならないのはハイブリッドな志向性ゆえか。

Cibo Matto

Cibo Matto

People's（1995）EP

伊語で「狂った食物」を意味する在米日本人女性デュオのデビューEPで、ブレイクビーツ風のリズムに乗せて日本語訛りの英語でビーフジャーキーや誕生日ケーキやパン屑のことを歌うなかになぜかサウンド・ガーデンのカヴァーも。演奏陣にはD・ボウンらジャズ界隈の名前もみえるが、サウンドはロウファイでブロークン。しかしシャープなことこの上ない。

Cibo Matto

Super Relax

Warner Bros.（1997）EP

上を聴いたワーナーが契約に乗り出し晴れてメジャー所属となったのち90年代にリリースした2作のアルバムの谷間にあたるEP。あのS・レノンとT・エリスを迎えバンド体制になったがバンド然としているわけでもない。カヴァーやリミックスなど、寄せ集め感満載なのにそれがまたチボ・マットらしいという。コールドカットのリミックスがファンキー。

Melt-Banana

Speak Squeak Creak

Nux Organization（1994）

当時シカゴと太いつながりのあったKK.NULLのレーベルから、当地の名代S・アルビニの録音でリリースしたファースト。断片化した高速フレーズ上でYASUKOのヴォーカルとAGATAのギターがオノマトペでの対話をくりひろげるおなじみのスタイルを硬質な録音が際立たせる。現在J・オルークのバンドではベースを弾く須藤俊明のドラムとRIKAのベースも鉄壁。

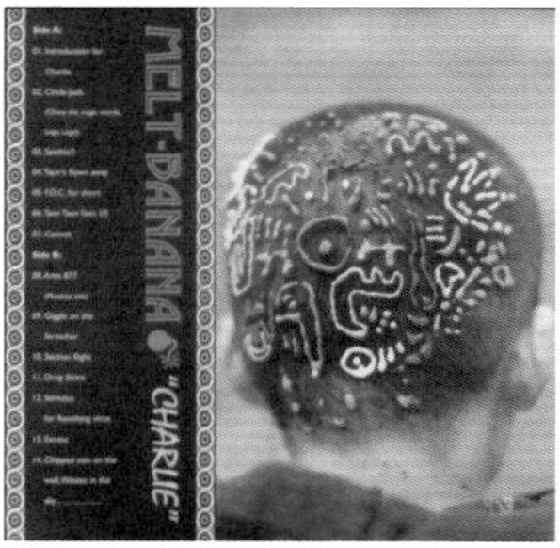

Melt Banana

Charlie

A-Zap Records（1998）

爾来主要な作品発表の場となる自主レーベル第一弾。ドラムは須藤からNATSUMEにスイッチしサウンドはいくらか丸みを帯びたが、中身はかえってひきしまった。初期に較べると曲が長くなったぶん展開に訴える曲が増え、YASUKOの声が前に出たことで総体的にポップな印象に。95年に全米ツアーをともにしたミスター・バングルのM・パットンも参加。

少年ナイフ
712
MCA（1992）

メジャーからの出世作『Let's Knife』直前の高まりを記録する4作目。へなへなのラップにはじまり、パンキッシュなロックンロールからビートルズ関係のカヴァーなど、なんでもありの世界にあふれる天衣無縫のオルタナ成分。本作に客演したレッド・クロスからのちに共演するニルヴァーナのカートまでをトリコにする彼女たちのヒミツにして原点。

The Nelories
Mellow Yellow Fellow Nelories
¡Por Supuesto! Records（1992）

日英混合オムニバス『The Birth Of The True』で、海外にもその名が浸透した奈良の女性デュオの同年のファースト。羽毛のように軽快な演奏で、等身大の気持ちを英詞で歌うが、カセットのオートリバースを模した「Trampoline」と「JPG」の曲間など、DIYな出自を感じさせる側面も。勢いそのまま翌年にはBBCのジョン・ピール・セッションに出演。

The 5.6.7.8's
Bomb The Twist
Sympathy For The Record Industry（1996）

キップのよさにかけては右に出るもののいない女性三人組の10"。ロックでロールしロカビリーでツイストしたならガレージでシャウトする片面3曲全6曲入りで、聴き手の期待を真正面から打ち返すのはいつもどおりだが、このレコードは楽曲と録音の面でも頭ひとつ抜けている。のちに映画『キル・ビル』で彼女らを一躍有名にする持ち歌「Woo Hoo」も収録。

Guitar Wolf
Missile Me
Matador（1995）

日本より先に海外で火がついたガレージ・パンク・トリオの本国メジャー・デビュー直前の4作目は米〈Matador〉から。音の波濤が砕けて飛沫が飛び散る前作『Run Wolf Run』もすごかったが、土管のなかを突っ走っていくようなこっちもハンパない。代表曲「環七フィーバー」をふくむ12曲入りで30分弱。故ビリーのベースのすごさを再確認した。

Nav Katze
Gentle & Elegance

XEO Invitation（1996）

ムーンライダーズとも交流があったナーヴ・カッツェは80年代型ニューウェイヴのセンスを武器としたバンドで、クラブとは無縁だったが、彼女たちのシュールなポップスは90年代においても支持された。テクノ・ポップと括られる内容の本作は最後のアルバムで、オウテカとシーフィール、サン・エレクトリックというテクノ界の大御所が参加。（野田）

Honzi
One

Polystar（1996）

フィッシュマンズやUAのサポートで忘れがたい存在感を放ったヴァイオリニストのソロは2作あり、こちらはファースト。ZAKプロデュースでレック、恩田晃、内橋和久らゆかりの面々が参加したサウンドは無国籍な翳りとダウンテンポの空気感がマッチした不思議な肌合い。『Two』はセルフProでよりインティメイトで辺境的。ともに類稀な名盤。

MariMari
耳と目そしてエコー

For Life Records（1997）

耳と目そしてエコー、つけくわえるなら声だろうか。後期オーディオ・スポーツとフィッシュマンズの合体「Indian Summer」、リズムキラーマシンガンへの布石「Everyday, Under the Blue Blue Sky」など、聴きどころは多いが、編曲に演奏に録音に八面六臂の活躍をみせる佐藤伸治の仕事が彼女のシンガーとしての力量を最大限にひきだしている。

Clammbon
Jp

WEA Japan（1999）

ミトの楽曲と原田郁子の歌を中心にしたギターレス・トリオのデビュー作。表面的な特徴からベン・フォールズ・ファイヴや矢野顕子に比較する向きもあろうが、核にあるのは三者による音楽的な丁々発止。牧歌的なイメージとはウラハラにフレーズはアグレッシヴだし音もドンシャリ気味でかなり稠密。次々作で亀田誠治と合流する萌芽はこのときすでに。

フィッシュマンズ

Chappie, Don't Cry

Virgin Japan（1991）

デビュー・シングル「ひこうき」を含むアルバム1作目は小玉和文プロデュース。小玉はこれが初の外部プロデュースで、ミュート・ビートの系譜上に位置するふんわりしたビートの上に佐藤伸治のモラトリアムな歌詞が雲のように広がっていく。5人体制の演奏には硬いところもあって後期のすごみにも遠いが、等身大の魅力がある。南半球（メルボルン）録音。

フィッシュマンズ

Neo Yankees' Holiday

Media Remoras（1993）

楽曲もツブぞろいなセカンド『King Master George』を経て3作目ではサウンド志向の萌芽が。バンドらしい一体感と交錯するようにトリップホップ風のリズムとアレンジが前景化し、音響も独自の風合いを帯びている。楽観と倦怠と孤独、ランニングからウォーキングへ——弧を描き曲がり角をまわるような変化は本作からの参加となるZAKの影響も大きい。

フィッシュマンズ

Melody

Media Remoras（1994）EP

94年の2枚のマキシは甲乙つけがたいが、多彩さでこちらに軍配を上げたい。4曲入りで、スライド上映のような場面転換が切迫感を生む「静かな朝」、薄氷を踏むような世界認識の「オアシスにようこそ」も尋常ではないが、表題曲の練った構成には舌を巻くし、上のアルバムでも掉尾を飾る「いかれたBaby」の実況録音版は歌の力というものがあるならまさにそれ。

フィッシュマンズ

Orange

Media Remoras（1994）

シュガー吉永が客演。「忘れちゃうひと」「Melody」におけるギターの異化効果的な方法論は90年代後半を先取りするかのよう。楽曲面では佐藤の書法にも円熟味が加わり「My Life」「感謝（驚）」など、曲調を問わず見事なメロディを書いてのけるが、淡々とした印象なのは次作を知る者のひが目か。本作を最後にHAKASEが脱退、4人体制最後となった。

フィッシュマンズ

Oh! Mountain

Media Remoras（1995）

ZAKが94年のツアー音源から観客の歓声などをカットしエフェクトを加えた半分ライヴ盤。ライヴ音源にはほかにも『8月の現状』や、佐藤伸治生前最後の記録である『98.12.28 男達の別れ』もあるが、臨場感さえ音の響きに置き換えて、ここではない別の場所を立ち上げようとするあり方こそ、音で彼らがやりかったことの顕れなんじゃないだろうか。

フィッシュマンズ

空中キャンプ

Polydor（1996）

90年代をこの前後に切断したばかりかオルタナティヴの領野を拡げた重要作。音響彫刻と化した「ナイト・クルージング」を筆頭に、遊戯とも実験ともつかない創造が止まないのは移籍し専用スタジオを構えたからか。音の変化に同期し佐藤の見つめる風景も変化した、いや変化した風景を剔出するまなざしを佐藤が備えていたことは歌詞にもあらわれている。

フィッシュマンズ

Long Season

Polydor（1996）

ダブやサイケやテクノやノイズまでも、音響という名の編み棒で織り上げた1曲35分の音絵巻あるいは史上もっともポップなミュジーク・コンクレート。水音と物音と打楽器が入り乱れる中間部には聴くたびにうっとりするが、本作の真価はそれらの音響空間をくぐりぬけるプロセスにある。ビットレートを落としたようなHONZIの音色と演奏が耳につく。

フィッシュマンズ

宇宙・日本・世田谷

Polydor（1997）

曲数や構成など『空中キャンプ』なぞるようでいて内実は真逆。1年前には残っていたドライさは影をひそめ「水槽の中の魚」さながらウェットな空気感と閉塞感につつまれる。スタジオ最終作にあたるが、循環コードでできた「Walking In The Rhythm」の終われなさはフィッシュマンズという運動体の先行きを、彼ら自身見通せなくなっていたのかもと思わせる。

Lounge, Mood, Mond and Avant Pop
Lounge, Mood, Mond and Avant Pop
Lounge, Mood, Mond and Avant Pop

ラウンジ、ムード、モンド・ミュージックとアヴァン・ポップ

選・文＝松村正人

Pizzicato Five
月面軟着陸 -Soft Landing On The Moon-

CBS / Sony（1990）

ソニー最終作にして90年代最初の一枚がリミックス作なのも時代性と共振したからか。田島貴男の脱退を受け、過去音源の新録、新解釈で構成するなかには初代ヴォーカル佐々木麻美子への取材音源やナポレオン山岸のギター・ソロ、大瀧詠一のカヴァーなどもあり、全体的に90年代初頭の上り調子と、サンプリングという手法に潜在する暴力性を感じさせる。

Pizzicato Five
女性上位時代 -This Year's Girl-

Seven Gods, Columbia（1991）

田島の後任に野宮真貴を迎え、解散まで籍を置くことになるコロンビアに移り心機一転、顔見せをかねて表題通りの打ち出し方で、野宮の即物的で多面的なキャラクターを強調する。サウンドは前作の延長線上で前作よりは整理されているといえばいいか、野宮の持ち歌を改変し代表曲のひとつになった「トゥイギー・トゥイギー」を頂点に端正な仕上がり。

Pizzicato Five
Sweet Pizzicato Five

Triad（1992）

ハウス、テクノ、ヒップホップ——DJカルチャーの影響あらわだが、多様性重視だったこれまでより曲の仕上がりに焦点を絞ったぶん、記号性は退いた。ベスト盤の定番の「万事快調」の逆説も痛快だが、「キャッチー」「ショック療法」など、野宮真貴の声質を際立たせたクラブ系の曲が鋭い。渋谷系、90年代といって後世が参照し連想するのは本作以降か。

Pizzicato Five
Bosa Nova 2001
Triad, Colunbia（1993）

化粧品のCM曲だったM2「Sweet Soul Revue」では80年代のCMソング戦争時代を止揚しながら90年代の意匠を纏ってみせ、ハイパーな「我が名はグルーヴィー」でも歌詞は阿久悠の方法論を想起させる等、歴史的な論点も多々だが、小山田圭吾Proの7作目はM2ヒットの余勢を駆っていったんポップにふりきってみせる。サウンドも徹頭徹尾ピチカート印。

Pizzicato Five
ウゴウゴルーガのピチカート・ファイヴ
Triad（1994）

表題は92～94年金曜朝7時に放送していた幼児番組だが、サブカル乗りのため明け方まで起きている大人もよく観ていた。彼らの代名詞ともいえる「東京は夜の7時」は好評を受け、夜7時にはじまった関連番組の主題歌。同年の『Overdose』は同曲の長尺版を収めるが、記憶にあるのはこっち、ラウンジ感も高い。ジャケはアン＆ポール・ランド風の絵本仕様。

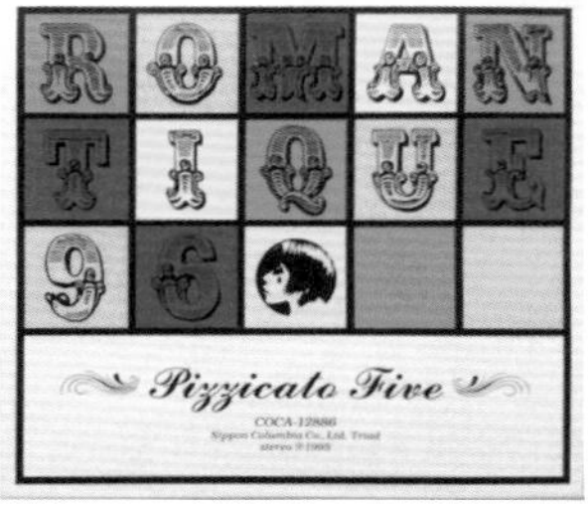

Pizzicato Five
Romantique 96
Triad（1995）

『Overdose』で高浪敬太郎が去り、マタドールから海外デビューし米国ツアーも敢行した激動の94～95年をしめくくる9作目はテーマを立てるより曲ごとに力を注ぐかのような多彩さ。曲調も幅広く「ジェット機のハウス」ではFPMを世に送り出し、テイ・トウワProのゲンズブールカヴァーもありつつ、畢竟の名曲「悲しい歌」がすべてを包み込み大団円へ。

Various
Punch The Monkey
Readymade Records（1998）

つまるところわが国のジャズとはハードバップであり、その淵源は『ルパン三世』である――との仮説を補強するかのごときコンピレーション。コロムビア内の新レーベルから、クラブ・カルチャーのポップサイドを網羅する面々による、対象への深い理解の上に立ったリミックスだが、エスカレーター・チームとFPMのパンキッシュなサンプリング感が印象的。

Various

誓い空しく

京浜兄弟社（1991）

岸野雄一、加藤賢崇ら東京タワーズにいたく感激した常磐響が82年に結成したファンクラブを、当人らが乗っ取ってできたレーベルのオムニバス。コンスタン・タワーズの脱構築宣言ともいえる「それはカナヅチで直せ」を筆頭に、記号と意味のめくるめく遊戯的なせめぎ合いのなかに、珠玉のテクノポップ、ラウンジ、ゲーム、チェンバー・ミュージックが。

東京パノラママンボボーイズ

マンボ天国

テイチク（1992）

扇の要の位置にDJ、オーガナイザーのコモエスタ八重樫を置き、両翼を公認サンタのパラダイス山元とソウルボッサ・トリオのゴンザレス鈴木のダブル打楽器がかためるパノラマユニット。ビッグバンドとジョイントしたフルアルバムでは泰西名曲から自己流マンボ化までかなり端正なラテン・ジャズが楽しめるが、クセになるのはやっぱり「パチンコ」。

Syzygys

43 D.P.O.

CAFE disc（1990）

Syzyzyと似ているが無関係。冷水ひとみ、西田ひとみのデュオで、シジジーズと読む。上のコンピに提供した「Eyes On Green」は意外にストレートだったが、アルバムは異教的。冷水の奏でる純正律オルガンの覚醒感か、のちにゲーム音楽の分野に進出する演出力か、きわめて特異な音楽性は〈Tzadik〉の『The Complete Studio Recordings』が集成。

World Standard

World Standard II

FOA Records（1995）

90年代を席巻した書籍『モンド・ミュージック』の旗振り役でもあった鈴木惣一朗の基幹ユニットが細野晴臣のノン・スタンダードからのファースト・リリースの10年後に発表した続編。ソフトフォーカスな蓮の花のジャケットは仏教的だが、シンプルなのに多彩なメロディとアレンジはいまなら和ものアンビエントにもポストクラシカルにも対応可能。

Pacific 231

Miyashiro

Daisyworld Discs（1998）

蓮実重臣と三宅剛正による2作目は日系米国人2世のミヤシロ兄弟の音楽を紹介する旨のコンセプト・アルバム。歴史と地理、国民性とその混淆という多くの変数を呼び込みながら、すべてを発想の自由さに置き換えていく曲づくりは痛快きわまりない。その後彼らは映画音楽でも印象的な仕事をのこし、本作の新装版も出したが、蓮実の急逝で活動を休止した。

Hi Speed

8bit-Fever

Hot-Cha Records（1999）

佐々木敦の〈Unknownmix〉のファースト『Erioka Con Animac Planetico』はハーピーのイトケンらも加わったレコメン系だったが、3年後の2作目はカラフルなチップチューンに。ダンスミュージックのニュアンスを端々に滲ませつつ、箱庭的景観に集約させるウェルメイドな音世界。シングル化したM3には嶺川貴子が参加、アルバムの物語性も高い。

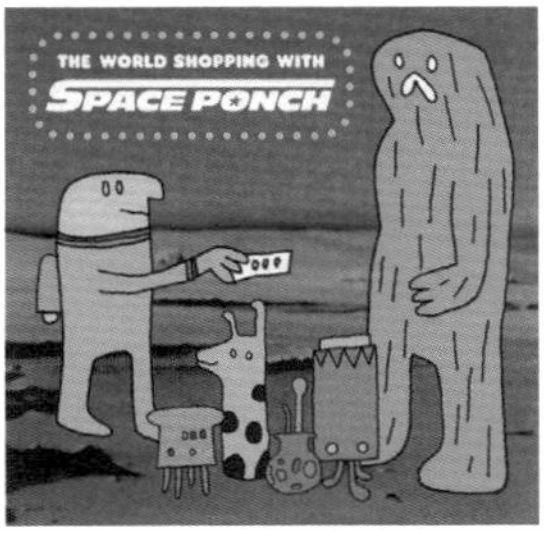

Space Ponch

The World Shopping With Space Ponch

Transonic（1999）

京浜兄弟社の根幹であり、勉強家と称してあまねく事象を、いまなお探究しつづける岸野雄一がミントリ、松前公高、常盤響らと組んだ、先のコンピに入っているコンスタンス・タワーズを前身とする集団が20世紀にまにあわせたファースト。レイモンド・スコット的な平明さと旧未来的世界感に、J・タチへのオマージュも。J・オルークがすばやく再発した。

Doopees

Doopee Time

For Life（1995）

いうなればキャロライン・ノヴァクの大冒険。架空のキャラを立てたヤン富田のプロデュース作で、甘美なラウンジ・オーケストラと大胆なカットアップ・コラージュ、エレクトロアコースティックとレトロフューチャーによるハイ&サブカルチャーの絶妙なブレンドは90年代らしいが、このような実験作がメジャーから出ていたのかと感慨をおぼえもする。

Yann Tomita
Music For Astro Age
Sony（1992）

かの有名な「4′33″」のカヴァーだけならまだしも、そのダブ・ヴァージョンを所収し、静寂の意味を逆説的に、しかも茶目っ気たっぷりに問うポップアートのマスターピース。ハウスやヒップホップを古典的電子音楽と等価とみなし、スティールパン奏者でもあるというハイブリッドな存在感は90年代の無意識下に深い影響を与えた。サン・ラーも紹介。

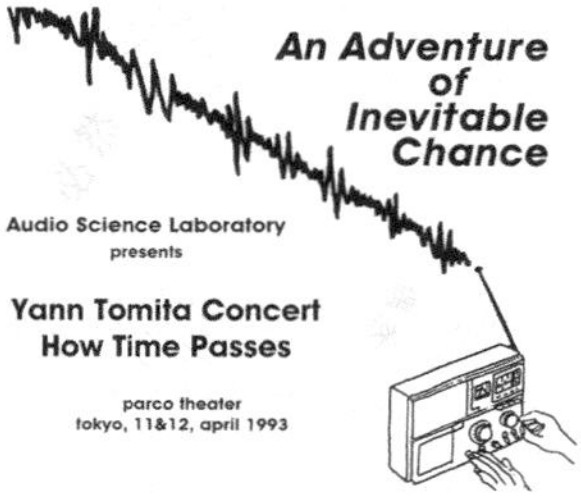

Yann Tomita
An Adventure Of Inevitable Chance
Audio Science Laboratory（1994）

ヤン富田にとってジョン・ケージとは、最もポップなアーティストの1人なのだろう。そして彼はその影響を咀嚼し、ポップに具現化することができる希有な存在だ。あるいは、それを科学と呼ぶことで広がる音楽の可能性を彼は知っていた。1993年4月のライヴ演奏には、彼の傑出した音世界が記録されている。誰もが微笑み、誰もがトリップする。（野田）

Astro Age Steel Orchestra
Happy Living
Sony Records（1994）

スティールパンをフィーチャーしたプロジェクトによるSFファンタジー。『Music For Astro Age』もそうだったが、このオプティミズムが90年代初頭のポップのモードと合致した。作者が意図しなかったことだろうが、クラブで踊っていた連中ほどこの音楽が好きだったのだ。ここでは明日を心配する必要もなく、未来はただ明るい。（野田）

Yann Tomita
Music For Living Sound
For Life Records（1998）

ヤン富田という作家および研究者によるひとつの集大成だろう。現代音楽からバイオ・ミュージックまで、誰よりも徹底的に調査してもなお残ってしまう謎のようなモノ、それがここある。まだ誰もが手を付けられないでいる領域にヤン富田は侵入し、2時間以上のいまだ謎めいた音楽を残したと言える。まだこの先も聴かれなければならない3枚組。（野田）

Takako Minekawa
Roomic Cube
Polystar（1997）

90年代サブカルチャーでアイコニックな役割を担い、現在は海外での評価も高いシンガー・ソングライターの初アルバムはバッファロー・ドーターとのタッグで、それまでのシングルでの渋谷系っぽい音響空間からレトロフューチャーな意匠がつまった世界観にお引っ越し。のびのびした実験精神が四方八方にゆきわたり90年代らしい横断的な一枚になった。

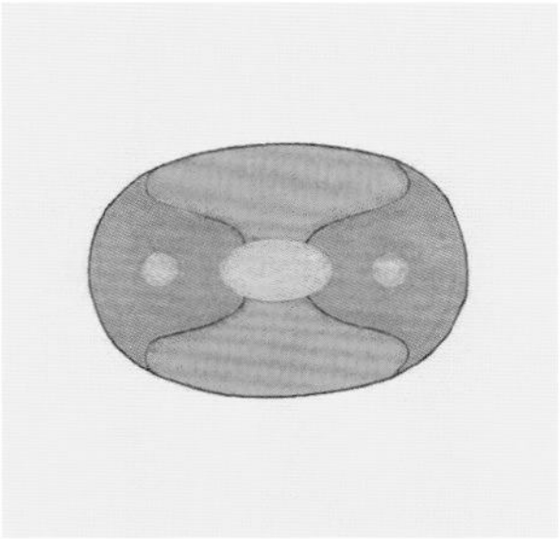

Takako Minekawa
Athletica
Polystar（1997）

５曲入りで真ん中の３曲目をバッファロー・ドーターが、前後半の２曲ずつをAhh! Folly JetとA.D.S.がそれぞれプロデュースするというスティーヴ・ライヒのたまうところのアーチ構造のミニアルバム。３曲目をピークタイムに、NHKの教育番組風の手法を使った１〜２曲目、モンド感あふれる4〜５曲目ともに実験性と遊び心が綱引きする嶺川貴子の最高傑作。

Takako Minekawa
Cloudy Cloud Calculator
Polystar（1997）

前２作と同じくB・ドーターの面々との共同作業だが、機材の扱いにこなれてきたのか、前２作より曲の輪郭ははっきりしている。クラフトワークやジョー・ミークら先達の記号をインディ・ポップ路線に引き入れていく手法はさらに洗練、英詞ベースなのに俳句っぽい歌詞からくるイメージとうまく合致しているのが国内にとどまらない評価の一因なのかも。

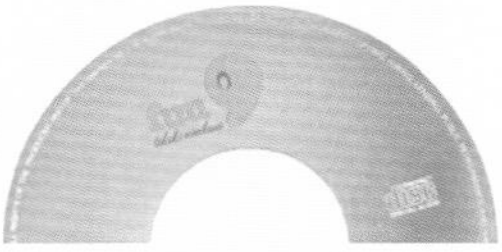

Takako Minekawa
Fun 9
Polystar（1999）

ダスト・ブラザーズの〈ニッケルバック〉のカタログ番号１番だった元スキアのDJ ME DJ YOUと小山田圭吾のプロデュース曲が斑になった90年代最終作は「Fun 9」すなわち「ファンク」の題名通りにリズミカル。コーネリアスのスピンオフみたいな小山田の分裂的なアプローチと、嶺川のドリーミーな曲調が三角波のような効果を生み出している。

Tipographica
Tipographica
God Mountain（1993）

今堀恒雄率いるアヴァン・ポップ・バンド。初のアルバムはコンピ『誓い空しく』のころより方法論の精度が格段に上昇。単に脱臼的なのではなく、それが時間や重力などの物理量と不可分だと詳らかにすることで身体性を強烈に喚起。ダンスミュージックとは無縁のモダンダンス音楽になった。スコアに忠実だという演奏では意外に奔放なソロも聴きどころ。

Pou Fou
Bird Chase
Epic/Sony（1992）

SMEのオーディションに受かってデビューした京都を拠点とする5人組。大手が彼らを選ぶほどには90年代は常識が通用した時代なのだろう。楽曲はバルトークの弦楽曲をバンド編成に置き換え、国民楽派色をロックと民俗音楽で補強した感じ。本作のほかに作品はないが、ギターの豊永は2001年に〈Para Disc〉からディス・ヒート風のソロを出している。

Spank Happy
My Name Is
東芝EMI / 1994

系譜上は第3期突入中の菊地成孔の所属ユニットの、これがアルバム第1作。コケティッシュなハラミドリの歌唱と河野伸の職人的な鍵盤に菊地のホーン、アレンジも相俟ってポップかつゴージャスだが、底のほうには神が死んだのち空位についた資本主義をめぐる精神分析的考察が流れている。バンド名はレコメン系の名バンドから、表題はアイラーから借用？

Spank Happy
Freak Smile
東芝EMI / 1995

ファーストはどちらかといえばラテンだったが2作目はバンドタイプ。大友良英、芳垣安洋らゼロ年代以降現場をともにする面々を、ポップフィールドに引き入れ巷間に提示する方法論はきわめて野心的。前作で走り泣いていた乙女は今作で花嫁になり空を飛んでいく。オルガンとサックスのブローがもたらすゴスペル的アセンションもこの布陣の裏テーマだった。

Avant Alternative
Avant Alternative
Avant Alternative

サイケデリック、ヘヴィ・ロック、ハードコア、ノイズ、エクスペリメンタル

選・文＝松村正人

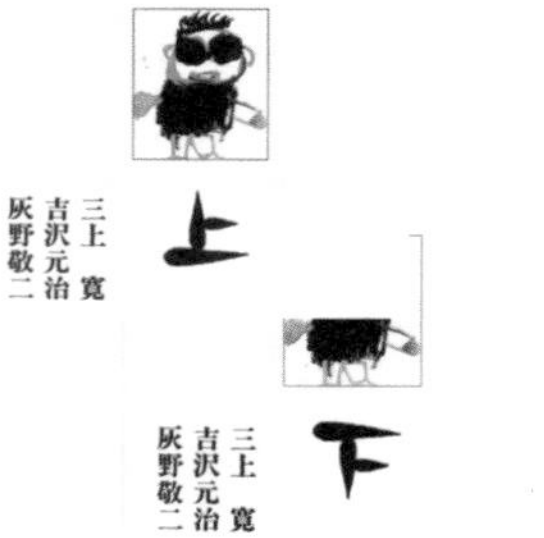

三上寛、吉沢元治、灰野敬二

平成元年ライブ

PSF（1990）

かけちがったままはじまった平成と90年代を象徴的に結わえ直す一枚。フォーク歌手とジャズ・ベーシストとロック・ギタリストのトリオで三上の持ち歌を即興的に歌い継いでいく。上下2枚あり、独立しているが併せて聴くと自分のなかの原風景を見晴るかす気分になる。三上と灰野は何度も共演しており、後年のVajraはこの布陣の後身といえる。

不失者

不失者

PSF（1991）

灰野敬二のレギュラー・バンドの2作目で、89年のアルバムと外見はそっくりだが中身は別。サウンドに耳を向けると、ハードロックを基調に、演奏の一回性に重きを置く姿勢に異同はないが、前作に消え残っていた形式との相克が本作にはあまり感じられない。ロックをつきつめるなかに生まれた無二の響き。それをサイケデリックと呼ぶのはあまりに正しい。

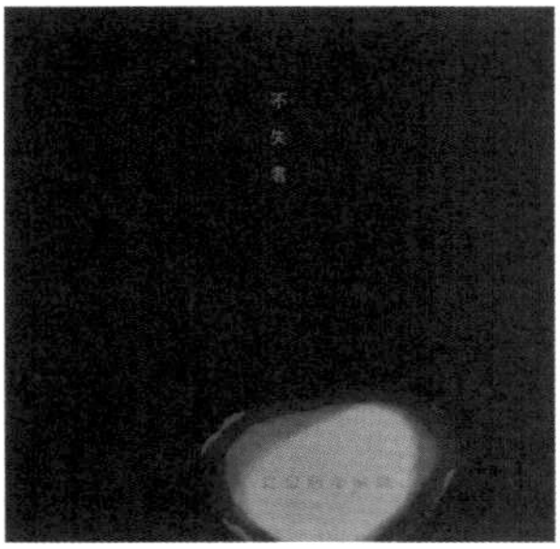

不失者

寓意的な誤解

Avant（1993）

初のスタジオ録音はJ・ゾーンのレーベルからブルックリンで昵懇のM・ビシが手がけている。そのサウンドは前2作に較べ整理が行き届き、当時オーバープロデュース気味だとの意見もあったが、バンド・アンサンブルの要諦をクリアに捉えた点でも価値が高い。「Magic」と名づけた全10曲入りで、ヴォーカルはひかえめ。深読みを誘う表題も秀逸。

滲有無

悲翼紀

PSF（1993）

90年代はギタリストとしての存在感が際立っていた灰野だが、そもそもヴォーカリストとしてキャリアをスタートしていたのだった。本作はLAの〈Black Edition〉からの2017年の再発の話題になった『わたしだけ？』（81年）につづく2枚目のソロのタイトルをとったユニットの唯一のアルバム。宗教歌を思わせる灰野の霊妙な声が天上から降りそそぐ。

灰野敬二

I Said, This Is The Son Of Nihilism

Table Of The Elements（1995）

ファウストにT・コンラッド、後年のキャプテン・ビーフハートの発掘音源も見事だった米国のレーベルからのギター・ソロ。灰野は前年にAMMのK・ロウからJ・オルークらが集う同レーベルの7インチ・シリーズに掌編風の音源を寄せており、満を持してのリリースとなる本作は1曲1時間で歌とギターの広大無辺さを展開。後半がじつにエモーショナル。

哀秘謡

哀秘謡

徳間ジャパン（1998）

「いとしのマックス」にはじまり「夜と朝のあいだに」で幕を引くカヴァー作。LSDマーチの川口雅巳と高橋幾郎とのトリオによるGS版不失者のような演奏と原曲を撓めた歌唱からなるソングブックはとめどない音楽愛をしめしつづける灰野の通過点にして原点回帰。これほど歌がくっきりしているのはマジカル・パワー・マコのアルバムのとき以来かもしれない。

Keiji Haino & Loren Mazzacane Connors

Vol. 2

Menlo Park Recordings（1997）

70年代から活動する米国の実験的ギター奏者との邂逅。90年代なかば灰野は海外勢との交流が活発化し、P・ブロッツマンやD・ベイリーなどの即興系はむろんのこと、L・コニッツやJ・フェイヒィなどとも場をともにし、CDにもなった録音もある。コナーズとの最初の出会いもそのころ。二度目の共演作となる本作では来たるべきブルースの姿を提唱している。

ゆらゆら帝国
Are You Ra?
Captain Trip（1996）

89年に4人組でスタートし、当時はマリア観音らとともにおどろおどろしい存在だったのが作品を重ねるごとに情念は薄らぎ、3作目のここから私たちのよく知る顔つきになる。「されたがっている」あたりには詩境の変化がうかがえ、後年もとりあげる「グレープフルーツちょうだい」ではスタジオワークに視点が移っているのがわかる、まさに前夜。

ゆらゆら帝国
3×3×3
Midi（1998）

かかしの柴田一郎の加入で、坂本慎太郎、亀川千代とのトリオが完成したメジャー・デビュー作。60年代なかばの米英ガレージ・サイケの感触を基調にキャッチーな楽曲を周到に構成。本作以降解散までつづく石原洋＋中村宗一郎の制作陣も大きな役割を担う。「3×3×3」はコードが途中Dに落ちるこっちのほうが私は好き。小山田圭吾が年間ベストにあげた。

ゆらゆら帝国
ミーのカー
Midi（1999）2LP

バラエティ重視だった前作からテーマを絞った観のある2作目。ミーやカーやズックやアーモンドみたいなロック的でない言葉使いが耳に残る一方で、随所にあらわれる無力感と厭世観にルサンチマンを覚えないのは表現として相対化しているから。20分を超える表題曲にすべては収斂するが、曲の途中で盤面をひっくり返す2枚組LPで聴くのがおすすめ。

ゆらゆら帝国
太陽の白い粉
Midi（1999）EP

ラリーズの撮影でも著名な中藤毅彦の逆光で目が眩むジャケットが印象的。サウンドはさらさらしたガレージやスーサイド風のビートレス・ロックンロール、タイトルトラックでは坂本ソロでも定番となる女声コーラスが登場。CDと10インチは曲順がちがうが前者のほうが説得的。ゼロ年代の彼らはさらに野心的な作風で国内シーンをリードする存在に。

White Heaven
Out

PSF（1991）

石原洋と実弟の謙に吉本尚弘、リードギターに盟友栗原道夫を加えた4人編成によるファースト。唸りをあげる栗原のアーミングで幕を開け、ハレーションを起こす眩さの対極ではハードな音響も炸裂しているのだが、総体的にはどんどん冴えていく。前作EPのタイトルを借りて恐縮だが、その印象はさながら「Electric Cool Acid」。一点の曇りもない。

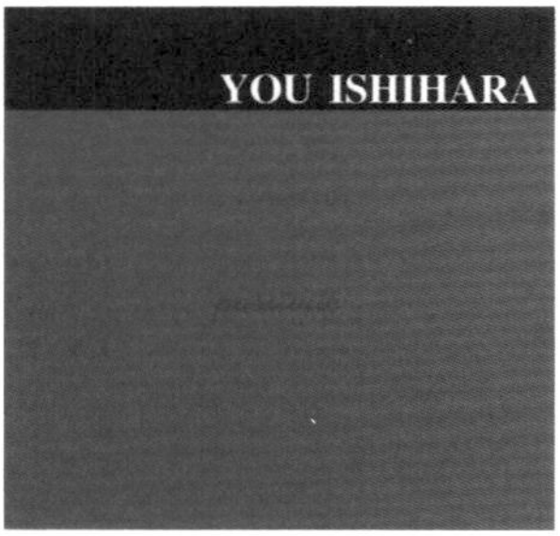

You Ishihara
Passivité

Creativeman Disc（1997）

2020年の2作目のソロ『formula』は音によるコンセプチュアル・アートである以上に、集中と拡散をくりかえす聴覚の生理に寄り添う快楽的な側面があった。まごうことなき傑作であるセカンドの前作がこちら。「受動性」の意の表題は石原の信条であり、亀川千代が参加した本作はザ・スターズのプロトタイプであるばかりか、23年後への予兆をもはらむ。

Ghost
Second Time Around

PSF（1992）

90年代のシーンではめずらしいアシッドでフォーキーなサウンドで登場したコレクティヴのセカンド。中心人物馬頭将器の折り紙つきの作曲能力はデビュー時点であきらかだったが、民俗楽器の響きを積極的にとりいれた本作では楽想が格段に広がっている。このエソテリックな魅力は欧米にもじわり広がり、M4、5はのちにデーモン＆ナオミがとりあげる。

Ghost
Lama Rabi Rabi

Drag City（1995）

〈Drag City〉からのファーストリリースで、北インド～中東～北アフリカ一帯がテーマだが、当地の音楽形式を輸入するよりも、空想を遊ばせるなかにたちあがる風景をうつしとろうとするかのよう。馬頭のメロディセンスとヒプノティックなサウンドは各地に中毒者を生み、バンドがザ・サイレンスへ発展したいまもレーベルとの関係は継続中。

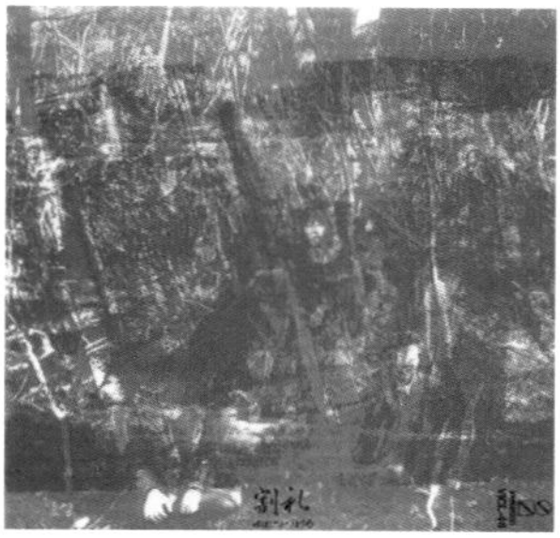

割礼

ゆれつづける

Invitation（1990）

宍戸幸司の割礼の89年の『ネイルフラン』につづくメジャー2作目。スロー・サイケの雄――などと記すといかにも一本調子っぽいが、ファンキーな「電話の悪魔」、アコースティックな「素敵な季節」、作中最速（？）の「ごめんね女の子」などじつは多彩。80年代の頽廃や少女趣味をひきずるかにみえて、覚醒を促す点も、本作が古びないゆえんだろう。

dip

i'll slip into the inner light

Eastworld（1994）

「空に揺れたい」のカッティング、映像的な歌詞もすばらしい「オモテ」、「トランスオレンジ急行」のドライヴ感、「冷たいくらいに乾いたら」のポップさ、ディップ・ザ・フラッグから改称後の初のメジャー作はヤマジカズヒデの冴えた才能を万遍なく浚った良作。音響の覚醒はこれからだが、志向の矢印がネオサイケのほうに向いているのも彼らの独自性。

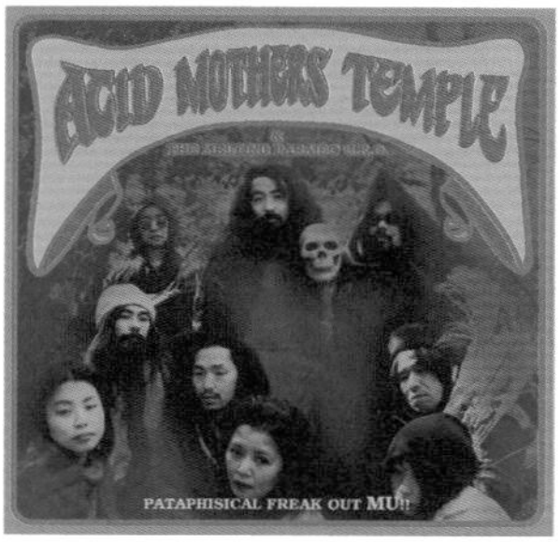

Acid Mothers Temple & The Melting Paraiso U.F.O.

Pataphisical Freak Out MU!!

PSF（1999）

河端一率いるサイケデリック・コレクティヴの初期作で、イニシエーションのごときスピード・チューンで火蓋を切るのは恒例だが、本作では女声ヴォーカルとともに幽玄境に遊ぶなど、音楽的にも厚みが加わった。海外からのエキゾチシズムを巧みに使用する点は70年代初頭の日本のロックを再現するようだが、しかしそのフィードバックは尋常ではない。

Various

Tokyo Flashback 2

PSF（1992）

明大前のレコード店モダーンミュージックのレーベルの連作オムニバスで、全8作あるなかではホワイト・ヘヴンの「Silver Current」にはじまり不失者によるジャックス「マリアンヌ」のカヴァーでしめる本作がベスト。ほかに松谷健のマーブル・シープ、金子寿徳の光束夜、工藤冬里のマヘルにゆらゆら帝国も。90年代に立ち現れつつあったシーンの記録。

Phew、山本精一

幸福のすみか

徳間ジャパン（1998）

ノボトノの95年の『Panorama Paradise』の「夢の半周」で芽生えた歌の可能性に焦点を絞ったかのような共作アルバム。冒頭の「鼻」は歌でゴーゴリの境地に達した唯一の例だろう。さらに「飛ぶひと」「まさおの夢」に「幸福のすみか」、背理法の歌詞と穏やかな調べによる抽象風景は90年代どころか、いまなお深甚な影響を与えつづけている。

羅針盤

らご

ギューン（1997）

オルタナティヴが服を着てギターを弾いているようだった90年代の山本精一が「歌」の境地に踏み込んだことで、当時の私には大きな驚きだった。むろんそれまでの作品や発言から、作者の内の広範な音楽性と歌心に勘づいてはいたが、しかしこの充実ぶりはどうだろうか。「永遠のうた」にはじまる永遠の名盤。須原敬三のベースがアンサンブルの要。

羅針盤

せいか

WEA JAPAN（1998）

翌年の2作目は前作の延長線上だが、音像がタイトになったぶん密室度が増した。サイケデリックは退潮気味だが、歌の輪郭はくっきりと、幕開けの「せいか」のイントロの鍵盤による上昇フレーズでもっていかれたら最後、フォーキーな「アコースティック」、シャープな「クールダウン」から歌ものアンビエント「カラーズ」まで、簡単には帰ってこられない。

Sakana

My Dear

幻の世界（1997）

デュオ体制がしばらくつづき、ポコペンの歌の比重が大きくなったところに、林山人の参加で結成当時のラインナップに戻ったサカナ。作曲は西脇一弘。西脇と林を中心にしたサウンドは淡々と音数も少ないが、音色の選択や編曲で豊かな詩情をひきだし、ポコペンの歌と並び立つ。レーベル主宰の勝井祐二がヴァイオリンで参加、ROVOの益子樹が録音を担当。

渚にて

On The Love Beach

Org Records（1995）

ハレルヤズ、イディオット・オクロックを経たレーベル主宰の柴山伸二がラヴ・ビーチを前身に漕ぎ出した歌の大海。ハレルヤズでも実証済みの作曲の才を詰め込み、歌い方こそぶっきらぼうだが自身の心情の背後を見透かそうとする歌詞を添えた歌が容赦のない深みに達していく。「お前を捨てる」「不実の星」「あなたを捨てる」「女」などツブぞろい。

渚にて

本当の世界

Org Records（1999）

ライヴ盤となるセカンド『太陽の世界』につづく三部作の最終作で、竹田雅子、高橋幾郎とのトリオ編成なのも前作を引き継いでいる。スタジオ録音だがファーストほどつくりこんでおらず、歌が自然発声する模様を捉えるかのような趣き。竹田の歌う無垢さや刹那、つねに告白の色を帯びる柴山の歌が言葉を交わすように音盤2枚分にわたっていく。

Paradise Garage

ROCK'N'ROLL 1500

Time Bomb（1995）

豊田道倫の別名義の第1作。当時はスカムなるジャンルがあり、CDのオビにもスカム～ローファイが出自のようなことが書いてあった。クズを意味し、広い意味で悪趣味を指すスカムの語を謳い、あたり一面に音をぶちまけるようなやり方はそうかもしれないが、ノイズやチープな打ち込みのあいだから立ち上る声と歌と言葉には抗いがたい魅力がある。

Paradise Garage

奇跡の夜遊び

Time Bomb（1996）

冒頭の「UFOキャッチャー」は作者の重要なレパートリーであるばかりか、日本語の歌のあり方をゆさぶった名曲。この曲を筆頭にアルバムは日々の暮らしを材料にした歌を11曲おさめるが、いずれも索漠さと孤独と欲望にまみれている。豊田道倫の押さえつけた声がそれらの感情とないまぜになった90年代という時代の空気を聴き手の耳に吹き込んでくる。

Paradise Garage

「実験の夜、発見の朝」

Eastwest Japan（1998）

福富幸宏を共同プロデューサーに立てたメジャー作はポップとはなにかを人体実験で証明しようとするかのごとき多彩な編成とアレンジだが、むしろ目につくのはさまざまな意匠の下でうごめく歌の輪郭線。次世代にも多大な影響を与えるシンガー・ソングライターの一里塚となる重要作。録音のとりまとめは内田直之、金剛地武志、菊地成孔らが参加。

ラブクライ

平凡

Bishamon /1999）

OZのサブレーベル〈E.H.E.〉からの2作で派手さはないが滋味あふれる歌の引力圏をつくりあげた三沢洋紀率いるバンドの3作目。元々はソロユニットではじまりメンバーの出入りも多かったが、本作では村上ゴンゾら布陣もかたまり、三沢らしい湿度のロマンチシズムを存分に発揮。5曲入りでうち2曲はインストで歌は3曲だけだが歌心が満ち満ちている。

倉地久美夫

太陽のお正月

きなこたけレコード（1995）

冒頭のギター・ストロークで私はいつも別世界に連れ去られ1時間と少し迷いつづける。天災的天才と呼ぶべき九州の画家にして詩人の初のフルレングス。朗々とした声と歌唱、語りをとりいれた重層的な構造、ギターの独創性、なによりそれらをひとまとめにした空間の虚構性で右に出るものは皆無。旧知の菊地成孔、外山明が参加したライヴ音源も含む。

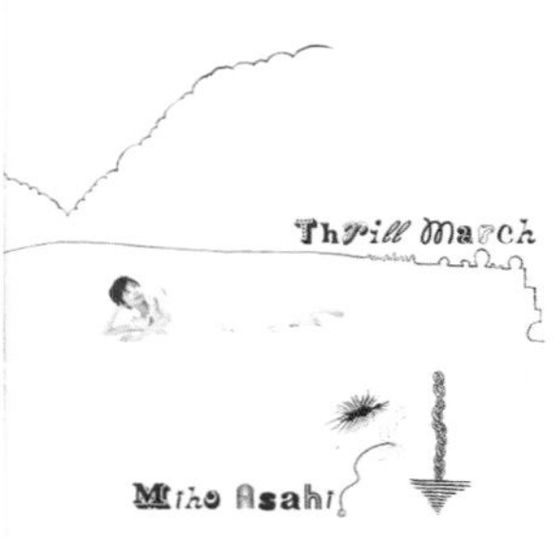

朝日美穂

Thrill March

SAR（1999）

リンダ・ルイスに通じるほどよくソウルフルな歌声と柔軟性に富んだ音楽性で、高橋健太郎が繰り出す先鋭的なサウンドをしなやかに歌いこなす才媛の2作目。鈴木正人、セルソ・フォンセカ、ルイ・フィリップ、ASA-CHANGらを要所に配して、シカゴ音響派的なアプローチを緻密に全編に施した本作は、時空を超えて今もマジカルに響く。（吉本）

Copass Grinders

Kr/A/sH!

Bellwood Records（1996）

オールマンとかブルー・オイスター・カルトとかレーナード・スキナードとか、3ギターともなるともっさりしがちなのだが、彼らはちがう。Zero、名越由貴夫、吉村英樹のギター3台に大地大介のドラムからなる編成で、仰々しい構想も手伝って、ストーナーともグランジとも、むろんハードコアともとれる轟音の妙味をたっぷり。批評的なスタンスが端々に。

DMBQ

I Know Your Sweet

Rice Tone（1998）

増子真二、松居徹、渡邊龍一、吉村由加のラインナップ。本作前後の彼らはキング・オブ・ライヴといいたくなるほどの瞬発力と爆発力をもっていた。ステージの定番「Turtledove」の重たいリフで引きずるように幕が開く本作はサバス風のおどろおどろしいブルース・ロックを基軸に、2ギターの編成を活かした音の厚み、プログレ風の大曲まで彩り豊か。

Zoobombs

Let It Bomb

Rice Tone（1998）

おそくとも90年代なかばにはベックやジョンスペらの活躍でルーツ・ミュージックはDJ感覚でアプローチ可能なアーカイヴになっていた。ドン・マツオがフロントに構えるズボンズはこの潮流への応答ともいえるが、ストーンズでもマディ・ウォーターズでも、洋楽の名目で不可避的に生じる差異を逆手にとった過剰さが時代精神をあらわしている。

Boris

Absolutego

Fangs Anal Satan（1996）

世界的な支持を集めるヘヴィロック・トリオの原点ともいえるファースト・シングル。1曲65分でスラッジ・メタル風のどんよりとしたリフレインがオーヴァーフローし、とぐろ巻く轟音の渦中から次の局面が出現する。長尺ながら中だるみしないのはギターのフィードバックがドローンとして働くからだが、そのことに着眼した抑制的な演奏にも留意すべき。

bloodthirsty butchers

kocorono

キング（1996）

2013年に急逝した吉村英樹を中心とするブッチャーズの代表作。ともにコーパス・グラインダーズとしても活動する名越由貴夫の助力を得て、「2月」から「12月」までひと月ごとの題名をもつ楽曲のなかで、季節とともに移ろいゆく心情を描き出す。コンセプチュアルだが頭でっかちではなく、万華鏡のような大音量はいまも後進に影響を与えつづける。

S.O.B.

Gate Of Doom

Toy's Factory（1993）

邦人としてはじめてBBCのジョン・ピール・セッションに出演した90年は暮れに2作目『What's The Truth?』を出した飛躍の年だった。SxOxBのグラインドコアはその時点で完成しており、93年の本作はそこにメタルの要素を加味し曲作りも幅も広がり、不思議なことに歌の表現力も格段に豊かに。それゆえに95年のトッツァンの死は残念だった。

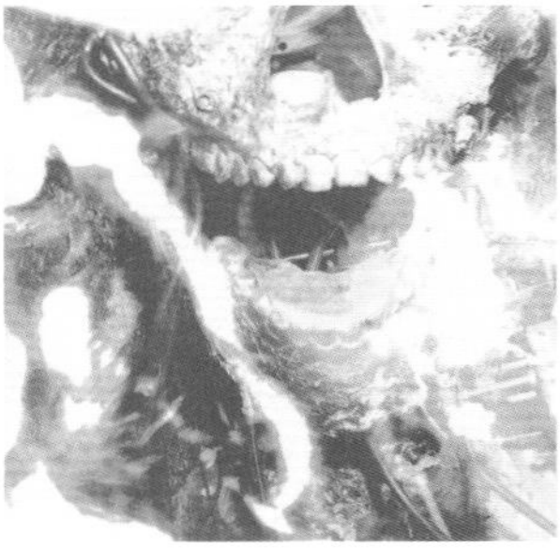

Zeni Geva

Nai-Ha

Nip Guitar（1993）

ソロやレーベル運営で陰に日向に90年代のシーンに多大な貢献を果たしたKK NULLのリーダーバンド。メタル～ハードコアの轟音の渦中に身体性を浮かび上がらせる傾向は初期から一貫するが、NULLの視点は形式よりもその潜在性に焦点を結んでいる。S・アルビニの録音がベース不在のアンサンブルをヘヴィに響かせる本作には彼らの音響志向がほのみえる。

Super Junky Monkey

Screw Up

Sony（1995）

ネオアコと同じ位置づけの和製英語に「ミクスチャー」なるものがある。欧米ではファンク・メタルなる言い方をするこのジャンルの本邦の代表格が彼女たち。99年に逝去したムツミの煽情的なヴォーカルをタイトな演奏で支えるスタイルは男性原理が支配的な時代の男だらけのシーンをリードした。ベースのかわいしのぶは大友良英のバンドなどでも活動中。

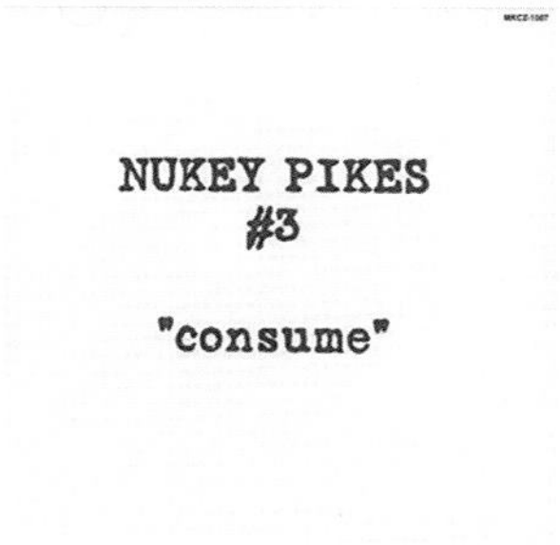

Nukey Pikes

Consume

Surge Drive（1995）

ハードコアは彼らの以前と以後にわかれる。89年の結成時はUKからの影響大だった国内シーンにUSの要素を移入するとともに、その素地となる他分野との融合も積極的に進め、自主レーベルからの初のアルバムでは、ジャンル無用のオルタナティヴ・ミュージックがひきしまった演奏で届けられる。日本語の歌詞もふくめ、つくづく独創的な存在だった。

Hi-Standard

Growing Up

Toys Factory（1995）

英詞によるシンガロンなメロディとスピーディでタイトな演奏、幕間のレインボーやママス＆パパスのカヴァーの茶目っ気――、NOFXのファット・マイクがプロデュースしたメジャー第一弾でかたまったこのスタイルは97年のセカンドで盤石となり同年にはイベント「Air Jam」開催、メロコアはお茶の間にも浸透した。竹を割ったような感じがいちばんの魅力。

あぶらだこ

あぶらだこ（釣盤）

キング（1996）

80年代なかばからインディ・シーンで特異な存在感を放ちつづける長谷川裕倫率いる脱臼ハードコア集団が90年代にのこした唯一の足跡。リフ主体の楽曲には墨汁を撒き散らすようなドライヴ感があり、和声を拒絶し、ひたすら水平軸上に展開しようとする楽曲はもし音楽にひと筆書きがあるならまさにそれ。とりわけ「蕎麦桜」。邦楽としてのハードコア。

eastern youth

旅路ニ季節ガ燃エ落チル

坂本商会（1998）

ビヨンズ、fOUL、ブッチャーズと、あとカウパーズも。本項に載るような作品を語るさい、90年代の北海道は最重要拠点のひとつだった。89年に札幌で活動を開始したeyは初期にはOiパンク風の無骨さが目立ったが、作品を重ねるごとに、日本語の情緒を湛える作風に移行。「青すぎる空」はその証左にして、バブル以後の喪失感に市井の声を突きつけた。

Merzbow

緊縛のための音楽　Music For Bondage Performance

Extreme（1991）

黎明期から淡々と膨大な作品を世に問いつづける秋田昌美に、およそノイズの領分で手をつけていない戦略は存在しない。事実この1年前の『Rainbow Electronics』は暴風雨のような電子音響だったし、自家製音具をもちいた作品には実験音楽の趣きもある。緊美研なる会に提供したサントラを再編した本作にはクセナキスのテープ音楽を彷彿する瞬間も。

Incapacitants

Feedback Of N.M.S.

Alchemy Records（1991）

89年に失脚し銃殺されたルーマニアの独裁者チャウシェスクの名を掲げたM1にはじまる美川俊治と小堺文雄によるノイズ・デュオの初期作は、ノイズをめぐる議論も一巡したかにみえた90年代において、ノイズのためのノイズの道をサイのツノのよう歩む決意のほどがうかがえるピュアノイズ3本勝負。T坂口のイラスト、アートワークもコンセプチュアル。

Violent Onsen Geisha

Violent Onsen Geisha

Bloody Butterfly（1997）

構成的なユーモアとアイロニー、攻撃的なのに微細なタッチを失わない音響感覚と豊かな色彩感――暴力温泉芸者こと中原昌也の音楽性は最初から完成していたと気づかせるリイシュー3枚組はカセット作品集成版。なかでも93年の『Tenderly』ははじめて購入した暴温作品だけに思い入れもひとしお。お店の方に、いいんだな、といいたげな一瞥をもらったが。

Violent Onsen Geisha

Que Sera, Sera (Things Go From Bad To Worse)

Rail Recordings（1995）

往々にして当事者こそ、その主体とみなされる現象に違和感をおぼえるのは渋谷系も例外ではない。暴力温泉芸者がデス渋谷系と呼ばれたのは流れ弾にあたったようなものだと思うが、大手東芝からの諸作を聴き直すと、現象の渦中から情報戦による反転攻勢を仕掛けるきらいもある。次作ではより行為芸術に傾き、90年代とともに暴力温泉芸者は幕を下ろした。

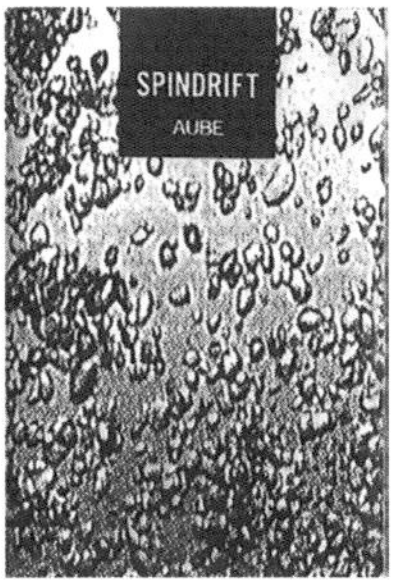

Aube
Spindrift
G.R.O.S.S.（1992）

蛍光灯のグロー球、金属線などの物音から心音など身体由来の音まで、特定の音源をさまざまな加工～変調でノイズ化する京都の故中嶋昭文のプロジェクト。自主レーベル〈G.R.O.S.S.〉の第1作はその後もとりあげる水音を素材にした音響構造物。もとは少部数のカセットだが、〈Shrin.jp〉の再発により、その美しいストイシズムに接しやすくなった。

C.C.C.C.
Cosmic Coincidence Control Center
Endorphine Factory（1992）

日野繭子と現アストロの長谷川洋を核にするグループの初CD。宇宙エンジンのふたりもエレクトロニクスとベースで参加し、ノイズ合奏とも集団即興ともつかない第三極の創出を目論むかのような演奏（行為）をくりひろげる。自主レーベル〈Endorphine Factory〉は暴温の傑作『Otis』もリリース、高円寺にクラブ・スカルなる面妖な店も出していた。

msbr
Collapseland
Heel Stone Records（1995）

故田野幸治と武智長子のアート・ユニットとして松山市で89年に活動を開始したmsbrが拠点を東京に移す前年に発生した阪神淡路大震災に触発されて制作したパワー・エレクトロニクス。瓦解、崩壊などの概念を用いながらノイズ音響による豪壮な建築物を築きあげる。田野は「電子雑音」を刊行し直営店を開くなど、ゼロ年代なかばまで多方面で活躍した。

Masonna
Vestal Spacy Ritual
Alchemy Records（1998）

切片化した時間中に膨大なエネルギーを押し込めた結果生まれたビッグバンみたい作風で、国内外を問わず90年代のシーンの話題をさらった山崎マゾのソロユニット。電子音響をとりいれはじめたころの作品で、基本は据え置きだが、新しい絵筆を空間に遊ばせるような闊達さが気持ちいい。新世紀にたちあげるクリスティーヌ23オンナへの布石とみることも。

Various

電話網の中の見えないミュージアム

NTT インターコミュニケーション（1992）非売品

NTTの電話100年の記念事業で浅田彰、伊藤俊治ら委員会が企画した展覧会の目録付録。磯崎新、丹生谷貴志、ギンズバーグ、デリダ、バロウズ、ダムタイプの故古橋悌二、ボルタンスキー、音楽家ではライヒやブーレーズ、ケージまで、目も眩む豪華さはバブル期の企業メセナゆえか。無記名ながら中上健次のバックのアイラー風のサックスは菊地成孔。

突然段ボール

好きだよ

WAX（1992）

登場から10年あまり、独習的創作法にますます磨きがかかる蔦木栄一＋俊二の兄弟デュオ。恋愛を思わせる表題だが、ヒューマニズムには目もくれず、抽象概念とポストパンク・サウンドを半田ごてを扱うように接続する。その底抜けの世界観は「夢が叶ったぜ　全部夢だった」（ぺったら・ぺたらこ・ぺったっこ）のセンテンスに凝縮。老荘思想である。

Bondage Fruit

Bondage Fruit

Isis（1994）

仏のマグマに範をとる点は吉田達也の高円寺百景に一脈通じるが、鬼怒無月と勝井祐二が中心のこちらはエスノ色つよめ。声までもひとしなみに、各人の超絶技巧を、縄をなうように編み上げるインタープレイは攻撃的な曲調から清澄な響きまで幅広い。次作以降は自主レーベル〈まぼろしの世界〉から。初期の名曲「Octopus-Command」の展開力に脱帽。

Optical 8

Bug

God Mountain（1994）

ホッピー神山の自主レーベルから自身のリーダー・ユニット。M・リボーなどとの海外編成版もあるが、こちらは国内組。大友良英とレック、デッド・エンドの湊雅史によるコンボ編成でロックと即興の融合を試みる、その手法は近藤等則のIMAを90年代仕様に更新し次代にリレーするかのよう。レックが歌う「God Speed」はフリクションを彷彿する名曲！

Ruins

Hyderomastgroningem

Tzadik（1995）

80年代から今日まで多面的な活動を継続する吉田達也の基本ユニット。ドラムとベースで複雑怪奇な曲を矢継ぎ早に繰り出すが、三代目ベーシスト増田隆一時代が演奏の多様性と拮抗度合いで突出の感あり。同年にはD・ベイリーとのタイトルも秀逸な『Derek & Ruins』も。前年の想い出波止場との合体作『ルインズ波止場』は聴く者を戦慄せしめた。

P.O.N.

P.O.N.

Creativeman Disc.（1995）

能管の一噌幸弘のグループをふりだしに、大友良英のグラウンド・ゼロの一員でもあったドラマーのリーダーユニット。鬼怒無月、広瀬淳二とのセッションが原型だというアンサンブルは作曲と即興の境界線を曖昧に、各楽器の単線的な旋律線が情報量のインフレーションを起こし、錯綜したのち耐えかねたように決壊するハイテンションな展開が持ち味。

Ahh! Folly Jet

She Was Beautiful / Lost My Passport

Hot-Cha（1997）7inch

A.D.S.の高井康生のオウン・プロジェクトの初の7インチ。渋谷系の残響ただようポップさと清涼感、甘やかな喪失感と無縁にはそれらをうけとめられない感受性が同居する90年代後半のアンセム。そもそもHot-Chaというレーベル自体そのようなものだったか。のちにミニアルバムなども出すが、Ahh! Folly Jetは新作もふくめ、ドーナツ盤がいつも素敵！

Surfers Of Romantica

On

ZK Records（1998）

前年のキングダム・スカムとのスプリット7インチにつづく宮原秀一率いる行為芸術（？）集団の初アルバム。枕詞は西のボアダムスに対する東のサーファーズだが、そのナゾめいた存在感は世界でも類をみない。本作は「Off」と題した1曲を除き、全曲が同じ断片でスタートする、いわば変奏曲集だが、ジャンクもダンスもノイズもサイレンスも全部ある。

Sokkyo & Onkkyo, Others
Sokkyo & Onkkyo, Others
Sokkyo & Onkkyo, Others

即興、音響、ビッグバンド・サウンド、フォーク・ミュージック、97年組

選・文＝松村正人（無記名）、吉本秀純

Ground Zero
Ground Zero
God Mountain（1993）

大友良英の90年代を包括するユニットの初作は前作『We Insist?』の方法論をジョン・ゾーンよろしくハードコアに折衷。戒厳令下の市街戦のごときぬきさしならぬテンションの演奏にはそのゾーンらも参戦。サンプリングした切片をウイルスに見立てた本作の構想は90年代末には融解するが、2020年代のいまひりつくリアリティを帯びて回帰しつつある。

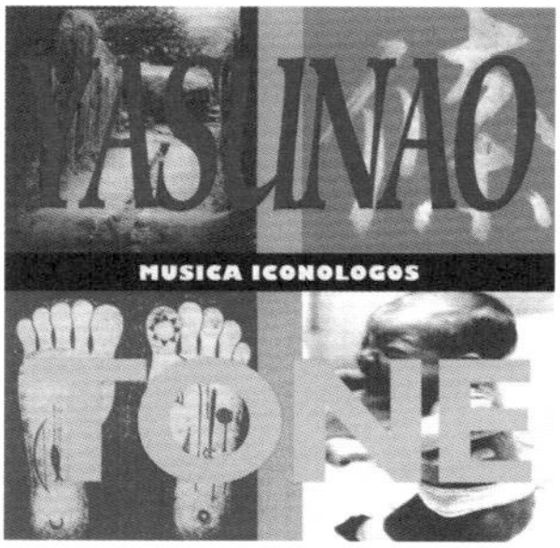

刀根康尚
Musica Iconologos
Lovely Music（1993）

「この作品は私がこれまで経験したことのない音楽的思考様式をよびさます」とR・アシュリーがライナーノーツに記す、元グループ音楽で渡米後はフルクサス運動にも加わった作曲家の待望のファースト。漢字や図像などのアイコンをコンピュータ処理し音に変換する手法で、のちにフローリアン・ヘッカーらを狂喜させるデジタルノイズが渦巻いている。

Ton・Klami
Ton・Klami
Ninety-One（1993）

ジャズピアノの泰斗佐藤允彦と、83年の『鏡の向こう側』が和ものニューエイジとして再評価中の高田みどり、循環呼吸法を駆使するサックス奏者姜泰煥からなる韓国語で「環」を意味するトリオ。あまりの技術の高さと構成の巧みさで、即興演奏なのに前衛音楽の作曲作品に聞こえてくるグループをお膳立てしたのは評論家の故副島輝人。慧眼である。

コンポステラ

1の知らせ　Sign Of 1

Puff Up（1990）

梅津和時の生向委の一員で、じゃがたらにも参加した故篠田昌已を中心に、中尾勘二、関島岳郎が集ったブラストリオの1の知らせは記号的で相対主義的な音楽のポストモダン状況下での彼らの「位置」を告げる一枚でもある。題材はクレツマーにチンドン、マーチにポルカ。それにしても「くつやのマルチン」の美しさよ。歌はないのに声にあふれている。

Altered States

Altered States

Zenbei（1992）

内橋和久、ナスノミツル、芳垣安洋――現在も各自多方面で活躍する演奏家の原点となるトリオの第1作。大阪にすごいバンドがいると耳に挟み、これを聴いたときの衝撃といったら。作曲と即興が斑になった作品の構造と、フュージョンとは無縁な高い演奏技術がひとつになった全14曲。最大の聴きどころは三者の意志の疎通ぶり。音楽が対話なのがよくわかる。

吉凶部隊

John Zorn's Cobra Tokyo Operation '94

Avant（1995）

「コブラ」とは90年代のひととき、高円寺にも住んでいた米国人サックス奏者J・ゾーンが即興演奏を組織するのに考案したゲームピース。記号を多用したルールには難解さもあるが、ことさらな即物性は即興に新たな地平を拓きもした。こちらでは巻上公一を案内人に仙波清彦らはにわ人脈と、能管の一噌幸弘、内橋和久のギターなどが吉凶を競い合う。

大友良英

山下毅雄を斬る～Plays The Music Of Takeo Yamashita

P-Vine（1999）

GZによるスタンダード集を承け本人名義で山下毅雄作品に挑んだ転換点。『プレイガール』や『ルパン三世』第一期を手がけた山下は大友が幼少期に親しんだテレビ番組で活躍した作編曲家。原風景と密接にかかわる記憶の音ないし音の記憶を、サンプリングと即興と歌、自身が血肉化したものとリンクさせる力線の先に、大友の全体像が浮かび上がる。

Ryoji Ikeda

+ / -

Touch（1996）

物心両面における現象としての音を微視的かつ論理的に探究する池田亮司の2作目にしてグリッジ・エレクトロニカの金字塔。最小の単位に還元した電子音の運動の態様や周波数帯による差異を提示することで、人の認識を問うようでありながら、問いそのものが音楽的という離れ業。ダムタイプほどのエロスはないとはいえ、無味乾燥だなんてとんでもない。

Kevin Drumm & Taku Sugimoto

Duo

Meme（1998）

ギターはただ爪弾くだけでなく、叩いたり擦ったりして響かせられる物体だと気づいたのはむろん彼らが最初ではない。しかしひとつひとつの響きを聴きとるには音量はひかえめで音数も少ないほうがいいという即興のあり方を広めるのに彼らがはたした役割は大きい。音の肌理を愛でる価値はすでに存在した。彼らはその背後にある沈黙をうかびあがらせる。

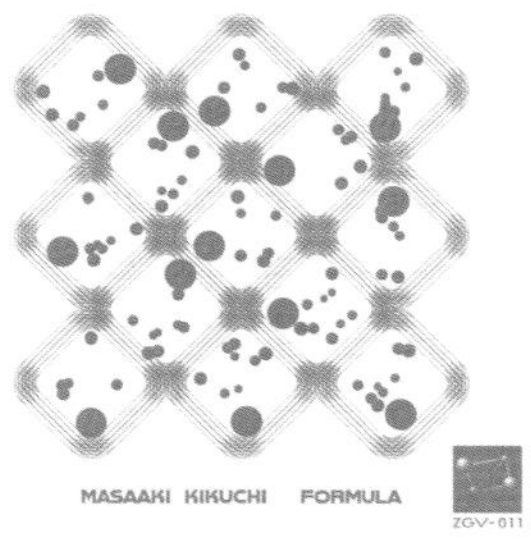

Masaaki Kikuchi

Formula

Zero Gravity（1997）

同時期に〈Soup〉〈360°〉からもテーマ別にアルバムを出した、菊地雅章の甥でもあるベーシストの電子音楽作品。P・アンリ風のミュジーク・コンレートをベースに50年代テープ音楽の方法論を試すなかにベイリー風の散発フレーズや、グリッチ風の接触不良音が混入する前衛〜実験音楽博覧会。菊地や大蔵雅彦らの90年代の仕事は再考すべき時期だろう。

Jigen

Stone Drum Avantgardism〜To Fun Of Avantgardism Spirits

360° Records（1998）

渋谷にレコード店〈パリペキン〉を開いていた虹釜太郎が〈不知火〉と並行させていた自主レーベルからJigen名義でリリースしたドラムンベース〜ジャズブレイクス。煙で燻したかのような鈍色のサウンドによる抽象化したリズムストラクチャはいま聴いてもかっこいい、というかようやくそのかっこよさに追いついたたというか。センスがいいとはこのこと。

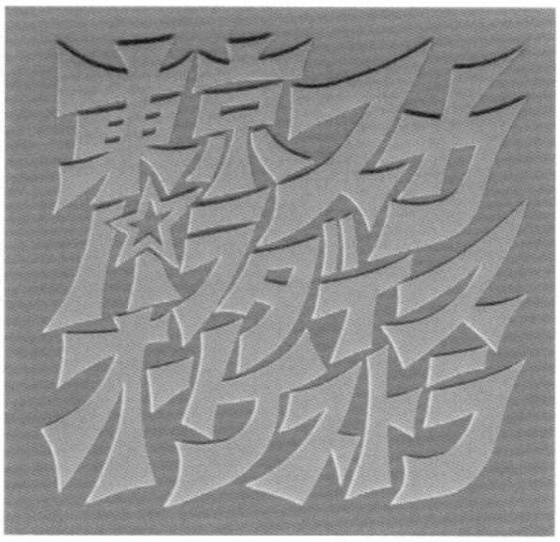

東京スカパラダイスオーケストラ
スカパラ登場
Epic（1990）

そのキャリアと変わらぬ姿勢でいまや国民的と呼ぶべきビッグバンドのこちらが第1作。看板に掛かっているのはスカに間違いなく、演奏もオーセンティックだが、力線はその道を究めるより裾野を拡げることに向かっているというか、オリジナル曲のキャッチーさ、選曲の巧みさ、ヴォーカル曲もおりまぜつつ、廻り舞台のような内容は観衆を飽きさせない。

渋さ知らズ
渋さ道
ナツメグ（1993）

フェダイーンの不破大輔が「発見の会」の劇伴のためにダンドリをとった演奏家たちの大所帯の初音源は『でたらめ』と同時発売で、むこうは「本多工務店のテーマ」が入っているが、こちらも代表的レパートリー「那達慕（ナーダム）」を収めている。ジミヘンやシック（ないしワイアット）のカヴァーの底に光る抒情と慕情はいまも彼らの魅力のひとつ。

モダンチョキチョキズ
ボンゲンガンバンガラビンゲンの伝説
Trefort（1993）

2020年の不意打ちめいた復活ライヴの報（コロナ禍でのちに休演）に、久方ぶりに引っ張り出したアルバム2作目。演奏が端正なのは演奏陣の顔ぶれから押して知るべしだが、ヌルピョンとかのドタバタな固定概念のわりに全体的にしっとりしていたのは再発見。洒脱でウィットに富んだユーモアをハイセンスな記号の選択に乗せた正統派のボーイズものか。

Live! Laugh!
風ヲキッテ進メ！
Off Note（1999）

芳垣安洋、船戸博史とのサイツでは卓抜たるソロイストの佇まいをみせ、上でもちあきなおみ「喝采」のカヴァーで朗々と吹いていたトロンボーン奏者大原裕が96年に結成したブラバン。数年後の急逝で唯一の作品となったが、雑多で豪快、でもメロディに実直な吹奏の醍醐味こそ生きる歓びと喝破する大原のソウルがかけるたびにスピーカーからほとばしる。

HIS

日本の人

Eastworld（1991）

大騒動になったRCの『Covers』でスタンダードの調理法は心得ていた清志郎が、ゲストのひとりだった坂本冬美と企画したユニットに細野晴臣がジョイントしたHISの最初で最後のアルバム。こぶしを効かせたフォーキーなサウンドに民俗音楽のエッセンスを足し、二重三重になったエキゾチシズムを透かしてみえる「日本の人」像とはなにか、問いかけるよう。

Eurasian Echoes

弦・打

Nices（1993）

2019年に世を去ったコントラバスの齋藤徹、ピアノの板橋文夫と箏の沢井和恵の邦人トリオと、韓国シャーマン音楽の至宝金石出を中心とした布陣が響き合う一作。伸縮自在な韓国勢を巌のような齋藤のベースがつなぎとめ、沢井と板橋の五月雨のような音がふりかかる。伝統歌と自作曲で温度差もあるが、胡笛のメタリックな咆哮が場を空気をかっさらう。

ネーネーズ

ユンタ

Ki/oon（1992）

知名定男プロデュースで結成され、沖縄民謡の魅力をより幅広い層にまで伝える鉄壁のハーモニーを誇った女性4人組グループによるメジャー進出作。古謝美佐子が在籍した初代ネーネーズは別格の響きを放っており、本作も名曲「国頭サバクイ」からブラジルのパンデイロを伴奏にウチナーグチで歌われる異色の「バナナボート」まで水準高し。（吉本）

大工哲弘

ウチナージンタ

Off Note（1994）

前作『ゆんたとぅじらば』とは姉妹関係にあり、ジャンルを超えて大工の存在を知らしめた90年代の代表作。梅津、大熊、関島、中尾らブラス陣にたまの石川浩司らの助演も得て、ヤマトとアメリカの世、近代、戦時、統治下の歴史を唄で紡ぐ。本分である八重山民謡ではないが、大工の質朴な声の力を伝えてあまりある。「沖縄を返せ」はアンセムになった。

朴保&切狂言

Who Can Save The World?

Off Note（1995）

東京ビビンパクラブにも参加する在日コリアン二世シンガーのリーダーバンド。高速増殖炉もんじゅの事故とその隠蔽をレゲエのリズムで糾弾する「Monju」、従軍慰安婦を歌い「戦争はまだ終わっていない」と声をあげる「傷痍軍人の歌」、哀切なバラードと骨太なロックのバランスも見事だが、歌が告発する問題が一歩も進んでいないのをあなたはどう思う？

Soul Flower Union

Electro Asyl-Bop

Ki/oon（1996）

阪神淡路大震災の被災地におけるチンドン楽団での活動を経て、ロック・バンドらしい尖りと姿勢を保ったまま世界各国の民謡やリズムを血肉化して最高強度を誇るミクスチャー音楽へ到達した傑作。名曲「満月の夕」にビクトル・ハラの雄大な日本語カヴァー、祝祭感に溢れた「エエジャナイカ」など。マルチカルチュラルな日本語ロックの極み。（吉本）

上々颱風

愛があるから大丈夫

Sony Music Direct（1993）

バンジョーに三味線の弦を張った三弦奏者の紅龍を中心に、たおやかなツイン女性ボーカルを擁して東アジア圏発ワールド・ミュージックの可能性を拡げた名グループ。上海歌謡からレゲエ、アフリカ音楽、ガンボ＋東北の祭囃子まで。本作と次作では古澤良治郎がプロデュースを務め、持ち味を損なうことなくより洗練された境地へ達している。（吉本）

Double Famous

Esperanto

Bridge（1998）

再生ボタンを押すとロマ音楽がもりあがってきたころに舞い戻る。クリーチャーズの青柳拓次、栗原務にPONの畠山美由紀らを含む東京発の無国籍楽団の顔見せとなるこちらではアフロ・キューバンやクンビアなど、カリブ～中南米からアフリカまで、音楽による世界旅行を楽しめるが、土台には90年代的なDJ感覚があるのはM11の“時を戻そう”感に明らか。

Supercar

Jump Up

Dohb Discs（1999）

コロナ禍の自粛生活で、大人の1年と若者の1年はまるでちがうという言い方を耳にした。デビュー作から1年も経たないうちにリリースした彼らのこの2作目を聴くとその言葉が腑に落ちる。『Futurama』前夜を匂わせる微細なノイズの上で展開する演奏には音響的な心配りが行き渡り、順次展開する歌詞には若者らしい倦怠と皮肉と抵抗の色を帯びている。

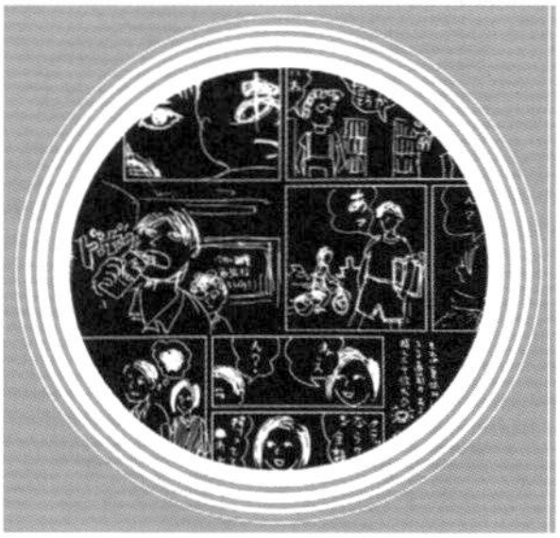

Number Girl

School Girl Bye Bye

Automatic Kiss Records（1997）

「Sappukei」の字面からオートマチックにSPKを連想する私にも90年代末に登場したころの彼らの印象はまことにヴィヴィッドだった。インディ時代の本作は遡って聴いたが、欧米のオルタナ先達に多くを負う轟音の流儀と、「Omoide In My Head」「センチメンタル過剰」など昭和モダニズム的な言語感覚でノスタルジーに耽る方法論は発明だと思う。

くるり

さよならストレンジャー

Speedstar（1999）

このページに載っているみなさんが地方出身なのも、90年代の多様性のあらわれかもしれない。標準化の波が隠蔽したがるストレンジャーたちが意味をもちえたころ。「東京」を引っ提げ登場したくるりはその時代のしんがりをつとめることになる。佐久間正英のProは側面からバンドを支えるが、関西フォーク的な資質なども衒いなくさらけだしてまぶしい。

七尾旅人

雨に撃たえば...! disc2

Sony Music Associated（1999）

ロレツのまわらない歌唱の背後からたちあがる空想的なヴィジョン。最初は好き嫌いより先にエモーション、それもロック常套句としての反抗とかじゃなく自傷や自己嫌悪みたいなのが伝わってきてたじろいだ、それがいま聴くとあまりにあのときをリアルに描いていておののく。楽曲面ではスイング感のつよさを再発見。コルトレーンの引用は必然である。

さっきまで歌謡曲の名で日本的な価値観に絡めとられてきた流行歌がJ-POPなる呼び名に衣替えしたのはいつだったか。体感では、93年5月にJリーグが開幕してしばらくしても「J」の呼称に慣れなかったので定着するのはもうすこし先か。とはいえそのころ、渋谷あたりはもうレコードの街で、若者を中心とした生活様式の変化はチャートにのぼる音楽の質も確実に変えていく。テレビドラマやCMなどとのタイアップがチャートを席巻する一方、プロデューサーという名の下でのブランディングが消費の指標になった。アイドルが冬の時代に入ったかわりに、おもにR&Bをベースとする女性歌手が陸続とあらわれ、彼女らをさしてディーヴァと呼んだのも90年代である。

Female Singers
Female Singers
Female Singers

ディーヴァ〜女性シンガー

選・文=松村正人（無記名）、吉本秀純、野田努

▷ Diva

Chara
Sweet
Epic（1991）

マドンナあたりをロールモデルに、ハスッパなのに恋に身を挺する大胆さと倫理観が同居していて将来の展望や家族観みたいなものもある「女の子」の理想と想像と現実を歌い、90年代ガーリー文化を牽引したシンガーの原点。グラウンド・ビートの「Heaven」とゴスペルタッチの「うそつくのに慣れないで」の対比が白眉。サウンドを担うのは浅田祐介。

森高千里
ペパーランド
WEA Japan（1992）

的確な自己評価とさっぱりしたキャラクターでうるさ方もトリコにする女性歌手の7作目は全曲で演奏にも参加し、スタイリングからはバブルっぽさも蒸発。前作の「RHYTHMとBASS」や「渡良瀬橋」のカップリング「ライター志望」など、彼女の魅力は独特の着眼点だが、本作ではコンセプトにまでそれを敷衍している。「ロックンロール県庁所在地」収録。

Ice
Wake Up Everybody
Eastworld（1994）

流麗なストリングとクールなカッティング、スパイ映画さながらの幕開けに免許もないのに真夜中の首都高を飛ばしそうになる男女デュオの2作目。フュージョンからアーバンなファンクまで多彩な宮内和之のギタープレイが聴きどころだが、主眼は作品性に置き、アルバムの形態を活かしたポップスを追究する。職人的なことも気どらせないプロの仕事。

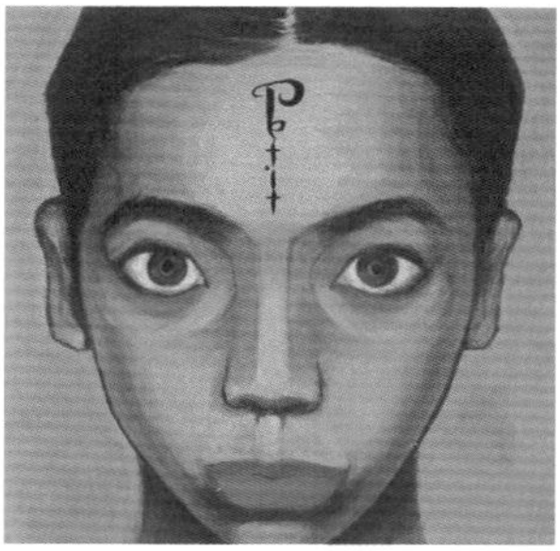

UA
Petit
Speedstar（1995）

素晴らしい声をもったシンガーによるグルーヴとソウルのミニ・アルバムでプロデューサーは藤原ヒロシ。ハウシーな「Horizon」をはじめとする全6曲を収録。チルな「夢を見た魚」、グラウンド・ビート風の「Song + Sky」や「太陽手に月は心の両手に」……田中フミヤによる「Horizon」のダビーなリミックスはいまでもクール。(野田)

UA
雲がちぎれる時
Speedstar（1996）

この頃のUAはどれを聴いても良いのだが、とくに「情熱」と「Horizon」、そして「雲がちぎれる時」は時代の熱さを捉えた必聴曲。なかでも本作の表題曲は、100年経とうが名曲であり続ける名曲。ギターはルースターズの花田裕之でドラムは池畑潤二。このシングルにはパティ・スミスの「Because The Night」も収録されている。(野田)

Maléfices
2 1/2
Victor（1995）

仏語で「おまじない」の意の男女デュオが2年の活動期間中にのこした3作のうちの最初のミニアルバムで、フレンチポップ、シャンソンからエンヤ風のニューエイジ・ポップまで、日仏英語で綴っていく。多芸多才ゆえに散漫な印象もいだかせるが、多彩な曲調によりそう北上リュンヌの声は意外に芯がつよい。生音路線に舵を切ったらよかったかも。

東京Qチャンネル
Switch On
Eastworld（1995）

D・フェイゲン風シャッフルがタケカワユキヒデ的価値観に溶解する冒頭の「Say! Happy Birthday」をはじめ、想起するのは80年代末から90年代初頭にかけてガール・ポップと呼ばれた分野の保守性だが、音楽面に目を転ずるとラテンやスカなどを援用しつつ意欲的な試みに手を染めているのがわかる、須藤まゆみと割田康彦によるユニットの第1作。

Hi Posi
Body Meets Sing
Kitty Records (1994)

「がんがんやって　早くあきてね」(身体と歌だけの関係) という呪文めいた一節があまりに強烈なもりばやしみほのユニットの出世作。トリップ・ホップ的な重心の低さと情念的な重たさでぐいぐい迫り来るさまは、トリッキーな着想をフリーキーな音楽性で展開していた結成当時とは隔世の感があるが、人工的な世界観は地続き。表題曲以外もツブぞろい。

川本真琴
愛の才能
Sony (1996)

岡村靖幸 Proの A面は代表曲のひとつ。このとき川本は22歳。90年代における十代の恋愛観を代弁するだけでなく、煽情的なイメージを性急なリズムと抑揚の効いたメロディで叩き込む。ギターのかき鳴らし方、学校という舞台装置の設定の仕方もおのずと岡村ゆずりだが、彼女が前に立つことでフィクションの質は変化する。B面の自作曲「早退」も重要曲。

篠原ともえ
スーパーモデル
Ki/oon (1996)

これはもう、いつ聴いても痛快で爆笑な一撃。プロデューサーの石野卓球のテクノ愛とギャングが冴えまくった隠れ名盤でしょう。その主役が篠原ともえ。中原昌也作詞の「チャタレイ夫人にあこがれて」もH.O.I Voodoo作曲の「I Love You, De Ja Vu」も素晴らしい。しかしまあ、それよりも「クルクル・ミラクル」で決まり。(野田)

かの香織
voyage〜london・paris・stockholm
Ki/oon (1998)

FPMこと田中知之を参謀に迎え、欧州志向を強めたピチカート・ファイヴ的な路線でソロ転向後の代表曲を大胆にセルフ・リメイクした作品。鬼才ベルトラン・ブルガラがアレンジを手がけたパリ録音は、カーペンターズのカヴァーも秀逸。グルーヴィーかつヒップな音を得て90年代の歩みを刷新し、元ショコラータという経歴を取り戻したかのよう。(吉本)

Bonnie Pink

Heaven's Kitchen

Pony Canyon（1997）

カーディガンズらを世界的成功に導いたトーレ・ヨハンソンと組んでのスウェーデン録音で、起伏に富んだ曲作りとソウルフルな歌声の才を開花させた2作目。洒脱なテイストも魅力だが全体的にはエモーショナルで、トーレも熱量の高いアレンジで応えている。英語詞の曲や後半のサイケな展開など、持てるポテンシャルを多彩な切り口で発揮。（吉本）

比屋定篤子

のすたるじあ

Mint Age（1997）

ボサノヴァ風ではない豊かなブラジル音楽への造詣の深さと、荒井由実などのプレ・シティ・ポップ期の才媛たちに通じる歌声と作曲力の高さを兼ね備えたタイムレスな名作。軽妙なメロウ曲から、めくるめく曲展開で疾走するスリリングな表題曲、濃厚なサンバ・グルーヴで圧倒する本編ラストの「祈り」まで。和製ブラジリアンのひとつの極み。（吉本）

猫沢エミ

Broken Sewing Machine

Triad（1998）

洗足音大で打楽器を専攻した後にシンガーソングライターとしてデビュー。細海魚らとコラボを経て渡辺善太郎をプロデューサーに迎え、エキセントリックな個性を保ったまま痛快に振り切れた3作目。60年代チェコ映画の傑作『ひなぎく』を連想させるジャケ通りに、同時期のCharaとコインの表裏関係にあるような高性能ガーリー・ポップ。（吉本）

小島麻由美

セシルのブルース

Pony Canyon（1995）

着想は不思議だが親しみやすく、多彩だが一貫しているデジャヴとノスタルジーの真ん中みたいな作品世界──彼女とたとえば昭和歌謡を標榜する大勢のいちばんのちがいはこのできそうでできない世界の築き方にある。本作はその端緒。「蜜蜂」「結婚相談所」「ろば」「皆殺しのブルース」と不穏さとファンタージ度合いを増して終わるのもすばらしい。

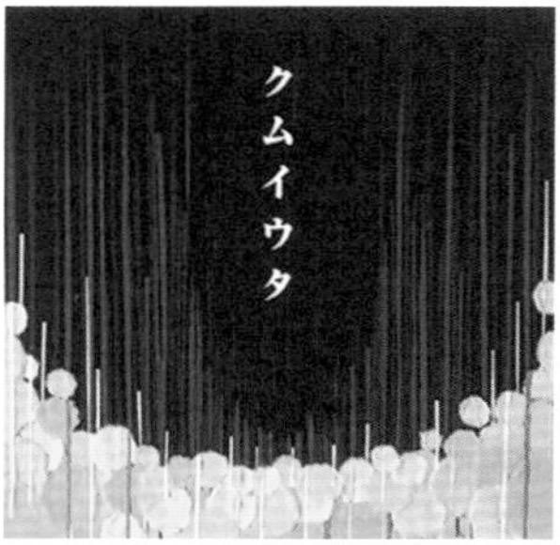

Cocco

クムイウタ

ビクター（1998）

１曲目の表題にある「クワァームイ」は子守の意。母性を象徴するかにみえて南西諸島では幼少期から女性を縛る労働だった。COCCOはデビューから一貫して女であることの桎梏を身体感覚に忠実に歌いつづけている。ヒット曲「強く儚い者たち」などの美しさの裏の息苦しさは時代の反映であり根岸孝旨のグランジ風の音づくりが共振の度合いを倍加する。

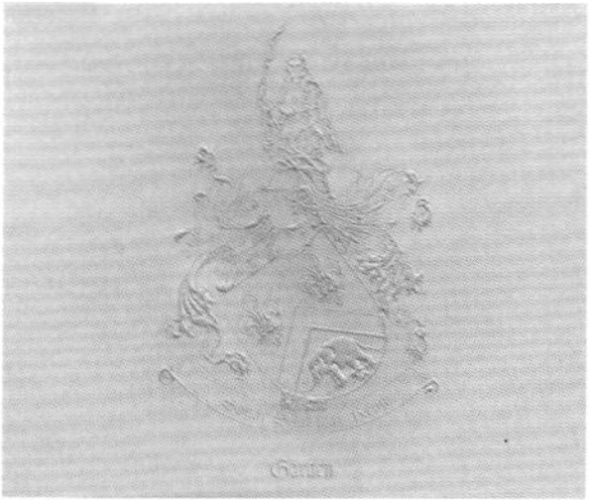

Sugar Soul

Garden EP

BMG（1998）

すでに百花繚乱の様相を呈していたR&Bシーンで次なる課題は大衆化と本格派への二極化だったと思う。前者ではこの年にあらわれたMISIAがドリカムの地盤を受け継いでいくが、後者の代表格シュガー・ソウルはドラゴン・アッシュのkjとのデュオで20年後も聴き継がれる名作をものした。曲調はヒップホップだが、聴き心地はブリット・ポップ。

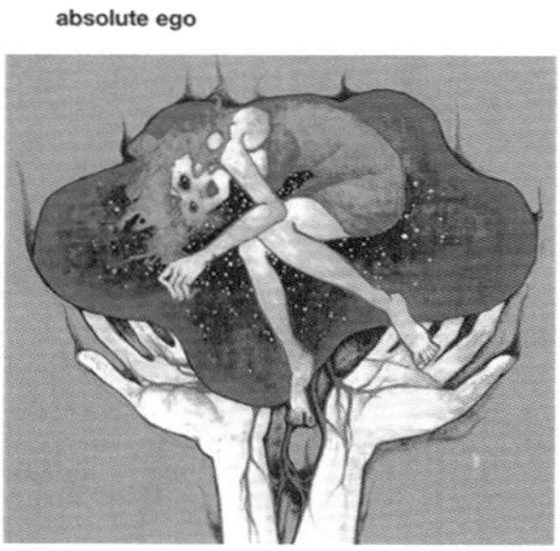

Aco

absolute ego

Ki/oon（1999）

砂原良徳が主要な楽曲を手がけ、アンビエントやエレクトロニカ的な幽玄さも射程圏に入れた独創的かつ蠱惑的なR&Bスタイルを確立して成功を収めた秀作。音楽的にはエイドリアン・シャーウッドまでも参加してスピリチュアル度を増す次作以降の方がさらにディープだが、本作では彼岸の一歩手前に踏みとどまって危ういポップさを保っている。(吉本)

bird

bird

Real Eyes（1999）

クラブ・ジャズ系グループからより楽曲志向の強いソロ・プロジェクトに転じ、UAらを手がけてプロデューサーとしての才を開花させた90年代後半のモンド・グロッソ＝大沢伸一ワークスの粋が詰まったデビュー作。ネオ・ソウル、ジャズ、ヒップホップ、ブラジリアンなどの多彩な切り口で、作詞家としても優れた原石の才を豊かに引き出した。(吉本)

Icons Icons Icons

ビッグヒット、アイドル、プロデューサー

選・文＝松村正人（無記名）、吉本秀純

安室奈美恵
Sweet 19 Blues
Avex Trax（1996）

プロデューサーの肩書きを世間に浸透させた男と、流行語大賞に輝いたアムラーなる現象を生み出した歌手のアルバムとしては初カップリング。前年暮れから飛ばし出したミリオンヒット3曲を収め、トータリティでは和製ブラック・ミュージックを意識。モデルはジャネットだが、TCLを意識したdosしかり、少し跳ねたリズムは小室メロディと好相性。

椎名林檎
歌舞伎町の女王
Eastworld（1998）

古風なアングラ志向でも街に入り浸っていたワケでもなく、のちにカヴァーしたザ・ピーナッツ「東京の女」のようなご当地ソング的な感覚で生まれた曲のようだが、新宿系とも称されるイメージを鮮烈に決定付けた2ndシングル。カップリングにはスザンナ・ホフス（原曲はシンディ・ローパー）の英詞カヴァーを収録し、安易な型にハメさせない。（吉本）

宇多田ヒカル
First Love
Eastworld（1999）

邦楽史上最も売れたアルバムだが、内容の方も規格外。音楽的には当時の洋楽メジャーR&Bや歌ものハウスなどを自然体で消化した高度なプロダクションでありながら、歌が描く心情はミドル・ティーンらしく親近感すら覚えさせる。宅録シンガーソングライター的な“個”の発信とズバ抜けたグルーヴ感を兼備した音は、今に聴いても別格のもの。（吉本）

桑田佳祐

真夜中のダンディー

Speedstar（1993）

桑田佳祐の90年代はSASの「真夏の果実」「涙のキッス」「エロティカ・セブン」などヒット曲の裏で映画（とそのサントラ）『稲村ジェーン』にはじまる回顧モードがあり、ソロ名義の『孤独の太陽』(94年) に原点回帰として実を結ぶ、先行シングルの本作はその端緒。カップリングは野坂昭如の「黒の舟唄」。以後世代と老いを意識した曲も少なくない。

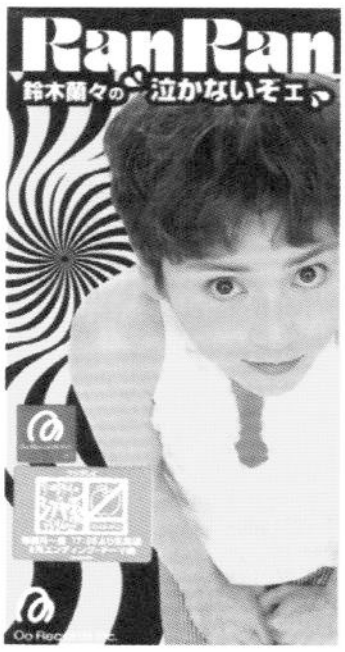

鈴木蘭々

泣かないぞェ

Sony（1995）

自作自演勢に押され気味だった職業作家でも、先頃逝去した筒美京平は別格。90年代でもパッと思いつくだけで、NOKKOの「人魚」、小沢健二の「強い気持ち・強い愛」などあり、小沢は「筒美京平ソング・ブック」と謳っている。『ポンキッキーズ』で安室奈美恵の相方だった鈴木蘭々のシングルも筒美作曲。歌声には往時の剛力彩芽に通じる剛直さがある。

Puffy

アジアの純真

Epic/Sony（1996）

井上陽水が詞を書き所属事務所の先輩奥田民生が作曲などの面倒をみた大貫亜美と吉村由美の初リリース。記名性の高い作家ふたりの遊び心のストッパを外した楽曲ゆえ、演る側にも心構えがいったはずだが、そのようなことはおくびにも出さない脱力モード。俗にいう青文字系のサバけたキャラクターが21世紀にはアニメと融合、海外でも人気を博すことに。

大瀧詠一

幸せな結末

NIAGARA, Sony（1997）

90年代はテレビが幅をきかせていた時代。なかでも月9はキラーコンテンツで主題歌のヒットも約束されたようなもの――というお膳立てとも無関係に、世紀末に悠然と現れたポップ・マエストロの最後から2番目の新曲。慕情をかきたてるナイアガラ節に木村拓哉＆松たか子という黄金律。キムタクの前回の月9が「ロングバケーション」だったのは伏線か。

Geisha Girls

Grandma Is Still Alive

Güt（1994）

坂本龍一とテイ・トウワがダウンタウンの２人をフロントに立てて遊び倒した“90年代版スネークマンショー”のシングル盤。漫才ネタの「誘拐」をテクノ化した表題曲、ファットなブレイクビーツに乗せてシュールなラップが炸裂する「Kick & Loud」ともに、アート・リンゼイやボアダムスの参加も得てカオス度を増した傑作アルバムには未収録。（吉本）

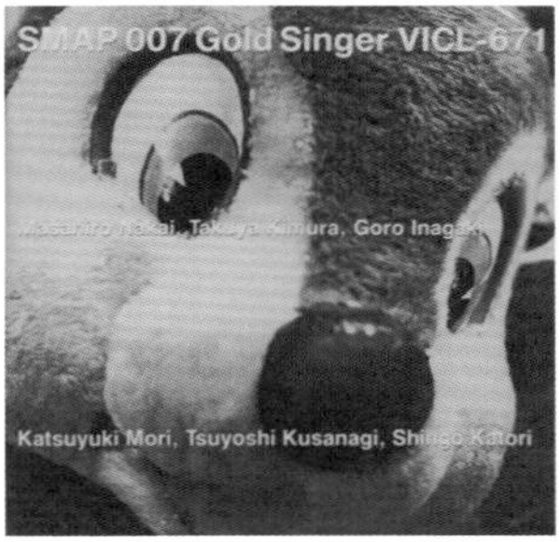

Smap

007〜Gold Singer

ビクター（1995）

５年前の解散劇も記憶に新しい国民的アイドル・グループの飛躍期の一枚。テレビではバラエティに活路をみいだしたが、音楽面ではそれまでの座組をあらため海外録音をふくむ本格派路線へ全面的に舵を切った。ザッパ・バンド出身のV・カリウタにウィル・リー、B・パーディとC・レイニーなど、高い演奏力と、等身大の言葉をのせた青い歌唱の対比がまぶしい。

Koji 1200

アメリカ大好き！

For Life（1996）

時を経てトーフビーツ「水星」にサンプリングされたことで再注目されたメロウな名曲「Blow Ya Mind」収録。早過ぎたニューロマ・リヴァイヴァルの佳曲や安全地帯のカヴァー、テイ・トウワの人気曲に国際電話を模したギャグを被せた人力リミックスに、ヤン富田の手による壮大なエピローグなど。疑似コンサート仕様でアルバム全体の完成度も高い。（吉本）

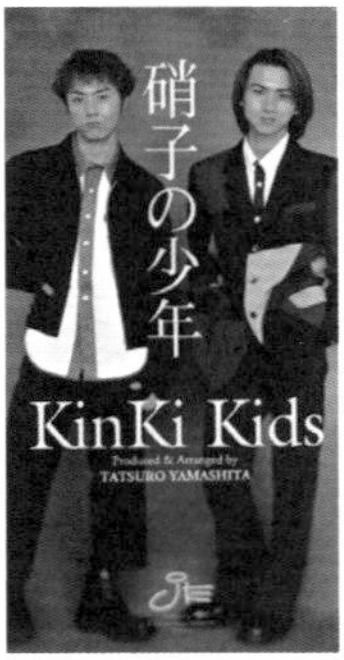

Kinki Kids

硝子の少年

ジャニーズ・エンタテイメント（1997）シングル

大局的にはスマップが基礎づけたアンチ＝アイドル路線を王道に引き戻す役割も担っていた堂本光一と剛による２人組のデビュー曲。翳りを帯びた曲調は山下達郎、映像的な歌詞は松本隆という鉄壁の布陣によるプロフェッショナリズムの結晶だが、その表面に映るイメージはあやうく儚い。アイドル歌謡におけるラテンの復権という点でも留意すべき一枚。

J Rock, Pop, Funk and more
J Rock, Pop, Funk and more
J Rock, Pop, Funk and more

Jロック＆ポップ

選・文＝松村正人（無記名）、吉本秀純

Bo Gumbos
Bo & Gumbo
Epic（1989）

ごった煮ルーツ音楽の聖地ニューオリンズへと趣き、ボ・ディドリーやシリル・ネヴィルらの参加も得ながら極彩色の闇鍋グルーヴを炸裂させたデビュー作。セカンドラインやジャングル・ビートなどのハネたリズムの応酬、狂乱的なまでの祝祭感、ヒッピーもパンクスも呑み込む強靭なファンクネスなど。後続にこじ開けた扉はあまりに大きい。（吉本）

The Boom
Japaneska
CBS/Sony（1990）

沖縄民謡やブラジル音楽を消化してスケール感を増しながら「島唄」「風になりたい」といった大ヒット曲を放つ前段階の作品だが、そんな方向性の起点になったと捉えられる重要作。スカも取り入れた軽快なバンドから、日本的なものへ目を向けてより独自の個性を模索。「中央線」「からたち野道」などの情緒豊かな佳曲で新たな扉を開いた。（吉本）

筋肉少女帯
月光蟲
Toy's Factory（1990）

ナゴムからメジャーに移るやいなやサブカルの人気者になった大槻ケンヂを中心とする筋少の90年代の幕開け。仕分けるならハードロックだが、多彩な曲調に乗せて大槻の陰謀論とも宗教観ともつかない物語セカイを多極的に展開。その背後にあるオカルティズムは当時の空気感と確実に干渉し合っている。ボンデージ・フルーツのAKIを迎えたM5は隠れた名曲。

高野寛
Cue
東芝EMI（1990）

3作目のプロデュースはT・ラングレン。ウッドストックのスタジオに赴き録音したサウンドはトッドらしいゴージャスな鳴りで、高野のひねりの効いたポップさを際立たせる。他方観念的で抽象的な歌詞は警句の色さえ帯び、虚心に耳を傾ける者にはインナートリップの合図《キュー》にもなる。本作収録の代表曲「虹の都」も、よくよく考えるとそのような歌なのだし。

スピッツ
名前をつけてやる
Polydor（1991）

フィッシュマンズがレゲエにはじまり独自の語法を編み出したように、彼らと比較対象になることもあるスピッツはNWにはじまりJポップの根幹となった。ただしそこにいたる初期三部作には儚げなたゆたいがあり、ことに欧米のインディ・ポップを、ウサギ、イチゴ、鈴虫などの和的少女趣味に重ね合わせる本作は名状できない不均衡な魅力にあふれている。

Yen Town Band
Montage
Epic/Sony (1996)

80年代末にサザンと協働し、90年代のミスチル～マイラバでヒットメイカーの地位を確立した小林武史が、もうひとりの時代の寵児岩井俊二と組んだ映画の作中人物たちによるバンドの設定で主演のCharaがここでは主唱者。無国籍スチームパンクな映画の世界観を当時流行りの無頼派ロックよりのサウンドで表現するが、どこを切ってもポップなのが小林節。

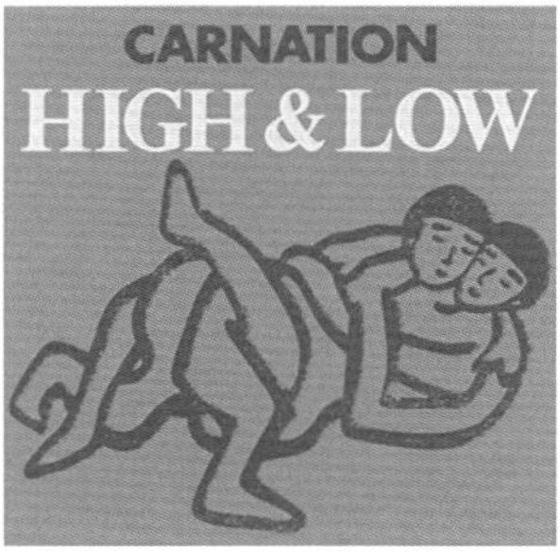

カーネーション
天国と地獄
Wax（1992）

ミーターズを引くセカンド・ライン・ブレイクビーツ「オートバイ」、岡林信康や島倉千代子のカヴァーなど、サンプリング文化への応答と博覧強記の音楽リスナーでもある出自を独白めいた表出の仕方で表現に集約する直枝政太郎（当時）の方法意識が合致した傑作。記号のすべてを列挙するには余白はあまりに狭いが、聴き手の耳が肥えるほどに発見も多々。

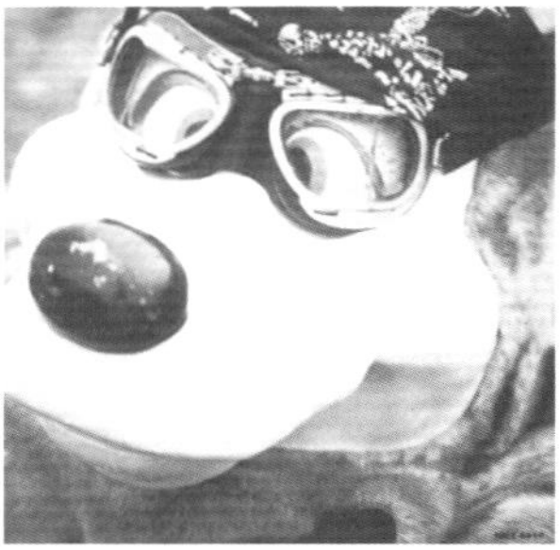

Blankey Jet City

C.B. Jim

Nonfixx（1993）

初期の代表作として前作『BANG!』と人気を2分する傑作3rd。彼らの魅力が凝縮された痛快なアンセム「D.I.J.のピストル」や鮮烈な歌詞が物議を醸した「悪いひとたち」を筆頭とする重要曲を収録し、前作で確立したスタイルをより重厚かつ多彩に発展させている。ロカビリー、ジャズ、ビートニク的な歌詞などが交錯する音は今も唯一無比。（吉本）

エレファントカシマシ

ココロに花を

Pony Canyon (1996)

レーベルを移り、外部プロデューサーに佐久間正英を招いた8作目は転換作。宮本浩次は真っ直ぐな声の出し方を志向し演奏は楽器間のバランスを吟味。冒頭の「ドビッシャー男」こそ承前の風情だが、つづく「悲しみの果て」で変化はすでに決定的。「孤独な旅人」「四月の風」と、柔和な顔つきの曲が並ぶが、むろん酸いも甘いも噛み分けた先のそれだ。

The Groovers

Electric Whisper

Polydor（1997）

ストーンズやディラン、RCといったロックの古典を血肉化しつつも、オルタナ以降らしい疾走感とラウドさを兼ね備えた音でバンプ・オブ・チキンらの後続にも影響を与えた3ピース・バンドの雄。本作は媚びないスタンスでフットワークの軽さを示した3連続マキシを経ての秀作で、ジャジーな展開やトーキング・ブルース調にも無理がない。（吉本）

Thee Michelle Gun Elephant

Gear Blues

Triad（1998）

目的地まで最短距離を一直線にたどるガレージ・パンクの流儀にうねりが加わった4作目。ウエノの地鳴りする八分弾きとともに幕を明けるのはその証。「スモーキン・ビリー」「G.W.D.」「ダニー・ゴー」など代表曲も多くおさめるが、その豪壮な鳴りの淵源にはボトムの粘りがある。絶頂期にほかならないが「ブライアン・ダウン」には終わりの予感も。

岡村靖幸

家庭教師

Epic（1990）

管見では前年のプリンスの最高傑作『Lovesexy』に呼応した岡村靖幸の高層ビル。凡百のアーティストなら優にアルバム3枚分の濃度のある曲が全部で九つ。比喩というより隠語を散りばめた歌詞は斜に構えるようでありながら欲望と青春と性愛にこれ以上ないほど真摯に向かい合う。ミネアポリスな音は80年代の圏域だが、編曲は天才的というほかない。

Vibrastone

Entropy Productions

Pony Canyon（1991）

近田春夫とじゃがたらのOTOもメンバーに名を連ねるヒップホップ・バンド。「金っきゃねえ」と嘯きながら返す刀でルール改竄者を斬って捨てる痛快さはまさに通人のそれ。オールドスクールなプレジデントBPMから大所帯バンドによる「人力」への鮮やかな転身だが、ヒップホップというよりはファンクの突然変異というか音楽のキマイラ。

スガシカオ

Clover

Kitty MME（1997）

クローバー商会と名付けたプライベート・スタジオでスライ『暴動』以降の密室ファンクを独自に血肉化した音作りと、純愛と倒錯が交錯するような叙情的な歌世界でヒットチャートを駆け抜けた異才の本質が凝縮されたデビュー作。「黄金の月」に代表されるメロディアス路線からキレキレのファンクまで、マッドな隠し味の効いた佳曲ぞろい。（吉本）

Super Butter Dog

Hello! Feed☆Back

Parlophone（1999）

ハナレグミ、レキシ、マボロシへと分化していく才能が集ったファンキー・ロック・バンドの多面性が開花し、次作『FUNKASY』においてよりインパクトの強いファンク路線で成功を収める予兆にも満ちた重要作。永積崇のフォーキーな魅力が前景化したメロウな名曲「5秒前の午後」をはじめ、後のメンバー各々のソロの萌芽も聴き取ることができる。（吉本）

山崎まさよし
Home
ポリドール（1997）

弾ける「Fat Mama」で幕を切って落とし、スマップがとりあげた「セロリ」や代表曲「One More Time, One More Chance」などを収めた2作目。前作で目についたルーツ志向はいささか控えめに、その一方で素朴なキャラクターはそのままに、多彩な歌世界を展開し世間的な存在感も高まった。前年のEP「ステレオ」と合わせて、歌い分けの巧みさが際立つ。

中村一義
金字塔
マーキュリー（1997）

江戸川の22歳のデビュー作。このタイトルで宅録仕様によるセルフプロデュースと聞けば、構えたくもなるが、ビートルズなど古典基調のサウンドは思いのほかストレート。なのにそこに頭頂部から抜けるような声とネジが緩んだような言語感覚が合わさると全部がアナグラムに思えてくるのが不思議。「ポンキッキーズ」の挿入歌のカヴァーなど、閃きも多々。

Akiko Yano
Super Folk Song
Epic/Sony (1992)

初の弾き語り。3分の2はカヴァーで音楽ファンには耳なじみのある曲も多いが、すべてを自分色に染めあげている。端々に即興的なニュアンスを感じるのは事後編集なしの一発録りだから。結果歌と音を真空パックした90年代を代表するソングブックが誕生とあいなったが、本作の真価は名匠吉野金次が捉える矢野のピアニズムにある。一打ごとの音の表情よ。

忌野清志郎 Little Screaming Revue
冬の十字架
Swim Records（1999）

90年代が清志郎にとって追い風が吹いていた時代だったとは言い難いが、その逆境をむしろバネにした1枚が本作だ。パワフルで、ちょっとタイマーズのセンスの入ったパンクでシニカルな曲が並んでいる。「君が代」のカヴァーは海外のメディアでも話題になり、英『ガーディアン』はそのレヴューで歌詞の軍国主義的な意味を拾い上げた。（野田）

ムーンライダーズ

ムーンライダーズの夜

Fun House（1995）

武川雅寛がハイジャック事件に遭遇した経験を反映した楽曲から幕を開ける、タイトル通りに夜をテーマとしたダークな雰囲気で統一された異色作。阪神淡路大震災、地下鉄サリン事件など、不穏なことが続いた95年に、40代を迎えたポップス職人集団が真っ向から対峙。ギリギリのバランス感覚でリアルに描いた世紀末のポップ・シンフォニー。（吉本）

Haruomi Hosono

N.D.E

Sun & Moon Records（1995）

90年代前半のアンビエント・ハウスやテクノに対する細野晴臣からの回答（おそらく唯一の）。アブストラクトなミニマル・ハウスからアンビエントへ、多彩な位相において何気にシュールにどんどん展開。「臨死体験」というタイトルだが決して重たくはない。想像力は掻き立てられ、異世界へとトリップ。90年代細野作品における名盤の1枚。（野田）

Ryuichi Sakamoto

Sweet Revenge

Güt（1994）

表題は一般性と急進性など、相反する要素の同居を示唆。90年代後半の活動拠点となる〈Güt〉の旗揚げにあたる本作で坂本龍一はアンビバレンスこそポップの醍醐味とみなしボサノヴァとヒップホップと都市のノイズを同義とみなす混淆的で虚構的な音楽空間を提示。とりわけ南米音楽はこの時期の主題のひとつでA・リンゼイのソロ作にもつながっていく。

Yukihiro Takahashi

A Ray Of Hope

Concipio Records（1998）

〈Güt〉や〈daisyworld〉にいくらかおくれて高橋幸宏が山本耀司らとたちあげた〈Consipio〉はわが道を行くレーベルだった。M・ナイマンらも名を連ねる、邦楽という言い方にはそぐわないラインナップに、みずから参戦した三部作の真ん中が本作。要所要所で用いるドラムンベースのリズムと弱さやウツっぽさをさらけ出す歌詞の対比はむしろ今日的。

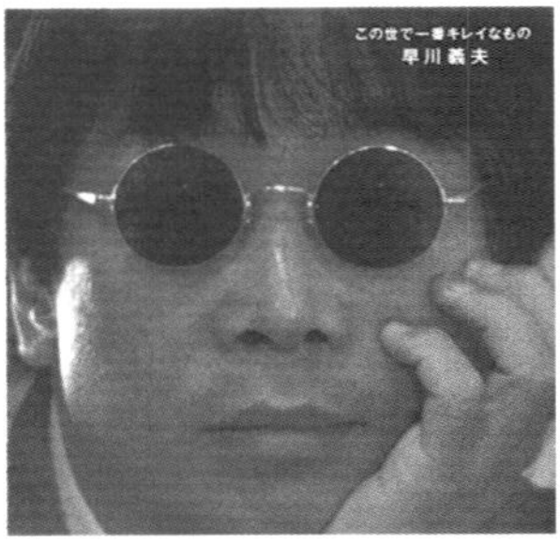

早川義夫

この世で一番キレイなもの

SME（1994）

きらびやかなGSの時代にニヒリズムを表出しソロを1枚出したきり長らく沈黙をつづけてきた伝説の歌い手の復活作だが、幕開けの表題曲には構えたところも気負いもない。ただ赤裸々であるべくつとめるうちに、恋や愛が「いやさらしは美しさ」となる岸辺に漂着するのみ。白眉は23年ぶりの「サルビアの花」と、「マリアンヌ」のごとく胸を叩く「いつか」。

遠藤賢司

夢よ叫べ

Midi（1996）

遠藤賢司の90年代は60センチ四方のジャケットに収めた91年のシングル「史上最長寿のロックンローラー」で、巷間をざわつかせつつ幕を開けたもののしばし沈黙。本作は新録としては5年ぶり、アルバムだと80年の『宇宙防衛軍』以来だが、その時間さえも、人生のいちぶと思わせる楽想の射程には畏怖の念を禁じえない。苦く切ない万感胸に迫る一枚。

Friction

Friction Remixx

Videoarts Music（1996）

アルバム『Zone Tripper』は当時の日本のロック・シーンにおける必聴盤に入る名作だが、フリクションがすごいのはこの時代のDJカルチャーとも接合したことだった。まあ、オリジナルにそもそも豪快なグルーヴがあり、圧倒的なんですけど、勇気ある田中フミヤとオーディオ・アクティヴがそれぞれ3曲ずつをテクノとダブに再構築。（野田）

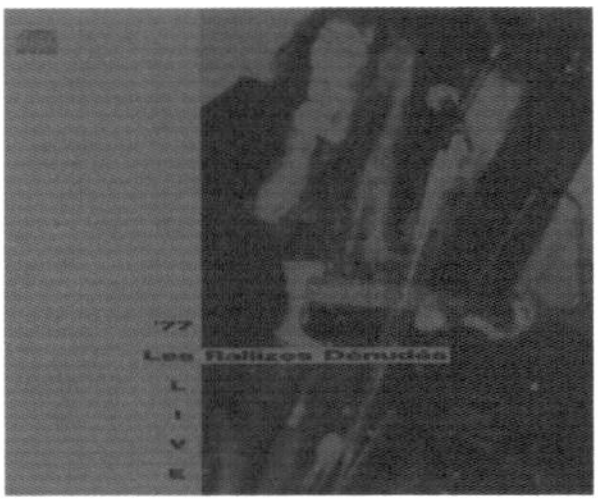

裸のラリーズ

'77 Live

Rivista Inc.（1991）

いずれも過去の音源だが日本のロック史に燦然と輝く黒い太陽、裸のラリーズ水谷孝の公式作品を送り出したのはまちがいなく90年代の成果のひとつ。本作は77年の充実期の記録で、払暁の蝶の羽ばたきが起こした旋風が暗闇にうちつける暴風雨と化す過程をとらえたドキュメントのごとき2枚組。彼らが人前に姿をみせたのも現時点では90年代が最後。

90'S Music & Culture History Chronology

平成からはじまる90年代音楽文化史年表

1989年

1月 1月7日に昭和天皇崩御。皇太子明仁が即位、「平成」に改元

2月 テレビ番組『三宅裕司のいかすバンド天国』(『平成名物TV』のワンコーナー) 放送開始【バンドブーム】／漫画家・手塚治虫が死去

4月 消費税 (3%) 導入／任天堂、携帯ゲーム機『ゲームボーイ』発売／石野卓球、ピエール瀧ら人生を解散し電気グルーヴを結成

6月 リクルート疑惑で竹下登内閣総辞職。宇野宗佑内閣が発足／NHKが衛星放送の本放送を開始／美空ひばり死去／第二次天安門事件

7月 参議院議員選挙で与野党逆転。土井たか子が率いる社会党が第一党に／いとうせいこうのアルバム『MESS/AGE』発売／MUTE BEATのアルバム『MARCH』発売、その後ライブ・アルバム『LIVE』を発売し、同年に解散

8月 海部俊樹内閣発足／フリッパーズ・ギターの1stアルバム『three cheers for our side 海へ行くつもりじゃなかった』発売

9月 同年7月に別件で逮捕された宮崎勤が連続幼女誘拐殺人事件の犯行を自供／岡崎京子の漫画『Pink』発売／雑誌『CUTiE』創刊

10月 幕張メッセが完成

11月 ベルリンの壁が崩壊／オウム真理教による坂本弁護士一家殺害事件が発生／THE TIMERSのアルバム『THE TIMERS』発売／東京・芝浦にクラブ「芝浦GOLD」オープン

12月 アメリカ・ブッシュ大統領とソ連・ゴルバチョフ最高会議議長兼書記長が会談 (マルタ会談)、冷戦の終結／音楽番組専門チャンネル「スペースシャワーTV」放送開始／ライブハウス「インクスティック芝浦ファクトリー」閉店／カルチャー誌『03』創刊

1990年

1月 大学入試センター試験がはじまる／テレビアニメ『ちびまる子ちゃん』放送開始、主題歌『おどるポンポコリン』がヒット／27日JAGATARAの江戸アケミが死去

2月 73年に大麻所持を理由に入国を拒否されたローリング・ストーンズが初来日。14日より東京ドームで10公演開催

3月 ソ連の初代大統領にゴルバチョフが就任

4月 大阪で「国際花と緑の博覧会」が開幕／渋谷に「DJバーインクスティック」オープン／京都にクラブ「メトロ」オープン

5月 ピチカート・ファイヴのアルバム『月面軟着陸』発売／スチャダラパーの1stアルバム『スチャダラ大作戦』が〈MAJOR FORCE〉から発売

6月 望月峯太郎の原作の映画化『バタアシ金魚』で浅野忠信が銀幕デビュー

8月 イラク軍クウェート侵攻

9月 新宿にCDショップ「ヴァージン・メガストア」オープン

10月 東西ドイツ統一／吉祥寺にレコードショップ「ワルシャワ」オープン (2004年に渋谷、2010年に下北沢に移転)／『BEAT UK』と『渡世間は鬼ばかり』放送開始

11月 天皇、即位の礼／任天堂からゲーム機『スーパーファミコン』発売／長崎・雲仙普賢岳が噴火／CDショップ「HMV渋谷」オープン【渋谷系】

12月 TBS記者・秋山豊寛が日本人初の宇宙飛行士として宇宙へ／フリッパーズ・ギター監修のコンピレーション『Fab Gear』発売

1991年

1月 ドラマ『東京ラブストーリー』放送開始、主題歌の小田和正「ラブ・ストーリーは突然に」がヒット／湾岸戦争が勃発

2月 渋谷にライブハウス「ON AIR」オープン

3月 雑誌『remix』が創刊

4月 ブランキージェットシティの1stアルバム『Red Guitar and the Truth』発売／衛星放送「WOWOW」放送開始

5月 東京・芝浦に「ジュリアナ東京」オープン／ECDが主催したヒップホップ・コンテスト「CHECK YOUR MIKE CONTEST」の第1回が開催

6月 長崎・雲仙普賢岳で大規模な火砕流が発生／電気グルーヴに砂原良徳が加入（CMJKが脱退）、『電気グルーヴのオールナイトニッポン』放送開始／椹木野衣『シミュレーショニズム―ハウス・ミュージックと盗用芸術』刊行

7月 小説『悪魔の詩』の翻訳者五十嵐一が刺殺される／Xのアルバム『Jealousy』発売／オリジナル・ラブがメジャー1stアルバム『LOVE! LOVE! & LOVE!』発売

9月 渋谷にレコードショップ「DMR渋谷」オープン（2000年に移転）

10月 フリッパーズ・ギター解散／雑誌『i-D JAPAN』創刊／下北沢にライブハウス「SHELTER」オープン

11月 宮澤喜一内閣発足／宮沢りえ写真集『Santa Fe』（撮影：篠山紀信）発売／〈Crue-L Records〉のコンピレーション『BLOW-UP』が発売

12月 東京・西麻布にクラブ「Space Lab YELLOW」オープン

1992年

1月 多和田葉子が「犬婿入り」で第108回芥川龍之介賞

2月 ECDの1stアルバム『ECD』が〈MAJOR FORCE〉から発売

4月 尾崎豊が死去

6月 PKO協力法案成立／雑誌『バァフアウト！』創刊／小山田圭吾がプロデュースするレーベル〈トラットリア〉からコンピレーション『BEND IT!』発売

7月 バルセロナ五輪開幕

8月 渋谷パルコにて「アーバナート＃1」開催

9月 ユナイテッド・フューチャー・オーガニゼーションの1stアルバム『JAZZIN'』発売／ボアダムスのアルバム『POP TATARI』発売。翌年にアメリカでも発売

11月 ソニーが世界初のミニディスクレコーダー「MDウォークマン」を発売／ヤン富田の1stアルバム『Music Fro Astro Age』発売／橋本徹のディスクガイド『Suburbia Suite; Especial Sweet Reprise』刊行

12月 9日じゃがたら、コンポステラの篠田昌已が死去／幻の名盤解放同盟がコンピレーション（解放歌集）第一弾としてビクター編『渚の歓喜(エクスタシー)』をリリース／音楽＆エンターテイメント専門チャンネル「MTV」の日本版が放送開始（1999年に「Vibe」にチャンネル名が変更）

1993年

2月 17日クラブチッタ川崎にて裸のラリーズがライブ公演。前売り3605円、当日3914円／小室哲哉のプロデュースによりtrfがデビュー・シングル『GOING 2 DANCE / OPEN YOUR MIND』発売【小室ファミリー】／保坂和志『草の上の朝食』刊行

4月 ラヴ・タンバリンズの1stシングル『Cherish Our Love』が〈Crue-L Records〉から発売／ヤン富田のコンサート「Music For Astro Age」がパルコ劇場で開催／東京・江古田にレコードショップ「DISC SHOP ZERO」オープン（2002年に下北沢に移転）／音楽番組『ポップジャム』放送開始（初代MC：本木雅弘）／音楽番組『COUNT DOWN TV』放送開始／NIGOと高橋盾が「NOWHERE」を原宿にオープン【裏原ファション】／雑誌『Zipper』創刊

5月 サッカーJリーグ開幕／1983年に散開したYMOが再生し、アルバム『TECHNODON』発売／ファッション誌『DUNE』創刊

6月 小沢健二が日比谷野外音楽堂でフリーコンサートを開催／ピチカート・ファイヴのアルバム『Bossa Nova 2001』発売（小山田圭吾との共同プロデュース）

7月 小沢健二の1stシングル『天気読み』発売

8月 非自民の細川護熙連立内閣発足

9月 コーネリアスの1stシングル『太陽は僕の敵』発売／小沢健二のアルバム『犬は吠えるがキャラバンは進む』発売

10月 幼児教育番組『ひらけ！ポンキッキ』が『ポンキッキーズ』に番組名を変更。1994年からはスチャダラパーのBOSE、電気グルーヴのピエール瀧、安室奈美恵らが出演

11月 雑誌『音楽と人』創刊／同年に田中フミヤが設立したテクノ・レーベル〈とれまレコード〉から、田中フミヤの12インチ「グリーン・タワー」発売

12月 雑誌『骸子』創刊／青山にクラブ「Maniac Love」オープン／同年には札幌「Precious Hall」、渋谷「THE ROOM」、高円寺のレコードショップ「マニュアル・オブ・エラーズ」、渋谷の「パリペキン」などもオープンした

1994年

1月　雑誌『asayan』創刊

3月　スチャダラパーと小沢健二『今夜はブギーバッグ』発売／雑誌『WIRED』創刊／石野卓球・野田努『テクノボン』刊行／ファッション誌『ジャップ』創刊

4月　羽田孜内閣発足／永田一直と砂原良徳が1990年に設立した〈トリガー・レーベル〉が〈TRANSONIC RECORDS〉となり、VA『TRANSONIC (970-1450km/h)』発売／橋本徹が1994年にDJバーインクスティックで始めたイベント「Free Soul Underground」から生まれたコンピレーション『Free Soul』発売。／村上春樹『ねじまき鳥クロニクル』刊行／サブカルチャー誌『H』創刊

5月　1993年にベルギーのテクノ・レーベル〈R&S〉でデビューしたケン・イシイの日本デビュー・アルバム『GARDEN ON THE PALM』発売／1993年に設立されたテクノ・レーベル〈FROGMAN〉から初の12インチ、C.T.SCAN『Cold Sleep』発売

6月　自民・社会・新党さきがけ連立の村山富市内閣発足／東京・三宿にクラブ「Web」オープン／岡崎京子の漫画『リバーズ・エッジ』刊行

7月　日本人初の女性宇宙飛行士向井千秋がスペースシャトルで宇宙へ／ライブハウス「新宿リキッドルーム」がオープン（2004年に恵比寿に移転）／篠原涼子 with t.komuroのシングル『恋しさと せつなさと 心強さと』発売（小室哲哉プロデュース）／ボアダムスのアルバム『CHOCOLATE SYNTHESIZER』発売

8月　小沢健二のアルバム『LIFE』発売／EAST END×YURIのシングル『DA.YO.NE』発売（日本のヒップホップ初のミリオンセラー）／雑誌『クイックジャパン』創刊／西新宿にレコードショップ「ロスアプソン」がオープン（2011年に幡ヶ谷、2015年に高円寺に移転）

10月　大江健三郎がノーベル文学賞受賞決定／1993年に解散したユニコーンの奥田民生のシングル『愛のために』発売／テイ・トウワのアルバム『Future Listening!』発売／下北沢にライブハウス「CLUB Que」オープン／音楽番組『HEY! HEY! HEY! MUSIC CHAMP』放送開始／音楽誌『FRONT』創刊（1999年に『Blast』に誌名を変更）

11月　セガから家庭用ゲーム機『セガサターン』発売／音楽誌『GROOVE』創刊

12月　ソニーから家庭用ゲーム機『プレイステーション』発売／六本木にクラブ「ヴェルファーレ」オープン

1995年

1月　17日、阪神淡路大震災が発生／カヒミ・カリィのアルバム『My First Karie』発売（小山田圭吾プロデュース）／音楽誌『エレキング』が創刊

3月　20日、地下鉄サリン事件が発生／「タワーレコード渋谷店」が現在地に移転／ダウンタウン浜田雅功と小室哲哉によるH Jungle with tのシングル「WOW WAR TONIGHT〜時には起こせよムーヴメント〜」発売

4月　東京都知事に青島幸男、大阪府知事に横山ノックが当選／スチャダラパーのアルバム『5th WHEEL 2 the COACH』発売／テレビ番組『土曜ソリトンSIDE・B』放送開始（MC：高野寛、緒川たまき）

5月　8日、台湾出身の歌手テレサ・テンが死去／佐々木敦と原雅明が「HEADZ」を創設。

6月　ザ・ブルーハーツ解散（同年、甲本ヒロトと真島昌利はザ・ハイロウズを結成）／UAの1stシングル『HORIZON』発売

7月　89年から続くアウンサンスーチー氏の自宅軟禁が解除／MICROPHONE PAGERの1stアルバム『DON' T TURN OFF YOUR LIGHT』発売／青山正明が編集長をつとめる雑誌『危ない1号』創刊

8月　野外音楽イベント「Natural High!! '95」が富士急ハイランドで開催

9月　4日在沖米国海兵隊員と海軍軍人が小学生を集団強姦する事件が起こるも、米軍は日米地位協定を盾に被疑者の身柄引き渡しを拒否。反基地感情高まる【沖縄米兵少女暴行事件】／石野卓球の1stソロ・アルバム『DOVE LOVES DUB』発売／砂原良徳の1stソロ・アルバム『CROSSOVER』発売／ラジオ番組『HIP HOP NIGHT FLIGHT』放送開始（パーソナリティ：YOU THE ROCK★）／ファッション誌『egg』創刊／雑誌『BURST』創刊

10月　テレビアニメ『新世紀エヴァンゲリオン』（監督：庵野秀明）放送開始／簡易型携帯電話・PHSがサービス開始／恵比寿にクラブ「みるく」オープン／渋谷に映画上映／イベント・スペース「UPLINK FACTORY」オープン（2005

年に移転）

11月　マイクロソフト「Windows 95」日本語版が発売／Hi-STANDARDのアルバム『GROWING UP』発売／渋谷にDJ須永辰緒がプロデュースした「Organ bar」がオープン／アニメ映画『GHOSAT IN THE SHELL／攻殻機動隊』（監督：押井守）

12月　動燃（現・日本原子力研究開発機構）が保有する高速増殖原型炉もんじゅでナトリウム漏えい事故が起こる／キングギドラの1stアルバム『空からの力』発売／石野卓球監修のDJミックス・シリーズ、石野卓球『MIX-UP Vol.1』発売／下北沢のクラブ「SLITS」（「ZOO」）が閉店／DMBQのアルバム『Dynamite Masters Blues Quartet』発売

1996年

1月　橋本龍太郎内閣発足

2月　「ゲームボーイ」のソフト『ポケットモンスター』発売／フィッシュマンズのアルバム『空中キャンプ』発売／サニーデイ・サービスのアルバム『東京』発売／ミッシェル・ガン・エレファントの1stシングル『世界の終わり』発売

3月　チボ・マットの1stアルバム『Viva La Woman』発売／渋谷にクラブ「club asia」がオープン／タワーレコードのフリーペーパー『musee』創刊（2004年より『intoxicate』に誌名を変更）

4月　12日、日米間で沖縄の普天間基地返還合意／検索サイト「Yahoo JAPAN」サービス開始／1995年に「写真新世紀展」で年間グランプリを受賞したヒロミックスが写真集『Girls Blue』刊行【ガールズフォト】／ファッション誌『Cawaii!』創刊【ギャル】／木村拓哉、山口智子主演の『ロングバケーション』放送開始（主題歌は久保田利伸「LA・LA・LA LOVE SON」）

5月　ブッダ・ブランドの1stシングル『人間発電所』発売／パフィーの1stシングル『アジアの純真』発売（奥田民生プロデュース）／岡崎京子が事故に遭い、以降休筆／雑誌『リラックス』創刊

6月　任天堂から家庭用ゲーム機『NINTENDO64』発売／YOU THE ROCK★のアルバム『THE SOUNDTRACK ‘96』発売

7月　ヒップホップ・イベント「さんピンCAMP」と「大LB夏祭り」がともに日比谷野外大音楽堂で開催／映画『Kids』（監督：ラリー・クラーク）が日本公開／『Helpless』（監督：青山真治、主演：浅野忠信）公開／安室奈美恵のアルバム『SWEET 19 BLUES』（小室哲哉プロデュース）が発売【アムラー】／アトランタ五輪開幕／ゲーム『攻殻機動隊 GHOST IN THE SHELL』のサウンドトラック『MEGATECH BODY』発売（石野卓球ディレクション）

8月　野外音楽イベント「RAINBOW 2000」が静岡・日本ランドHOWゆうえんちで開催／野外音楽イベント「Natural High!! ‘96」が東京・青海ステーションスクエアで開催／バッファロー・ドーターの1stアルバム『Captain Vapour Athletes』が〈Grand Royal〉から発売／TOKYO No.1 SOUL SETのアルバム『Jr.』発売

10月　石野卓球のプロデュースで篠原ともえの1stアルバム『スーパーモデル』発売（作詞で中原昌也も参加）【シノラー】／フィッシュマンズ『LONG SEASON』発売

11月　第2次橋本内閣発足／LAMP EYEのシングル『証言』発売／東京・代官山にレコードショップ「bonjour records」オープン／映画『トレインスポッティング』（監督：ダニー・ボイル）が日本公開／バンダイから携帯型電子ゲーム『たまごっち』発売

12月　川勝正幸（2012年に逝去）『ポップ中毒者の手記（約10年分）』刊行

1997年

2月　音楽誌『BUZZ』創刊

3月　電気グルーヴのシングル『Shangri-La』発売／池袋にクラブ「BED」オープン／音楽誌『クッキーシーン』創刊／町蔵から康に改名した町田康が小説『くっすん大黒』を刊行／都築響一が「ROADSIDE JAPAN 珍日本紀行」で第23回木村伊兵衛写真賞受賞

4月　消費税が3%から5%に引き上げ／渋谷にクラブ「HARLEM」がオープン／東京・西新宿に「NTTインター・コミュニケーションセンター[ICC]」開館／下北沢にインディーズ専門CDショップ「HIGH LINE RECORDS」オープン（BUMP OF CHICKENが所属）／音楽誌『AFTERHOURS』創刊

5月　今村昌平監督『うなぎ』がカンヌ国際映画祭でグランプリ／電気グルーヴのアルバム『A』発売／音楽誌『WOOFIN'』創刊／阿部和重が

『インディヴィジュアル・プロジェクション』刊行、装幀は常磐響

6月　神戸連続児童殺害事件（酒鬼薔薇事件）の犯人の少年逮捕／中村一義の1stアルバム『金字塔』発売／雑誌『Snoozer』創刊

7月　野外音楽フェス「FUJI ROCK FESTIVAL '97」が山梨・富士天神山スキー場で開催、大型台風の通過により2日目は中止／フィッシュマンズのアルバム『宇宙 日本 世田谷』発売／アニメ映画『もののけ姫』（監督：宮崎駿）公開／音楽誌『MARQUEE』新創刊／目取真俊が「水滴」で第117回芥川龍之介賞

8月　コーネリアスのアルバム『ファンタズマ』発売／Hi-STANDARD主宰の音楽フェス「AIR JAM '97」がお台場で開催／ヒップホップ・イベント「B-BOY PARK」が代々木公園・野外ステージで開催

9月　映画『HANA-BI』（監督：北野武）がヴェネチア国際映画祭で金獅子賞／charaのアルバム『Junior Sweet』発売／スーパーカーの1stシングル『cream soda』発売

11月　北海道拓殖銀行、山一證券が経営破綻

12月　X JAPANの解散ライヴ「The Last Live」が東京ドームで開催／映画『タイタニック』（監督：ジェームズ・キャメロン）、『CURE』（監督：黒沢清）が公開

1998年

1月　テレビ番組『ASAYAN』から誕生したモーニング娘。がつんくプロデュースの『モーニングコーヒー』でデビュー／『リング』（監督：中田秀夫）公開／小沢健二のシングル「春にして君を想う」発売、以降活動休止に

2月　長野冬季オリンピック開催／MISIAの1stシングル『つつみ込むように…』発売

4月　音楽番組「FACTORY」放送開始（初代MC：小西康陽）

5月　X JAPANのHIDEが自殺／椎名林檎の1stシングル『幸福論』発売／Coccoのアルバム『クムイウタ』発売

6月　サッカー日本代表がFIFAワールドカップフランス大会に初出場

7月　小渕恵三内閣発足／和歌山毒物カレー事件が発生／「HMV渋谷」が渋谷センター街に移転／音楽専門チャンネル「Viewsic」開局

8月　「FUJI ROCK FESTIVAL '98 in TOKYO」が東京ベイサイドスクエアで開催／「AIR JAM '98」が東京ベイサイドスクエアで開催／アップルよりパーソナルコンピュータ「iMac」発売

9月　東海村のJCO施設で臨界事故発生／中原昌也（Hair Stylistics）が初の短篇小説集『マリ＆フィフィの虐殺ソングブック』を発表。

10月　くるりの1stシングル『東京』発売

11月　セガから家庭用ゲーム機『ドリームキャスト』発売

12月　宇多田ヒカルがシングル『Automatic』でデビュー。この年、音楽CDの生産枚数がピークに（4億5千7百万枚）

1999年

1月　自民・自由連立の小渕第1次改造内閣発足

2月　日銀、ゼロ金利政策発表／NTTドコモが携帯電話向けのインターネット接続サービス「iモード」を開始（着メロ、着うた）

3月　宇多田ヒカルの1stアルバム『First Love』発売。国内で800万枚の売上げを記録／BUMP OF CHICKENの1stアルバム『FLAME VEIN』発売／フィッシュマンズの佐藤伸治が死去

4月　東京都知事に石原慎太郎当選／電気グルーブから砂原良徳が脱退

5月　ナンバーガールのシングル『透明少女』発売／Dragon Ash featuring ACO, ZEEBRAのシングル『Grateful Days』発売

6月　男女共同参画社会基本法公布／ソニーから犬型のエンターテインメントロボット「AIBO」発売

7月　「FUJI ROCK FESTIVAL '99」が新潟・苗場スキー場で開催／石野卓球がオーガナイズする屋内テクノ・イベント「WIRE99」が横浜アリーナで開催

8月　Shing02のアルバム『緑黄色人種』発売／野外音楽フェス「RISING SUN ROCK FESTIVAL 1999 in EZO」が北海道・石狩湾新港で開催／東京・青山にレコードショップ「スパイラル・レコーズ」オープン

10月　自民・自由・公明連立の小渕第2次改造内閣発足／Chappieのアルバム『NEW CHAPPIE』発売（草野正宗、細野晴臣、井上陽水、小西康陽、川本真琴、福富幸宏らが参加）

12月　「六本木WAVE」がクローズ

年表制作＝杉本勝彦＋松村正人

Index

A

A Hundred Birds.p13,71
A.K.I. Productions ...p39
Acid Mothers Temple & The Melting Paraiso U.F.O. p145
Aco p168,183
ACROBAT BUNCH........p18,42
Adrian Sherwood........p97,98,168
Ahh! Folly Jet (高井康生) p94,139,155
Akio Milan Paak.......p82
Akio/Okihide............p82
Alec Empire.............p77
Altered States........p157
Andrew Hale..........p102
AOA.........p114
Aphex Twin........p80,87,105,114
Arcars..........p75
Arch...........p28
Arnold Jarvis............p55
Arnold Jarvis............p55
Arthur Lyman.........p106
Arto Lindsay ...p171,177
Asteroid Desert Songs p94
Astro Age Steel Orchestra............p138
ASWAD..............p96,99
Atom...........p90
Aube...........p153
Audio Active p97,98,106,178
Audio Sportsp10,17,131
Augustus Pablo p103
Autechre..........p131

B

B-Fresh.........p33
Badge714..............p124
Bayaka...............p26,63
Beastie Boys p34,128
BEATKICKS.............p42
Bernard Purdie p171
Bertrand Burgalat..p166
BIG-O p49
BIKKE p127
Bill Laswell...p16,64,105
Bim Sherman...........p97
bird p168
Black Rascals..........p67
Black Science Orchestra.............p31
BLAZE p58,67
Blue Beat Players....p99
Blue Bongos..........p124
Bo Diddley.............p172
Bo Gumbos p172
Bobby Konders p67
Bondage Fruit.p154,172
Bonnie Pink p26,167
BOOM BOOM SATELLITES p81
Boris p149
BOSS THE MC p51
BOY-KEN .p33,36,37,43
Brand New Heavies...... ....p21,67,120
Brian Auger.............p23
Brian Eno.......p15,80,98
Brian Lynch p23
Bridge...............p28,122
BUDDHA BRAND.......... ....p42,48,52,183
Buddhastick Transparent feat Something In The Air.. ....p93
Buffalo Daughter p128,139,182
BUMP OF CHICKEN p174,182,183
Burrell Brothers p63
BY PHAR THE DOPEST p44

C

C.C.C.C. p153
C.L. Smooth p41
C.T. Scan................p87
CAKE-K p33
Calm p25,27,70
Captain Funk...........p90
Carl Craig p76,81
Chappie..........p183
Chara.............p164,173
Chari Chari.......... ....p26,27,69,72
Charlie Mariano ..p22,23
Chez Damier............p60
Child's View.............p11
Chisä. p87
CHRISTINE 23 ONNA.... ....p153
CHUCK RAINEY p171
Clémentine p26
Cleveland Watkiss...p19
Cluster..........p76
CMJK................p87,179
Co-Fusion................p90
coba p30
Cocco..........p168
Compostela...........p157
COMPUMA.............p77
COOL SPOON (笹沼位吉) p18,20,21,40
Cool Wise Men p101
Copass Grinders ...p149
Cosa Nostra p23
Cosmic Village.........p25
Cowpers p151
Crazy-A...........p36
Crue-L Grand Orchestra p28,32,62
Cultivator.........p99
Cyril Neville...........p172

D

D.O.I. p49
Dabo..........p50
Dan K.................p64,65
Dave Darlington.......p23
Dazzling Killmen p111
DEAD END.............p154
Debonaire.......p122,123
Dee Dee Bridgewater p20
Deep Fellow............p71
Dennis Bovell.........p104
Derek Bailey p142,155,158
Derrick May ...p60,74,87
DESPERADO...........p51
Destroy 2 ....p110
Determinations .p98,100
DEV LARGE.......... .....p37,42,46,48,49,50
Dick Lee................p103
Dieter Moebius p74
Dimitri From Paris.......... ....p31,69
dip p145
Dip in the Pool p66
Disco Dub Band p62
DJ Alex p27,62,71
DJ Aoki p57
DJ BEAT p33,36,54
DJ BEN (BEN THE ACE) p34,37,42
DJ Doc. Holiday.......p34
DJ DYE p51
DJ EMMA p32,60,61,104
DJ GO..........p40
DJ Harvey......p32,64,69
DJ Hasebe...............p52
DJ HAZIME..............p50
DJ HAZU (刃頭) .p42,51
DJ Hiro p61,66,73
DJ Honda p52
DJ K.U.D.O. .p92,93,103
DJ Katsuya p68,73
DJ Kensaw featuring Owl Nite Foundation'z p51
DJ KENSEI p49,93
DJ KRUSH.......... ..p4,19,22,33,40,41,52
DJ KUNI.................p93
DJ MAKI (MAKI THE MAGIC) p37,52
DJ Matsuoka p26
DJ Matsuoka Naruhisa p91
DJ ME DJ YOU......p139
DJ Miku p83,93
DJ Misjah.................p84
DJ Natsu..........p70
DJ Nori p63
DJ PATRICK............p46
DJ Pierre..........p73
DJ PMX p33,34
DJ Shadow..............p41
DJ Shufflemaster.....p92
DJ TONK p47,53,54
DJ Toshi p68,72

DJ TSUTCHIE.....p48,50
DJ WADA.................p90
DJ WATARAI p49,50
DJ YAS p37,42,46
DJ 光光光 p111
DJ カジ p91
DJ カム p26,41
DJ シャッフルマスター ....
..............................p92
DJ バリ K ～ん p34
DMBQ.............p149,182
DMX..................p97,102
Dohzi-T & DJ Bass ..p36
Doopees p137
Dots + Borders p122
Double Famous p31,161
DOUGIE BOWNE...p129
Dr. Motte p80
Dr. Octagon p15
Dragon Ash.....p168,183
Dreamlets p101
Drops.....................p100
Dry & Heavy.............p98
DS455......................p33
Dub Master X（宮崎泉）..
....................p66,96,97
Dub Sonic................p88
Duke Ellington p116,118

E

E.G.G. Man..............p47
East End p43
EAST END ....
...p36,38,42,43,44,181
eastern youth.........p151
ECD p34,
35,36,42,102,179,180
Ecstasy Boys......p56,57
Ed Rush & Optical ...p91
Eda p114
Ego-Wrappin' p18
Einstürzende
Neubauten.............p17
El-Malo p18,64
Electric Glass Balloon ...
............................p123
Enitokwa..................p92
Eurasian Echoes....p160

F

FANTASTIC EXP
LOSION p79
Fantastic Plastic
Machine.....................
.........p69,134,135,166
Fat Mike.................p151
Favourite Marine.p28,31
FAZE ACTION.....p69,71
Fila Brazillia..............p81
Finsta Bundy p41
fOUL p151
Francois Kevorkian.......
....................p62,68,71
Frankie Knuckles ....
....................p55,57,67
Frankie Valentine ....
.........................p60,67
Free Kitten p112
Freedom Suite p28,31
Friction............p154,178
From Time To Time .p86
Frr Hive p91

G

G.K.MARYAN p46
GAKU（GAKU-MC）p43
Galliano p19,21
GAMA p46,52
Gamble and Huff p62
Gang Starr（Guru）..p40
GASBOYS p34
GASCRACKERZ（DEN,
ZORRO）...............p54
Geisha Girls p171
Ghost.....................p144
Gilles Peterson p19
Go-Bang's p102
GONTITI p105
GORE-TEX..........p42,50
Great 3............p124,125
Grind Orchestra.....p114
Ground Zero p155
Group Of Gods........p18
Guitar Wolf.............p130
GUTCH GEE............p33

H

H Jungle with T.............
.....................p105,181
HAC p42
HAKASE p99,132
Happy Mondays p132
Hermeto Pascoal.....p19
Hi Posi p166
Hi Speed................p137
Hi-Standard p151,183
hide.................p119,183
HIS..................p105,160
HOME BOYS p33
HONZI p12,131,133
Hoodrum p81
Hot Juice p68
Hubert Laws p21

I

Ice..........................p164
Idiot O’ Clock p147
IG Culture p22
Ikarus.......................p65
Illicit Tsubo ....
..........p35,39,40,52,72
Illmariachi p51
Incapacitants p152
Incognito..................p21
Individual Orchestra p81
Indopepsychics ..p14,49
INOVADER.....p37,45,47
Interferon p78
Iria.........................p104
Isopod p70

J

James Lavelle.....p21,40
James P.Vyner p23
Janis Ian p16
Jazzadelic................p72
Jazzanova...........p26,91
Jazzbrothers............p22
Jazztronik p27
Jean Touitou.......p16,64
Jigen......................p158
Jill Jones..................p66
Jim O'Rourke................
.......p111,129,137,142
Joe Claussell ....
..........p26,58,61,64,72
Joe Thomas.............p48
John Cage .p13,138,154
John Fahey............p142
John Kpiaye...........p104
John Peel........p130,150
John Zorn ....
p108,111,141,156,157
Joi Cardwell........p24,64
Jon Hassell..............p11
Jon Hendricks p19
Joseph Nothing p94
Juan Atkins..............p81
Juicy Fruits p104
Juicy Zone Production ..
..............................p70
Justin Strauss..........p66

K

K-BOMB p50
K-DUB SHINE.....p35,45
K-ON p53
K.O.D.P....................p50
K.O.F p73
Kagami p87
Kahimi Karie p28,30,181
Karafuto...................p81
Karlheinz Stockhausen..
..................................p5
Kathy Sledge p16
Kellee Patterson p19
Kemuri Productions......
.........................p41,51
Ken Ishii..p74,76,82,181
Kevin Drumm.........p158
Khison p57
Kick The Can Crew..p44
Kim Gordon p112
KIN..........................p44
King Of Opus.................
.................p18,78,106
KINGDOM SCUM..p155
Kinki Kids...............p171
Kino Moderno..........p67
Kirk Degiorgio..........p17
KK NULL.........p129,150
KLF p77
KOHEI（KOHEI JAPAN）
..............................p44
Kohey Aoki p58
Koji 1200 ....p171
Kool Jazz Productions...
..............................p10
Kool Keith p15
Krust p91
Kuknacke The Bass
Emperor!................p88
KYOTO JAZZ MASSIVE
（沖野修也）..................
.....p20,21,22,24,25,27

L

L?K?O p54,77,88

LABÇRY p148
LAMP EYE ...p41,46,182
Laraaji p98
Larry Heard.........p67,70
Larry Levan.........p57,60
LATIN RASKAZ........p54
Laurel Aitken..........p100
Lee Konitz..............p142
Lee Perry p95
Lenny Kravitz...........p97
Lester Sterling p100
Level 9 ....p58
Liberal Music p13
Libro p54
Little Big Bee p62,63
LITTLE CREATURES（青柳拓次，鈴木正人，栗原務）........p20,25,31,161
Little Tempo p14,98,99,106
Live Under The Sky p116
Live! Laugh! p159
LIZARD p103
Lonesome Echo Strings p26
Loop 7 ....p55
Loop Trick featuring Maria.....................p58
Loren Mazzacane Connors..............p142
Love T.K.O...............p22
LOVE TAMBOURINES (Ellie) p21,28,29,32,180
LOVE, PEACE & TRANCE p105
LOW IQ 01 ....p42
Lunch Time Speax...p48
Luv Master X p97

M

MACCHO.................p54
Mad Professor p96,97,104
MAGMA MC'S.........p51
Maher Shalal Hash Baz. p145
Maki & Taiki p52
Malawi Rocks Productions feat. Simon p61
Maléfices p165
MARBLE SHEEP ...p145
Marc Ribot.............p154
Mari Mari p131
Mark Kamins p57,60
Mark Murphy p19
Mark Reeder............p84
Mark Stewart p97
Martin Bisi p108
MASAO....................p41
Masonna................p153
Massive Attack ...p14,96
MASTERKEY p35
Masters At Work.....................p21,58,64,69,73
MATO p61,62
Matthew Herbert p81
Matthias Heilbronn p62,68
MAZZ.................p33,34
MC BELL p33
MC JOE p34
MC イマイ p34
MC ウエスギ p34
MC 仁義....................p36
Mellow Yellow p44
Melt-Banana..........p129
Merzbow................p152
MFSB.......................p55
Michael Laurence Nyman p175
Michael Rose...........p99
MICROPHONE PAGER. p22,41,42,47,181
Mighty Massa p99
Mijk Van Dijk............p84
Mike Alway p30,121
Mike Patton p129
MILI.........................p53
Millernese Richards .p99
Mind Design p78,79
Minidon...............p37,47
MISIA.....................p168
Miss A/阿川泰子 p66
Mixmaster Morris.....p17
Momus p30
Monday 満ちる....p22,23
MONDO GROSSO（大沢伸一）............p20,21,.....22,23,24,25,58,168
Moochy....................p91
Mood II Swing p63,73
MOODMAN p21,76,77,88
Moonflowers............p28
Mos Def p41
Mother Earth............p30
msbr p153
Mt. F-uzi p45
Mummy-D（Mr. Drunk）......p36,37,44,47,52,54
MURO................p22,33,36,37,40,41,42,50,52
Museum Of Plate.............................p14,28,31
Musica Nova............p83
MUTE BEAT.......................p14,95,102,106,132
Mystic Fugu Orchestra.. ....p111

N

N.I.P.P.S / 飛葉飛火..p14
Nagai Eri p92
NAKED ARTZ p46,47,53
Natural Calamity......p15
Nav Katze p131
Neil And Iraiza p124
Neneh Cherry p97
NIK-BO p49
Nina-Nobo p79
NITRO MICROPHONE UNDERGROUND...............................p49,50
No Milk p70
NOFX.....................p151
Noise Ramones p112
Nokko p106,170
Norman Cook p21
NOVO-TONO.........p146
Nukey Pikes...........p151

O

O.K.I. p51
O.N.O. p51
OKIHIDE p75
OOIOO..................p112
Optical 8 ....p154
Organization p78
Osumi p49
OTO p175
OXYGEN FUNK p94
Ozrosaurus p54

P

P.H.FRON................p41
P.J p96
P.O.N.....................p155
Pacific 231 ....p79,137
PAL JOEY......p57,58,67
Patrick Pulsinger p88
Paul van Dyk............p84
PC-8 ....p78
Peter Brötzmann ...p142
Peter Scherer...........p66
Phew......................p146
Phoebe Snow p16
Planetoid p83
PMX.........................p33
Port Of Notes......p28,31
Pou Fou p140
POWER RICE CREW..............................p37,47
President BPM p37
Primal Scream p123
Prince Buster..p100,101
Public Enemy...........p33
Puffy p170,183
PUSHIM...................p37
Pussy Galore p112
Puzzle Punks..p110,111

Q

Q.............................p53
Q-Tip p34
Quadra.....................p87

R

RADICAL FREAKS..................................p44,53
Ram Jam World p91,102
Rammellzee.............p54
RAPPAGARIYA（ラッパ我リヤ）.............p43,53
Ras Daidah p99
Ray Hayden p22
RC サクセション p105
Rebel Familia...........p98
Reflection p17
REVOLT SUFFRAGE..................................p36
RHYMESTER.....p36,37,43,44,47,52,53,54,91
Rhythm King Productions p102

Richie Hawtin ... p74
Rico Rodriguez ... p99,104
RINO ... p41,46,53
Rip Slyme ... p44
Robert Armani ... p92
Robert Ashley ... p156
Robert Wyatt ... p11
ROCK-TEE ... p43
Rocking Time ... p101
Roland Alphonso ... p100
Rom=Pari ... p94
Ron Trent ... p60,70
Roof ... p122
Roots Manuva ... p14
Roots Radics ... p103
Routine ... p23
ROVO ... p116,146
Ruins ... p155
Ryo Arai ... p87
RYO the SKYWALKER ... p91
RYUZO ... p51
RYW ... p51

S

S-Ken ... p22
S-WORD ... p50
S.O.B. ... p150
Saint Etienne ... p106
Sakana ... p146
Salon Music ... p120
Sammantha's Favorite ... p125
Sandii ... p66,103
Sayoko, Daddy Screw ... p103
Seagull Screaming Kiss Her Kiss Her ... p120
Sean Lennon ... p129
Secret Goldfish ... p82,123
Seefeel ... p114,131
Seiji Big Bird ... p99
SHAKKAZOMBIE ... p40,48,49,50
Shawn J. Period ... p41
Shiba-Yankee ... p37
Shing02 ... p51,183
Shogun ... p120
Shy FX ... p91
Sign Society ... p78
Silent Poets ... p11,14,26,99,106
Simon Lovejoy ... p60
Simon Pearson ... p61
Simply Red ... p106
Skip McDonald ... p97,98
SKIPS ... p47,53
Skylab ... p11
SLEEP WALKER ... p21,24
Sly and Robbie ... p98,103
Sly Dunbar ... p103
Small Circle Of Friends ... p24
Small Faces ... p122
SMAP ... p171,176
SNK ... p73
Snowboy ... p19
Something Wonderful ... p105
Sonic Youth ... p108,112
Soul Bossa Trio ... p22,24,136
SOUL SCREAM ... p36,43,47
Space Ponch ... p137
Spank Happy ... p90,140
Spiritual African Nova ... p25,70
Spiritual Vibes ... p10,12
Squarepusher ... p25
Steve Albini ... p129,150
Steve Reich ... p11,139
Su-Paka-Pooh ... p63
Subliminal Calm ... p97
SUBVERT BLAZE ... p116
Sugar Plant ... p124,125
Sugar Soul ... p168
Suicide ... p85,110,143
Suiken ... p50
Super Butter Dog ... p175
Super Junky Monkey ... p150
Supercar ... p162
Surfers Of Romantica ... p155
Suzukiski ... p79,89
Syzygys ... p136

T

T.A.K. THE RHYMEHEAD ... p45,49
T.P.O./Tycoon Tosh p64
Tackhead ... p97
Tagomago ... p76,79
Takada ... p69
TakBam ... p85
Také Rodriguez And His Exotic Arkestra ... p88
Talvin Singh ... p97
TAMA ... p44
Tanzmuzik ... p75,78,82
Tar-Tar ... p76
Terry Hall ... p14,97
Tha Blue Herb ... p51
The 5.6.7.8's ... p130
The Bachelors ... p122
The Beatniks ... p105
THE BLUE HEARTS ... p181
The Boom ... p172
The Dust Brothers ... p15
The Groovers ... p174
THE HEAVYMANNERS ... p98
THE HIGH-LOWS ... p181
The Nelories ... p130
The Orb ... p83,84
The Paradox Band ... p23
The Paradox Band ... p23
THE ROOSTERS ... p165
The Ska Flames ... p100
The Skatalites ... p95,100,106
The Specials ... p14
The Stone Roses ... p123
The Sugarhill Gang ... p97
THE THRILL ... p120
THE TIMERS ... p179
Thee Michelle Gun Elephant ... p174,182
This Heat ... p115,140
Three One Length ... p101
TINY PANX ... p34
Tipographica ... p140
Todd Rundgren ... p173
TOKONA-X ... p51
Tokyo No.1 Soul Set ... p4,16,106,127
Tokyo Offshore Project ... p60
Tom・Klami ... p156
TONEPAYS ... p35
Tore Johansson ... p167
Toru S. ... p65,73
Toshiyuki Goto ... p62
TOWA TEI ... p24,63,64,106,135,171,181
Tragedy ... p41
trf ... p180
Tuttle & Dynamo Laboratory ... p13
TWIGY ... p17,35,37,41,42,46,52
TYCOON TO$H ... p64

U

UA ... p106,131,165
UFO ore Die ... p111
UNDEFINED ... p98
United Future Organization ... p12,19,20,21,22,23,24,25,60,67,180
UTU ... p74
Uzi ... p45

V

Valerie Etienne ... p21
Vampillia ... p114
Venus Peter ... p28,123,125
Vibrastone ... p175
Vinnie Colaiuta ... p171

W

Wack Wack Rhythm Band ... p120
Water Melon ... p102
Web ... p75
Ween ... p114
Westbam ... p84,85
White Heaven ... p144
Why Sheep? ... p77
Will Lee ... p171
Woodman ... p88
WORD SWINGAZ ... p51
World Standard ... p136

X

X Japan ... p119,180,183
X-Press 2 ... p58

Y

Yao ... p71
Yellowman ... p103
YMO ... p25,180
YOGGY ... p43
YOSHI ... p53

You Ishihara...........p144
YOU THE ROCK...........p34,35,37,46,181,182
Young Disciples.......p21
Yukiyo Takabayashi p73

Z

Z-Rock Hawaii.......p114
ZAK...............................p12,17,131,132,133
ZEEBRA.................p36,37,45,46,49,52,183
Zelda.....................p103
Zeni Geva p150
Zero p149
Zero Zero.................p71
Zingi.........................p36
Zoobombs p149

あ

EYヨ........................p17,108,110,111,112,121
會田茂一 p18
哀秘謡....................p142
青木達之 p23
青柳拓次 ..p14,20,25,161
阿川泰子 p66,72
秋田昌美 p152
秋本武士 p98
秋吉敏子 p22
アキラ・ザ・マインドp77
阿久悠.............p105,135
浅田彰....................p154
浅田祐介 p164
浅野達彦 p77
朝本浩文 p16,66,91,97,102,106
東里起.......................p24
あぶらだこ p151
天宮志狼 p56,57
安室奈美恵 p169,180,183
荒川康伸 p31
池田亮司 p158
池畑潤二 p165
石川浩司 p160
石川さゆり p6
石野卓球 p84,85,166,179,182,183
石原洋.............p143,144
和泉希洋志 p114
板橋文夫 p160
市井由里（YURI）.............................p38,43,181
一噌幸弘 p155,157
井出靖...............p26,126
いとうせいこう...p97,179
伊藤俊治 p154
稲岡健............p78,82,83
井上薫............p26,69,93
井上ケンー p103
井上陽水 p170,183
忌野清志郎 p105,176
ウエキモトヨシ..........p93
宇川直宏 p88,110
宇崎竜童 p105
宇多田ヒカル....p169,183
内田学........................p77
内田直之 p98,99,101,148
内橋和久 p131,157
宇宙エンジン...........p153
内海イズル p25,27
梅津和時 p157,160
浦田恵司 p104
ウルフルズ p69
荏開津広 p23,35,67
江上靖.......................p75
海老＝Ebi p80
エマーソン北村.....p95,96
エレファントカシマシ...............................p174
遠藤賢司 p178
大石幸司 p99
オオエ・タツヤ..........p90
大神..........................p48
大蔵雅彦 p158
大瀧詠一 ...p104,134,170
大竹伸朗 p110
大槻ケンヂ p172
大友良英 p17,140,150,154,155,156,157
大貫亜美 p170
大原裕.....................p159
岡部洋一 p116
岡村靖幸 ...p119,166,175
小川美潮 p105
沖野好洋 p24,27
奥田民生 ...p170,181,183
奥野敦子 p104
尾崎豊.....................p180
長田定男 p23
小沢健二 p26,38,117,118,119,170,180,181,183
小島大介 p31
小田和正 p179
小田玲子 p23
想い出波止場.........................p110,115,116,155
小山田圭吾（コーネリアス）..........................p4,30,31,32,85,117,119,120,121,122,124,135,139,143,180,181,183
オリジナル・ラブ p26,67,126,180
恩田晃...............p17,131

か

カーネーション........p173
かかし.....................p143
餓鬼レンジャー..........p53
カジヒデキ（加地秀基）...........................p31,122
カズシ・マツイ..........p72
かせきさいだぁ≡ .p35,38
勝井祐二 ...p116,146,154
カツミ・ヒダノ p57,72
割礼........................p145
加藤賢崇 p136
金沢明子 p59,104
金子寿徳 p145
かの香織 p105,166
雷 p46
雷家族.......................p46
亀川千代 p143,144
亀田誠治 p131
かわいしのぶ...........p150
川口雅巳 p142
川崎燎............p10,25,65
川辺ヒロシ p16,127
川端民生 p118
河端一.....................p145
川本真琴 p166,183
神田朋樹 p30
キエるマキュウ..........p52
菊地成孔 p90,140,148,154
菊池雅晃 p158
菊地雅章 p61,73,68,73
岸野雄一 p136,137
北上リュンヌ p165
吉凶部隊 p157
鬼怒無月 p154,155
喜納昌吉 p6,103
木原龍太郎 p126
キミドリ（KURO-Ovi / 石黒景太, DJ MAKOTO）..........p34,39,40,42,49
金石出.....................p160
キムラ・カツヤス p93
木村達司 p66
キャロライン・ノヴァク...............................p137
キヨシ・ミヤウラ p60
霧島昇.....................p103
キリンジ p125
キングギドラ............p36,43,44,45,47,52,182
筋肉少女帯 p172
草野正宗 p183
工藤冬里 p145
工藤昌之 p18
クボタタケシ.................................p18,35,39,40
久保田利伸 p182
久保田麻琴 p22,103
熊野勲.......................p71
倉地久美夫 p148
クラムボン p131
栗原道夫 p144
くるり.............p162,183
黒倉健治 p18
黒羽康司 p24
桑田佳祐 p170
ケンジ・ハセガワ p63
ケンスギサキ...........p115
小泉今日子 p66,67,103
コウ・キムラ p58
光束夜.....................p145
甲田益也子 p66,105
コーマ.......................p94
古閑裕.....................p125
小堺文雄 p152
小島麻由美 p167
五島良子 p104
小杉武久 p114
こだま和文（小玉和文）........p95,96,101,106,132
小西康陽 p27,30,103,119,183
小林径.......................p23
小林武史 p173
小室哲哉 ...p169,180,183
コモエスタ八重樫 p136
金剛地武志 p148
ゴンザレス三上........p105
コンスタンス・タワーズ..........................p136,137

今剛........................p104
近藤等則 p154
今野英明 p101

さ

ザ・ファントム・ギフト...
..............................p126
齋藤徹.....................p160
サカイ・カズオ..........p73
坂本慎太郎..............p143
坂本冬美 p105
坂本龍一 ....
......p55,65,66,171,177
佐久間英夫................p92
佐久間正英 p103,162,173
櫻井浩司 p79
桜井鉄太郎................p23
佐々木敦 p94,137,181
佐々木育真 p99
佐々木潤 p23
佐々木麻美子...........p134
佐藤伸治 ....
.......p131,132,133,183
佐藤允彦 p156
佐東由梨 p102
サトシ・トミイエ ....
.....................p55,58,63
サニーデイ・サービス......
..............p123,127,128
沢井和恵 p160
佐脇興英 75,76
サワサキヨシヒロ p90
澤田朋伯 p79
椎名林檎 p169,183
茂千代.........................p51
宍戸幸司 p145
篠田昌已 p157,180
篠原ともえ p166,182
篠原涼子 p181
柴田一郎 p143
柴山伸二 p147
渋さ知らズ p159
渋谷毅.......................p118
島田奈美 p58,60
冷水ひとみ p136
下田法晴 p14
下村陽子 p65
じゃがたら ....
.........p95,157,175,180
ジャックス p128,145
上々颱風 p161
19/Juke....................p110
シュガー吉永...........p130
少年ナイフ p130
ショコラータ....p105,166
白石隆之 p83,93,94
白井良明 p103
シロー・ザ・グッドマン...
..............................p94
城谷雄策 p71
新世界楽曲雑技団SNK.....
..............................p73
真鮮組........................p51
水前寺清子 p106
スガシカオ p175
スギウラム（杉浦英治）....
....................p123,128
杉本拓.....................p158
杉本卓也 p75,76
鈴木慶一 p105
鈴木賢司（Kenji
Jammer）..............p106
鈴木惣一朗 p136
鈴木桃子 p23
鈴木蘭々 p170
スチャダラパー...............
....p38,39,179,180,181
須藤まゆみ p165
須永辰緒 p34,182
砂原良徳 ...p78,82,84,86,
119,168,179,181,183
スネークマンショー ....
......................p102,171
須原敬三 p146
スピッツ p173
スマーフ男組...p54,77,94
生活向上委員会........p157
瀬尾一三 p104
関島岳郎 p157,160
仙波清彦 p157
ソウル・フラワー・ユニオン
.........................p85,161
副島輝人 p156
曽我部恵一 p128
外山明.......................p148
園原潤........................p83

た

大工哲弘 p160
大地大介 p149
高木完....................p34,35
高木壮太 p124
高田みどり p156
高浪敬太郎 p135
高野寛.......................p173
高橋幾郎 p142,147
タカハシクニユキ .p91.93
高橋透.................p66,72
高橋幸宏 p105,177
高宮永徹 p62
タカユキ・ヒゴ.........p71
瀧見憲司 p29,30,32
武川雅寛 p175
タケカワユキヒデ p165
竹田雅子 p147
武智長子 p153
竹村延和（DJ Takemura）
p4,10,11,17,22,26,114
田鹿健太 p99
田島貴男 p126,134
脱線３.........................p39
楯川陽二郎 p113
田中純........................p86
田中フミヤ ....
.........p81,165,178,180
谷口一郎 p17
谷口賢治 p17
タニヘイゴ p90
田野幸治 p153
タハカシシュウジ p93
田端義夫 p6
たま p160
田村玄一 p18,99,106
タロウ・カワウチ ....
..........................p61,104
チエコ・ビューティーp96
近田春夫 p37,103,175
千阪邦彦 p92
チチ松村 p16
チボ・マット p129,182
中尊寺ゆつこ p68
塚本サイコ p31
蔦木栄一 p154
蔦木俊二 p154
筒美京平 p170
津山篤.......................p115
つんく.......................p183
鄭秀和.......................p23
寺田創一 ....
........p57,58,59,60,104
テレサ・テン...........p181
電気グルーヴ............p84,
87,104,179,180,182
東京Qチャンネル p165
東京スカパラダイスオーケ
ストラ p23,99,
104,105,118,120,159
東京パノラママンボボーイ
ズ（ゴンザレス鈴木）.....
........................p24,136
童子-T.......................p36
土生剛....................p14,99
常磐響..p86,136,137,183
トシ矢嶋 p120,121
トシユキ・ゴトウ ....
..............p61,62,63,73,
戸高一生 p13
突然ダンボール........p154
トッツァン p150
刀根康尚 p156
冨沢仲.......................p78
豊田道倫（Paradise
Garage）.......p147,148
ドン・マツオ...........p149

な

直枝政太郎 p173
中尾勘二 p157,160
中里丈人 p88
中島ノブユキ........p25,31
中島みゆき p104
永田一直 p78,79,181
永積崇.......................p175
中西俊夫 ..p15,16,18,102
中原昌也（暴力温泉芸者）
.......................p77,116,
120,152,166,182,183
中村一義 p176,184
中村宗一郎 p143
中村雅人 p20,25
永山学.......................p57
渚にて.......................p147
名越由貴夫 p149
ナスノミツル...........p157
七尾茂大 p98
七尾旅人 p162
ナポレオン山岸........p134
ナンバーガール.p162,183
ニール・アンド・イライザ
..............................p122
滲有無.......................p142
虹釜太郎 p158
西田ひとみ p136
西脇一弘 p146
ヌルピョン p159
ネーネーズ p160
根岸孝旨 p168
猫沢えみ p167

ノイズラモーンズ p112
野崎良太 p27
野中紀公子 p10,12
野宮真貴 p63,134

は

灰野敬二 p141,142
朴保＆切狂言 p161
橋本徹 p23,180,181
橋幸夫 p104
バズーカ・ジョー p116
蓮実重臣 p79,137
長谷川忠 p110,115
長谷川洋 p153
長谷川裕倫 p151
ハゼモトキヨシ p78
裸のラリーズ p178
畠山美由紀 p31,161
服部隆之 p118
服部良一 p103
はっぴいえんど p38
馬頭将器 p144
花田裕之 p165
ハナタラシ p110,112
花電車 p113
ハバナ・エキゾチカ .p128
バブルガム・ブラザーズ p36
早川義夫 p178
林雅之（マーク林）....p99
林山人 p146
原田郁子 p131
パラダイス山元 p136
原田仁 p116
ハラミドリ p140
春野高広 p14,99
ハレルヤズ p147
ピアニカ前田 p96,97
ビーチ・ボーイズ p117
ピエール瀧 ..p84,179,180
ヒサ・イシオカ p57
ピチカート・ファイヴ p4,27,39,63,126,134,135,166
ヒックスヴィル .p118,125
ヒデオ・コバヤシ p70
日野繭子 p153
比屋定篤子 p167
ヒラク・ナガサワ p73
ヒロシ・マツイ p66
ヒロシ・モロハシ p72
ヒロシ・ワタナベ p87
広瀬淳二 p155
フィッシュマンズ p5,96,99,106,131,132,133,173,183
深川清隆 p25
福島武司（Takecha）.p70
福富幸宏 p27,54,56,117,148,183
不失者 p141142,145
藤原ヒロシ p16,32,64,96,97,102,103,165
船戸博史 p159
プラスチックス p102
ブラボー小松 p114
ブランキージェットシティ p174,179
フリッパーズ・ギター p31,117,118,119,120,121,122,179,180
不破大輔 p159
ペニー・アーケード p122,123
ボアダムス p108,111,112,113,114,121,155,171,180,181
暴力温泉芸者 p77,119,152
ポコペン p146
細野晴臣 p64,68,103,105,136,160,177,183
細海魚 p167
ポチョムキン p53
ホッピー神山 p154
布袋寅泰 p90
保土田剛 p106
堀江博久 p122,124
ホワイト・ヘヴン p145
本多俊之 p105

ま

巻上公一 p157
マジアレ太カヒRAW .p77
マジカル・パワー・マコ p142
増子真二 p149
増田隆一 p155
松居徹 p149
松井寛 p58,67,72
松浦俊夫 p12,19
松岡成久 p22,26,91
松竹谷清 p96
松谷健 p145
松任谷由美 p4
松永孝義 p96
松前公高 p137
松本浩一 p24
松本隆 p104,171
松本俊行 p24
幻の名盤解放同盟 p180
マリア観音 p143
マンデイ満ちる p19,21,22,24,62
三上寛 p141
美川俊治 p152
三木道三 p51
三沢洋紀 p148
美空ひばり p6,106,179
みとともみ p32
湊雅史 p154
嶺川貴子 p136,139
宮内和之 p164
三宅剛正 p78,79,137
宮原秀一 p155
宮本浩次 p174
ミントリ p137
ムーグ山本 p128
ムーンライダーズ p103,131,177
ムッシュかまやつ p120
武藤サツキ p24
村上秀一 p81
妄走族 p54
モーニング娘。....p183
モダンチョキチョキズ p159
本木雅弘 p69,180
モモヨ p103
森俊二 p15,18,101
森高千里 p164
森俊彦 p57,58
森俊也 p101
森若香織 p102
モンチ田中 p103

や

屋敷豪太 ...p103,105,106
柳町光男 p110
山木秀夫 p104
山崎まさよし p176
山崎マゾ p153
ヤマジカズヒデ p145
山下毅雄 p157
山下達郎 p4,171
山下直樹 p5,100
山下洋 p30
山田マン p53
山本アキヲ p81,82
山本精一 p113,115,116,146
ヤン富田 p34,96,102,137,138,171,180
遊佐未森 p105
柚木隆一郎 p18,81
ゆらゆら帝国 p143,145
横田信一郎 p59
横田進 p5,80
芳垣安洋 p116,140,157,159
吉川豊人 p114
吉澤はじめ p20,24,25
吉沢元治 p141
吉田仁 p120
吉田達也 p154,155
吉野金次 p175
ヨシヒロ・サワサキ p78,90
ヨシミ p110,112,114
吉村英樹（bloodthirsty butchers）....p149,150,151
吉村由美 p170
四街道ネイチャー p39,40,54
四人囃子 p103
米山正夫 p106

ら

羅針盤 p116,146
ラッパ我リヤ p53
李香蘭 p103
リュウジ・カシワセ p67,72
レイ・ハラカミ p82,89,90,94
レック p131,154
レッド・カーテン p126
ロリポップ・ソニック p123

わ

渡辺善太郎 p167
渡辺俊美 p127
渡辺はま子 p103
割田康彦 p165

著者略歴

Alex “from Tokyo” Prat

アレックス・フロム・トーキョー・プラット

パリ生まれ、東京育ち、現在はベルリンを拠点とするフランス人DJ、音楽プロデューサー（Tokyo Black Star）、サウンドデザイナー＆インタナショナル・コーディネータ。world famousレーベル主宰。www.alexfromtokyo.jp

小川充

おがわ・みつる

輸入レコード・ショップのバイヤーを経た後、ジャズとクラブ・ミュージックを中心に音楽ライターとして雑誌のコラムやインタビュー、CDのライナーノートを執筆。主著『JAZZ NEXT STANDARD』シリーズ（リットー・ミュージック）ほか、近著に『Club Jazz Definitive 1984-2015』『Jazz Meets Europe』（以上、Pヴァイン）がある。USENの『I-35 CLUB JAZZ』の選曲、コンピレーションの監修も手掛ける。

大前至

おおまえ・きわむ

音楽ライター。1996年よりライターとしての活動をスタートし、ヒップホップ専門誌『blast』などを中心に執筆。2003年よりアメリカ・ロサンゼルスへ拠点を移し、音楽、ファッション、アートなど様々な分野の記事を手がける。2015年には日本へ帰国し、現在も様々な雑誌、ウェブメディアにてヒップホップを中心としたライター活動を行なう。

梶本聡

かじもと・そう

1969年生まれ。物心つくやいなや音盤にうつつをぬかし、輸入盤屋の店番、雑文書き、DJなどにいそしみ今日に至る。コロナ禍においては『10クローバーフィールド・レーン』のおじさんさながらにひきこもり、長らく休んでいるオンライン・レコード店の再開準備に着手しつつ、かろうじて音楽にしがみつく日々。

河村祐介

かわむら・ゆうすけ

1981年生まれの乙女座。2004年〜remix編集部に休刊直前まで在籍、一時期フリーやらLIQUIDROOM勤務で、いまはOTOTOYで一応編集長。

武田洋

たけだ・ひろし

カヴァー曲を通じて音楽の楽しみ方を提案するサイトeyeshadow (https://eyeshadow.jp) 代表。Instagram@eyeshadow_jp。90年代はCISCOアルタ店→渋谷店→レゲエ店勤務を経て0152Records。

松本章太郎

まつもと・しょうたろう）

買取販売の中古レコードストア、ココナッツディスク江古田店店長。ジャパニーズ・バレアリック／レフトフィールド・ミュージック・コレクション『Walearic Disc Guide（和レアリック・ディスクガイド）』[ele-king books] 執筆監修。『Alameda press』『WA B・O・O・G・I・E』等寄稿。

吉本秀純

よしもと・ひですみ

1972年生まれ、大阪市在住の音楽ライター。大学在学中から京都の無料タウン誌の編集に携わり、96年に卒業後は関西の月刊情報誌『エルマガジン』にて音楽ページを担当しながら、邦楽インタビュー誌『トーキンロック』の編集にも関わった。02年にフリーランスとなって以降は、ワールド・ミュージックやジャズなどを中心に様々な媒体や書籍で執筆中。

与田太郎

よだ・たろう

Second Summer Of Loveに大きな衝撃を受けインディー・ダンスのDJをスタート、91年にWonder Releaseを設立し以後現在までSLYE、HORIZONなどのレーベルをプロデュース、2015年からはKiliKiliVillaの運営。95年以降はの数多くのパーティーでDJ、オーガナイザーとしても活動。https://twitter.com/YODATARO

渡辺克己

わたなべ・かつみ

ライター／DJ。90年中頃、ハウスだと思ってプレイしていた〈Basic Chanel〉のレコードが、いわゆるテクノの作品だと知り、ジャンルは関係ないと悟る。90年代後半にはムーディマンやダニエル・ベルのパーティでもプレイ。現在は映画音楽をこよなく愛するDJユニット、サントラ・ブラザースのメンバー。フリーペーパー『We Love Soundtrack vol.4』を配布中。

野田努

のだ・つとむ

1963年静岡市生まれ。ele-king編集長。著書に『ブラック・マシン・ミュージック』、『ジャンク・ファンク・パンク』、『ロッカーズノークラッカーズ』、『もしもパンクがなかったら』。共著に石野卓球との『テクノボン』、三田格との『TECHNO definitive』など。90年代前半は毎週末クラブのダンスフロアにいた。

松村正人

まつむら・まさと

1972年奄美生まれ。編集者、批評家。雑誌「Studio Voice」「Tokion」の編集長を経て2009年に独立。著者に『前衛音楽入門』、編著に『捧げる　灰野敬二の世界』『山口冨士夫　天国のひまつぶし』など。90年代は前半は学生、後半は社会人、さらに雑誌編集者へと、現在の土台になった、変化の激しい10年でした。

90年代ディスクガイド——邦楽編

2021年6月18日　初版印刷
2021年6月18日　初版発行

編　集　松村正人＋野田努（ele-king）

装　画　SK8THING
装　丁　渡辺光子

協　力　渡部政浩

発行者　水谷聡男
発行所　株式会社Pヴァイン
〒150-0031
東京都渋谷区桜丘町21-2 池田ビル2F
編集部：TEL 03-5784-1256
営業部（レコード店）：
TEL　03-5784-1250
FAX　03-5784-1251
http://p-vine.jp

発売元　日販アイ・ピー・エス株式会社
〒113-0034
東京都文京区湯島1-3-4
TEL　03-5802-1859
FAX　03-5802-1891

印刷・製本　シナノ印刷株式会社

ISBN　978-4-909483-96-6